【著】松岡
高倉
【編著】夏目深雪

新たなるインド映画の世界

The new world of Indian cinema

PICK UP PRESS

Magadheera

輪廻転生

土地のもつオーラをあえて排した無国籍風な空間に仕立て、ケルトやローマを始めとした古代戦記ファンタジーを思わせるビジュアルにした

王の誕生

シウドゥの顔を見た群衆の一人が思わず「バーフバリ……」と声をもらし、それが王宮をゆるがす声の波となっていくシーンは劇中もっとも鳥肌のたつクライマックスである

Baahubali: The Beginning

南インド映画特集

Special Feuture : South Indian Cinema

王として覚醒したシヴドゥ＝マヘンドラ・バーフバリと悪漢バラーラデーヴァが繰り広げる宿命の対決は、まさに物語のフィナーレにふさわしい大迫力

Baahubali2: The Conclusion

Baahubali2: The Conclusion

王は王である

「王」は『バーフバリ』二部作でプラバースが
纏ったイメージのもっとも強固なものだ

マクガフィン

『バーフバリ』で作り上げた神話の換骨奪胎と現代映画のポストモダン性の合体というハイブリッドがこの映画なのである

Saaho

三たび、王である

今更警察官だろうと犯罪者だろうと首領だろうとそう変わりはない。全ての登場人物はプラバースを中心に動き、最後にはみなその血統の正しさ（王性）にひれ伏す

コラム

『バーフバリ』以前／以後

トリウッドのVFXアクション

岡本敦史

※S・S・ラージャマウリの功績

南インドのテルグ語圏では、ヒンディー語圏のボリウッドに次いで映画製作が盛んであり、ハイデラバード周辺に集中する映画産業の中心地は「トリウッド」とも呼ばれる。デジタル技術が世界の映画産業の様相を大きく変えた二〇〇〇年代以降、トリウッドにも変革の波が訪れた。その先頭に立ったのが、S・S・ラージャマウリ監督である。

ターニングポイントとなったのは、当時のテルグ語映画史上最高額の製作費・四億ルピーを投じた超大作『マガディーラ　勇者転生』(09)だ。現代のハイデラバードと、四〇〇年前のウダイガル王国を股にかけ、輪廻転生の物語がスケール豊かに展開する伝奇アクション巨編である。劇中にはVFXを駆使したショットがふんだんに盛り込まれ、特に後半のウダイガル王国のパートは、超巨大な古代建築、オリンピック並みの観衆が集うモブシーン、断崖絶壁に建造された祭壇、そこで繰り広げられるダイナミックな対集団戦アクションなど、入念な画面設計と高度なデジタル合成技術が要求されるショットが満載。これを見事に実現し、ハリウッド作品と比べても遜色ないビジュアルを作り上げたことで、テルグ語映画のVFX技術は格段に進歩を遂げた。

その立役者となったのが、R・C・カマラカンナン。この作品で、テルグ語映画では初めてビジュアル・エフェクト・プロデューサーとしてクレジットされた人物だ。彼は二〇一〇年にアメリカとインドに拠点を置くVFXプロダクション「マクタ」を設立、その後もラージャマウリ作品を支えるキーパーソンとなった。

彼らの次なる試金石となったのが『マッキー』(12)だ。悪人に殺された善良な青年がハエに転生し、恋人を守るために復讐を果たそうと縦横無尽に飛び回るという奇想天外なストーリーを、ラージャマウリ監督はこれまたVFX満載で活写。すべてが巨大に増幅されたハエ視点の世界で繰り広げられる追撃アクション、豆粒大のハエと等身大の人間を競演させるビジュアル・アイデアの豊かさはいま見ても圧巻だ。実写映像とVFXのマッチングという点では『マガディーラ』とは別方向のチャレンジが随所に盛り込まれ、ほぼ丸ごとCGアニメーションで描かれたシーンもある。シュールなまでのスケールアップ表現、アクションシーンの誇張を恐れないダイナミズムとスピード感は、この作品でさらに磨きがかけられたと言える。特に、終盤に展開するハエvsスズメの空中戦シーンは見応えたっぷりで、『ロボット2・0』(18)にも多大な影響を与えたのではないだろうか。

そして、ラージャマウリたちはいよいよ『バーフバリ』二部作という前人未踏の野心的プロジェクトに挑む。物語のスケールもさることながら、VFXの物量においてもこれまでとはケタ違い。『マガディーラ』から培ってきた技術をフルに活かしつつ、過去の経験則だけでは通用しない領域にも敢然と突き進んでいる。

第一部『バーフバリ 伝説誕生』(15)の荘厳な自然に囲まれた神話的ファンタジー世界は『ロード・オブ・ザ・リング』シリーズ(01〜03)の雄大さにも匹敵し、第二部『バーフバリ 王の凱旋』(17)の絢爛豪華な宮殿で繰り広げられる王族たちの愛憎劇には『グラディエーター』(00)をも凌ぐスケール感が追求されている。何千何万人という民衆が画面上を埋め尽くすモブシーン、趣向を凝らした合戦シーンなど、VFXによるスケールアップ表現は『マガディーラ』より一段も二段もレベルが上がっている(物量面でも技術面でも)。

一方で、ゾウや牛といった動物、絵本のような背景、空中を飛翔する大型船など、リアリティを潔く無視するようなCG表現も『バーフバリ』には散見される。小さな見せ場よりは大きなクライマックスに火力を集中させる超大作ならではのカロリー計算も働いていると思うが、むしろ、ラー

『バーフバリ　王の凱旋』

ジャマウリたちはあえて過去作『Yamadonga（黄泉泥棒）』（07未）のアナログ特撮と同じような技法としてCGを扱っているようにも見えた。これは神話なのだから、すべてがリアルである必要はない、と言うかのように。その大胆さもまた、常に「観客は何を観に来るのか（あるいは何を気にして、何を気にしないのか）」を考え続けているインド映画人の経験値のなせる業だろう。

※テルグ語映画界のVFXトレンド

ラージャマウリ作品以外にも目を向けてみよう。『マガディーラ』『バーフバリ』以降のテルグ語映画界において、特に大スケールの歴史劇に挑む際、VFXは必要不可欠なものとなった。紀元二世紀にデカン地方を統治した王の半生を綴る『Gautamiputra Satakarni』（17未）、19世紀の南インドで東インド会社に戦いを挑んだ男の英雄譚『Syeraa Narasimha Reddy』（19未）といった史劇大作では、モブシーンや戦闘シーンにおいて漏れなくVFXの恩恵にあずかっている。大量のエキストラ・衣装・武器・美術など、実際に用意したら予算がいくらあっても足りないような誇大妄想狂的ビジュアルが、VFXのおかげで実現可能となったことは、ただでさえスケール感の表現にこだわりがちなインド映画人たちにとっては革命的な出来事だったろう。

一方、現代アクションにもVFXは欠かせない。インド映画に限らず、アクションシーンで人物を吊ったワイヤーや特機を消したり、銃撃戦のマズルフラッシュや弾着、刃物の刃先を足したりするCG効果は、いまや全世界的に一般化している。インド映画の場合、そこに〝主演スターが超人的パワーを発揮する荒唐無稽なアクション〟という要素も加わる。アクションが派手になればなるほど観客は喜ぶため、その表現もエスカレートの一途を辿っていった。

例えばNTRジュニア主演の『バードシャー テルグの皇帝』（13）。香港映画顔負けの立ち回り、重力無視の横っ飛びガンアクションなどはまだ序の口。『マトリックス』（99）のごとく飛んでくる銃弾や自動車をひらりと避けたり、足を踏みしめたと同時に路上の車が吹っ飛んだりと、もはや人間業ではないアクションがCGを使って躊躇なく描かれる。あるいは、マヘーシュ・バーブ主演の『Spyder』（17未）。ハイテク監視システムを駆使して仕置人活動に励む主人公と、『ダークナイト』（08）のジョーカーを思わせる極悪サイコパスの対決を描いたアクションスリラーだが、爆走するジェットコースター上での格闘、巨大な落石が町を破壊していくパニックシーン、クライマックスの病院大破壊など、かなり乱暴なスペクタクルシーンでVFXが活用されている。呆然と画面を見つめつつ、これがテルグ語映画のパワーか、とも思わされる。

テルグ式現代VFXアクションの究極型は、プラバースが『バーフバリ』に続いて主演した『サーホー』（19）だろう。我々インド映画人にも『ミッション：インポッシブル』や『アイアンマン』ばりの大スケールアクションが描けるのだ！　と高らかに宣言するかのごとく、ひたすら条理を超えた神業的アクションを畳みかける異貌の超大作である。序盤から吹き抜けのアパートで『ザ・レイド』（11）顔負けの集団格闘戦を繰り広げたかと思えば、超高価なスーパーカーでド派手なチェイスシーンを展開、主人公がバイクで疾走しながらショベルカーやヘリコプターと対決し、さらにジェットパックを背負って空中戦を繰り広げる……と、アクションシーンの解説だけで紙数が尽きてしまうほどの盛り込みぶり。これらの荒唐無稽な見せ場のほぼすべてにおいて、カマラカンナン率いるマクタによるVFX処理が施されており、画面のスケール感と説得力（あくまでその映画に見合ったレベルのリアリティ、とでも言おうか）を補強・増幅している。慢性的なストーリー面での弱さを克服できたら、インドでも先述のハリウッド超大作群にまったく引けを取らない全世界向けのエンタテインメントを生み出すことができる、という証左のような一作だった。

近年のボリウッド作品が急速に現代性と洗練を獲得していくのに対し、南インドの映画はまだ多少の荒っぽさを魅力として保ちつつ、世界に通用する娯楽映画大国にならんとする貪欲さにおいて抜きん出ている感がある。それはやはり、ラージャマウリらによっていち早くVFXとアクションの融合を成功させた経験と矜持が大きく作用しているのだろう。

『サーホー』

コラム

『バーフバリ』とテルグ語映画の現在

安宅直子

多言語のインド映画、そしてテルグ語映画

〝インド映画は多言語に分かれた国民の統合を図るため、誰にでも親しめる歌と踊りを取り入れた〟。時おり現れる俗説の一つであるが、これは二つの点を分かっていない。一つは、インド映画が言語別に複数の映画界に分かれており、それぞれの映画界とその市場は緩やかな交流を持ちながらも独立しており、統合される必要は誰も感じていないこと。もう一つは、歌こそがインド映画の精髄であり、その歌詞が持つ奥深い含意と韻律の妙は母語話者以外の人間には分かりにくいし、翻訳で母語以外の歌をあえて味わおうとするインド人観客は少ないということである。

南インドでは、タミル語、テルグ語、カンナダ語、マラヤーラム語の四大言語がそれぞれに映画界を持ち、相互に交流や越境現象を持ちながらも、それぞれが個性的な作風を持ち発展してきた。アーンドラ・プラデーシュ州とテランガーナ州の公用語で作られ、両州の人口約八四〇〇万人を市場とするテルグ語映画は、独特な構造的特徴を持つ映画界から送り出される。まず、製作本数が多く、トップクラスの作品はかなり潤沢な予算で作られる。また、主演男優や製作者など作り手の中枢が、アーンドラ・プラデーシュ州沿海部の肥沃なデルタ地帯の農民にルーツを持つ、特定のカーストの映画一族で占められているという点が際立っている。彼らは、本拠地をハイダラーバードに移してからも、正調とされる沿海地方のテルグ語を堅持し、故地の豪農階級の価値観を反映した作品を製作し続けている。それらはコスモポリタン都市ハイダラーバードで作られながらも、都会的

『バーフバリ　王の凱旋』

な洗練や多様性、あるいは同市で育まれてきたイスラーム文化とは距離を置いたものである。

豪農階級の価値観に基づく映画とは、あくなき娯楽性の追求、そして祭事料理のように盛り沢山のアイテムを詰め込むフォーマットへの信頼の上に作られる、ヒーロー中心の作品である。ケチしたことを嫌い、めでたい吉祥のイメージをふんだんに盛り込むことを重んじ、メッセージ性や作家性の表出などにはあまり関心を払わない。盛り沢山ぶりの一例としては、一本の作品に五〜一〇人も投入されることがあるコメディアンが挙げられる。彼らが繰り広げるギャグは、テルグ人観客だけを想定した、どこまでもローカルなものである。また、ヒーローを演じる映画一族の御曹司に関する臆面もない楽屋落ちネタも披露される。吉祥のイメージのためには結婚式のシーンも欠かせない。多くの作品で主人公は庶民の設定だが、何らかの形で富裕層の住まいが登場する。これがモデルハウスそのままの、キラキラと豪華で生活感のない佇まいで、そこに着飾った大家族のメンバーが参集するのが常である。こうした舞台を背景に活躍するヒーローは、日本の観客が言う「突っ込みどころ」、つまりコンクリート柱を素手で砕いたりするようなアクションで魅せる。ちなみにテルグ人観客はこれをいちいち「突っ込み」ながら見ることはしていない。彼らにとって映画的ナラティブとはそういうものだし、現代劇に神話的ロジックが入ることに何の違和感も感じていない。テルグ語映画作品を賑やかにしている要素は、死屍累々のアクションシーン、ラスベガスを思わせるド派手なセットでのダンスなど、この他にも幾らでも挙げられる。

こうした特徴はテルグ人の専売特許ではないものの、テルグ語映画がとことん追求してきたものである。リベンジ、世直し、ヒロイン救出などを基本にしたバイオレンス・アクションの定型は、一九九〇年代から時間をかけてゆっくりと形成されてきた。S・S・ラージャマウリ監督の『バーフバリ』二部作（15、17）は、このテルグ語映画のスタイルの、一段スケールアップした形での集大成であったと見ることもできるだろう。ただし同時に、「マルチリンガル大作」としての試みでもあったので、前述の賑やかし要素のうちの、群れをなすコメディアンと御曹司の楽屋落ちの二つだけは封印された。そしてこのマルチリンガル作品としての成功という点が、本作が二〇一〇年代後半の南インドやインド全体の映画に与えた最大のインパクトであったのではないか。

✻ マルチリンガル映画の興隆

マルチリンガル作品とは何かについて述べる前に、インドでの言語と映画作品との間の基本的な構造について整理しよう。世界有数の長大な叙事詩「マハーバーラタ」を生んだインドだが、大衆文化の領域では、文字よりも声として発された言葉が重要性を持つ。映画でもそれは同じで、古い時代には、芝居がかった文語調の長口舌を行う能力が俳優の成功と人気の鍵だったし、リアリズム演技が主流となった現在でも、俳優の声の質や台詞回しの巧みさは、容姿と同等に重視される。そして長々とした演説は現代の作品にも多出する。俳優の声の質がキャラクターのイメージに合わない、あるいは俳優の母語が当該言語ではない場合は、台詞は別の人物によって吹き替えられる。

音声となった言葉を重視し、母語での台詞や歌を愛する観客からなる市場（こうした嗜好から字幕も一般的ではない）では、もっとも格が高いのはそれぞれの地域の言語で作られたオリジナル作品である。その次に来るのが他言語圏でのヒット作を地域の言語で新たに作り直すリメイク作品。リメイクで微妙に変化する表現は、外国人にとっては興味深いが、現地の観客は借り物のストーリーに違和感を感じることもあり、リメイクにばかり出ている俳優はしばしば批判される。そして三番目、底辺にある隙間商品が、ダブ（吹き替え）である。他言語作品の音声トラックだけを後付けで各地域の言語に差し替えたもので、アップになると口の動きも合わず、歌謡シーンはカットされることもある。ダブがどのくらい隙間商品かというと、上映の場が初めから場末館だったり、あるいはともかく弾が欲しい衛星放送やネット配信のみであるなど、明らかに扱いが低い。そして、公開に当たっての宣伝活動もほぼない。印刷物やネットの映画評論の世界でも、ダブ作品は黙殺される。

この三つのカテゴリーの外で、近年増加傾向にあるのが、複数言語で同時公開されるマルチリン

『サーホー』

ガル作品なのである。同一キャストで作られ同時公開されるのでリメイクではない。そして撮影時には、原則として同じシーンを各言語バージョンの数だけテイクするので、ダブ作品でもない。もちろん撮影や編集には途方もない手間がかかるが、成功すればより多くの興収が見込めるし、映像作家にとっては他言語圏にも名前を売り、活躍の場を広げるチャンスとなる。

こうしたマルチリンガルは、タミル語とテルグ語の二言語（つまりバイリンガル）の組み合わせがもっとも多く、古くからあった。三言語以上のものもこの一〇年で目立つようになってきている。ラージャマウリ監督はこの流れの中で明らかにトレンドセッターだった。その試みはまず『マッキー』（12）から始まった。テルグ語版『Eega』とタミル語版『Naan Ee』がバイリンガルで作られ、テルグ語版からヒンディー語ダブ『マッキー』が、タミル語版からマラヤーラム語ダブ『Eecha』が作られ、少し後に公開された。つまり実態としては二言語のバイリンガル＋二本のダブになるのだが、二本のダブは通常の投げやりな後付け製作ではなく、細かな配慮をもって作られ、またオリジナルと同等の宣伝活動が行われた。宣伝に当たっては多言語が強調され、ダブという言葉はあまり使われなかった。同じ方法は、『バーフバリ』二部作でよりスケールアップして行われ、そのヒンディー語版は実質はダブであるが、ブロックバスターとなった同作四言語版の中の稼ぎ頭となった。

こうして地方語映画界の映像作家が主導するマルチリンガル大作の成功例が示されたことにより、『サーホー』（19）が続き、『K.G.F:Chapter 1［コーラール金鉱：第一章］』（18未）ではカンナダ語も加えた五言語での同時公開となった。もちろんこれでインド映画の言語別映画界の境界が一気に崩れてしまうわけではない。また、マルチリンガル作品の盛行は、かつての映像作家たちが「ネイティヴィティ」の表出に苦心したこと（P.146）に逆行するもので、のっぺりとして土地のオーラの深みがない作品ばかりになる危険性もはらむ。この他にも、二〇二〇年のコロナ禍の影響下でのインド全体のオンライン配信の急成長や、テランガーナ州分離（P.182）のインパクトなど数々の変化の要因があり、テルグ語映画の行方からはこの先も目が離せない。

コラム

プラバースと王

夏目深雪

『バーフバリ』二部作は、テルグ語映画を製作してきたS・S・ラージャマウリによるエピック・フィルム（叙事詩的映画）である。もともとテルグ語映画は神話や民話が娯楽映画の一つのジャンルとして確立し、大衆的な人気を得ているが、インド全域に絶大な影響を及ぼした「マハーバーラタ」を下敷きにしたことによって、南インド映画発の爆弾映画となった（※1）。

インド全域でのメガヒット、そして全世界に広がったブームの理由に関しては、インド神話の人気、海外ではエキゾチシズムがウケたと捉えるだけでは説明できない。まず、なんと言っても主演のプラバースの魅力である。ルックスは美男子というよりは可愛く優しげで、シルエットは南インドのスーパースター、ラジニカーント寄りの重量感があり、南インドの泥臭さの残ったタイプである。ハードなトレーニングにより筋肉隆々となった厚みのある彼の身体が、荒唐無稽なアクションに現実味を与えて、朴訥で誠実そうなルックスが、「王」というキャラクターに風格を与えている。

また、アクションにおいても、アクションが舞踏＝コレオグラフィー寄りのインドらしい「あり得ない動き」（VFXは主にこのために使用される）、第二部にて、兵たちがダンゴ虫のようになって城内に飛び入るような「マンガチック」な戦術、矢で刺されてもなかなか「死なない」父バーフバリ、など要所要所で、観客に強いインパクトを与えながらバーフバリの「英雄性」または「王性」を高めていく。

アンドレ・バザンは映画のリアリズムについて次のように言う。「映画における幻想的なものは、写真映像の否定し難い現実性によってしか可能にならない」「幻想映画の中で観客の気に入っている

※1 テルグ語とタミル語で作られた『バーフバリ』二部作は、やヒンディー語など他地域の言語にも吹き替えられ、インド全域を席巻した。『バーフバリ 伝説誕生』（15）が興収五〇億ルピー超と既に破格であったのに、『バーフバリ 王の凱旋』（17）は内外を合わせた興収がなんと一〇〇億ルピーを超え、歴代一位となった。

※2 アンドレ・バザン「二重焼き付けの生と死」（『映画とは何かII――映像言語の問題』所収、美術出版社、一九七〇年）、三五頁。

点というのは、明らかにそのリアリズムなのであり、写真映像の否定しがたい客観性と出来事の信じがたい性格との間にある矛盾なのだ」(※2)

壮大なインド神話の翻案であり、一人の男が「王」の座から追われ、その息子が「王」の座を奪還する物語である『バーフバリ』。架空の王国の英雄譚のファンタジー性は、プラバースの優しげなルックスと分厚い胸板と筋肉が万遍なくついた手足で「現実性(リアリティ)」を担保される。それこそがまさに映画の本質的な快楽だということだ。

また、バザンは俳優の神話についても多くを語った。ヒトラーとチャップリンの例を出して、俳優の神話の巨大さ、危険さについて論じたものを紹介する紙幅はないが、全世界を熱狂の渦に巻き込んだ『バーフバリ』とプラバースの例を見れば明らかだろう。プラバースの次回作が問題であることは自明であった。

「王」は『バーフバリ』二部作でプラバースが纏ったイメージのもっとも強固なものだ。プラバースが「王」でなかったら、やはり『バーフバリ』二部作より見劣りすることは免れない。そこで待望の新作『サーホー』(19)では「警察官」→「犯罪者」→「首領」とプラバース演じるキャラクターのアイデンティティを変化させ、ラストの「首領」(王)の直前に「犯罪者」というもっとも王から遠いものを持ってきた。終盤、出自を明らかにしたスーツ姿のサーホーが颯爽と会議室に現れ、出席者の一人が机を叩き始め、そのうち全員が机をダン、ダン……と叩き続けるシーンは『バーフバリ』の模倣でありながら、それを超える瞬間でもあるだろう。

ビジュアルで映画を引っ張り、「リアル」な超絶肉体を持つプラバースが七変化する『サーホー』は、『バーフバリ』のプラバースの「王」のイメージを利用しながら、(映画の作りはあまりインド映画らしさがないにもかかわらず)インドと神話について危うく、魅力的な賭けをしている。

映画の原初の魔力を纏ったプラバースが、これからスクリーンでどんな姿を見せてくるのか、目が離せない。

『バーフバリ　王の凱旋』

マガディーラ 勇者転生

安宅直子

MAGADHEERA

現代のハイダラーバードでオートバイレーサーとして気楽に暮らす若者ハルシャ。彼はある日、通りすがりの若い女性と偶然に手と手が触れた瞬間に、電気が走るような衝撃を感じる。その女性インドゥを追いかけて恋仲となった彼に、四〇〇年前のウダイガル王国の武勇の誉れ高い兵士カーラ・バイラヴァとしての前世の記憶が蘇る。ハルシャは四〇〇年前の悲劇の場所で、インドゥの心に、引き裂かれた恋人ミトラヴィンダー姫としての記憶とカーラ・バイラヴァへの愛を蘇らせようと試み、同時に迫りくる恋敵と戦う。

興行上の様々な記録を塗り替えた、二〇〇九年テルグ語映画界興収トップの大ヒット作。「やっと我々自身の中からハリウッド並みの作品が生み出された」と感激したテルグ人観客が多かったという（「ハリウッド並みになりたい」というのは、インドの映画業界人の多くや、英語映画を字幕なしで鑑賞するクラスの観客にとって、抜きがたいコンプレックス&呪縛である）。本作のどの部分がハリウッド作品に伍すると受け止められたかを、一〇年以上たった現在考えてみるのは面白い。舞台をハイダラーバードやラージャスターンに設定しながらも、土地のもつオーラをあえて排した無国籍風な空間に仕立て、ケルトやローマを始めとした古代戦記ファンタジーを思わせるビジュアルにしたことが、ここではプラスにはたらいたのかもしれない。特に一番の見どころである四〇〇年前の前世のパートの、CGものに特有のクリスタル・クリアな空気感の中で繰り広げられる活劇、キラキラと贅沢な画面に展開する綺想を凝らしたダンスなどには、確かに同じ頃のテルグ語作品とは一線を画すものがあった。VFX表現の実験作でもあった本作の成功が、『バーフバリ』二部作（15、17）を準備するものだったのは間違いない。

❁2009年
❁テルグ語
❁139分
［監督・脚本］S・S・ラージャマウリ
［音楽］M・M・キーラヴァーニ
［出演］ラーム・チャラン／カージャル・アグルワール／シュリーハリ／デヴ・ギル／スニール／サラット・バーブ

『Vikramarkudu［ヴィクラマルカ王］』（06未）以降のラージャマウリ作品には構成上の共通点がある。それは、平凡な日常を暮らす主人公が、ふとしたきっかけから想像を絶する異界に投げ込まれて奮闘し、最後に何とか日常を取り戻すというもの。『ヴィクラマルカ王』では匪賊の跋扈する北インドのチャンバル渓谷、『Yamadonga［黄泉泥棒］』（07未）では地獄、『あなたがいてこそ』（10）ではラーヤラシーマ地方の封建領主の館、『マッキー』（12）ではハエへの転生、『バーフバリ』では英雄的な先代の行跡の回想。似たような構造を持ちながらもそれぞれが際立った個性を持つ作品群の中で、本作は輪廻転生という、何でもアリになってしまうゆえにイージーに使うことはできないプロットを採用している。ラージャマウリは本作に関してのインタビューで、ストーリーの新しさで惹き付けるのではなく語り方で魅せる作品なので、公開前の粗筋秘匿主義はとらないと言明したことがある。こうして作品群を並べて構造を俯瞰すると、それもよく理解できる。

また本作は、テルグ語映画界のスター・ファ

ミリーの頂上の一つであるコニデラ家、つまり〝メガスター〟チランジーヴィの家の嫡子であり、唯一の男児であるラーム・チャランをスターダムに押し上げるというミッションも背負っていた。ラーム・チャランのデビュー作『Chiruta［チーター］』（07未）は、有名監督と実力派脇役陣を配し手堅くまとまったアクション作品で、興行収入も悪くないものだったが、メガスターの息子に対する膨れ上がったファンの期待を充分に満足させるには至らなかった。

デビュー後の第二作に、スターダムへの突破口となるブロックバスター的ヒットが欲しかったコニデラ家が白羽の矢を立てたのが、若手ヒーロー俳優と組んで快作を連発していたラージャマウリ監督だった。当時二四歳、演技経験はまだ浅く、見た目も細面で華奢だったラーム・チャランに、悲劇的な伝説の勇者のキャラクターを説得力をもって演じさせた監督の演出力は見事。また、ラーム・チャランと同い年で、駆け出しだったカージャル・アグルワールがヒロインに抜擢されたが、本作の大ヒットによって南インドを代表する女優の一人となった。

バーフバリ 伝説誕生

Baahubali: The Beginning

浦川留

❁2015年
❁テルグ語
❁138分（〈完全版〉は159分）
［監督・脚本］S・S・ラージャマウリ
［原案］V・ヴィジャエーンドラ・プラサード
［音楽］M・M・キーラヴァーニ
［出演］プラバース／ラーナー・ダッグバーティ／タマンナー／アヌシュカ・シェッティ／ラムヤ・クリシュナ／ナーサル／サティヤラージ

初めてこの映画を観た時は本当に驚いた。神話的世界観に圧倒され、プラバース演じる主人公シヴドゥ（＝バーフバリ）の顔の濃さと大型の野生動物のような体軀の美しさ、艶麗な歌舞シーンも激烈な戦闘場面も全てに耳目を奪われた。その高揚感は二年後に後編の『バーフバリ　王の凱旋』（17）でさらに倍増し興奮させられることとなるが、本稿は前編に焦点をあて、後編については詳述しない。とはいえどちらも見ている以上は全編をふまえて考えないわけにはいかず、ひとくちにいえば『バーフバリ』二部作は「破壊と創造」の叙事詩であると思う。

このキーワードはシヴァ神にまつわるもので、多神教のヒンドゥー教の中でも特に重要な神の一人シヴァ神が破壊の神といわれ、同時にそれは創造のための破壊ともされているからだ。自分にはその位置づけが本作とシンクロして腑に落ちた。赤子のときにマヒシュマティの国母シヴァガミ（シヴァ神と共にある者、の意だそう）の腕にかかげられて川を流れてきたのを拾われ、たくましく成長した主人公シヴドゥ（この名もシヴァに由来）が、自分が実は殺されたマヒシュマティ国王アマレンドラ・バーフバリの一粒種マヘンドラ・バーフバリだったと知る『バーフバリ　伝説誕生』は、壮大な復讐劇（＝現状の破壊）の始まりを告げる物語である。

巨大な滝の上の世界にあこがれ幼いころから繰り返しよじのぼっては落ちていたシヴドゥが、あるとき滝で見かけた美女を追ううちついに頂上へたどりつくまでのシークエンスは全編を通じてもっとも神話性を帯びた導入部分で、それをシヴァ神の導きととらえることは十分に可能だろう。S・S・ラージャマウリ監督は少年時代に子ども向けのインド神話のコミックを愛読し、本作もいくつかのエピソードはそこから着想を得たと語っている。そのように大衆化

されて親しまれ、想像力の血肉となった昔話は中国なら「西遊記」や「封神演義」にあたるだろうか。

一方で興味深いことに監督自身は無神論者を公言してもおり、実際、本作に説教めいた演出はない。シヴドゥが滝をのぼったのちは神がかった事象はなりをひそめ（超人的アクションなど演出上のデフォルメは頻出するが、性質がちがう）、神秘の美女も消えてそのかわりにシヴドゥのことなど知らない反乱軍の女戦士アヴァンティカとして登場。テルグ語映画のお家芸ともいうべき強引なまでに猛烈な求愛行動のすえアヴァンティカと結ばれたシヴドゥは、彼女を通して囚われのデーヴァセーナ妃のことを知る。そして義侠心にかられて王宮へ足を踏み入れると、そこでは暴君バラーラデーヴァが人民をこきつかって自らの巨大な黄金像を作らせていた。

シヴドゥの顔を見た群衆の一人が思わず「バーフバリ……」と声をもらし、それが王宮をゆるがす声の波となっていくシーンは劇中もっとも鳥肌のたつクライマックスである。そしてもう一つの、かつ最後のクライマックス

が、忠臣であり奴隷のカッタッパが前王バーフバリを殺したのは自分だと子バーフバリ（＝シヴドゥ）に告白する衝撃のエンディングだ。通常のインド映画ならここでインターミッションとなり、胸おどらせながら後半の上映を待つところだが、目下製作中の続編を待たれよ！　というかたちで映画が終わってしまうのだからたまったものではない。つまりこれは日本公開版で合計二七九分（完全版はなんと三三六分）に及ぶ二部作全体のインターミッションで、最大の効果を狙いさだめて配置されたエンディングなのだった。

先例として思い浮かぶのがジョン・ウー監督の『レッドクリフ』二部作（08、09）である（こちらは話の続きが分かっているだけまだよかった）。本作は戦闘シーンのスケール感も『レッドクリフ』を想起させ、少なくとも参考にはしただろう。また、マヒシュマティは架空の国だが劇中で中国やモンゴル、ペルシャへの言及があるので時代はおそらく一三世紀ごろ。本作は、神話的だが神話ではない、人間の業や因縁がうずまく愛と戦いの一大歴史絵巻である。

S･S･ラージャマウリ

1973年、マイソール州（現カルナータカ州）ラーヤチュールで生まれた。ルーツはアーンドラ・プラデーシュ州西ゴーダーヴァリ地方にあり、現在の本拠地はテランガーナ州ハイダラーバード。父は脚本家で、ラージャマウリ作品のほとんどに参与しているV・ヴィジャエーンドラ・プラサード。自身はテレビドラマの監督からスタートした。長編劇映画の初監督作は、デビュー間もないＮＴＲジュニアを主役にすえた『Student No.1〔学生No.1〕』（01未）で、興行的成功を収めた。以降、若手メジャー俳優を主役にした大型娯楽作品で第一線監督となる。

『マガディーラ　勇者転生』（09）は、それまでのテルグ語映画の各種の記録を塗り替える大ヒットとなった。この作品から、ＶＦＸを多用した映像表現の試みが始まる。ストーリーテリングの巧みさから、その作品が他言語圏でリメイクされることも多く、『Vikramarkudu〔ヴィクラマルカ王〕』（06未）と『あなたがいてこそ』（10）は それぞれ５作品にリメイクされた。『マッキー』（12）は初の多言語同時制作。その後、やはり多言語の『バーフバリ』二部作（15, 17）のメガヒットによって、テルグ語映画界のみならずインド全体でその動向が注目される存在となった。他に、『Yamadonga〔黄泉泥棒〕』（07未）も代表作に数えられる。従兄にあたる作曲家のM・M・キーラヴァーニは長らくの協力関係にあり、これまでのラージャマウリの全作品の音楽を手がけている。また、夫人のラマーも衣装デザイナーとして多くのラージャマウリ作品に貢献している。

独特なスターシステムによりトップスターの主演男優の力が強く、監督やプロデューサーすら従属的な立ち位置になることもあるテルグ語映画界で、自身がカリスマと見なされるスター監督の地位を獲得し、自らの構想に応じてキャスティングを行い、スター俳優が彼から声がかかるのを待ち焦がれるという逆転現象が起きている珍しい人である。そのきめ細やかな演出と演技指導により、俳優のポテンシャルを最大に引き出す能力は、『あなたがいてこそ』を見ればよく分かる。ＳＮＳにも熱心で、TwitterやFacebookを通じて自ら積極的に広報も行う。18年には『バーフバリ』に熱狂するファンのために来日も果たしている。

（安宅直子）

S. S. Rajamouli

バーフバリ 王の凱旋

岡本敦史

Baahubali2: The Conclusion

❁2017年
❁テルグ語
❁141分(〈完全版〉は167分)
[監督・脚本]S・S・ラージャマウリ
[原案]V・ヴィジャエーンドラ・プラサード
[音楽]M・M・キーラヴァーニ
[出演]プラバース/ラーナー・ダッグバーティ/アヌシュカ・シェッティ/サティヤラージ/ラムヤ・クリシュナ/タマンナー/ナーサル

S・S・ラージャマウリ監督の、あるいはテルグ語映画の、ひいてはインド映画の代表作として世界に浸透しつつある『バーフバリ』二部作、その後編である。物語は、前作『バーフバリ 伝説誕生』(15)の後半部にあたる忠臣カッタッパが語る回想パートの続きとなり、なんとそれが映画の八割ほどを占めるという構成。初見時には度肝を抜かれたが、のちに日本公開されたラージャマウリ監督の旧作『マガディーラ 勇者転生』(09)を観て、この作品が構成ほか多くの部分で『バーフバリ』の原型となっていることを知った。それにしても、前後編からなる超大作としては間違いなく異例のフォーマットである。

神話的な貴種流離譚としての魅力を湛えた前作とは趣を変え、ここでは王位継承をめぐる愛と裏切りのドラマが劇的に展開する。マヒシュマティ王国の次期国王アマレンドラ・バーフバリとクンタラ国王女デーヴァセーナの運命的な出会い、情愛と国法の間で引き裂かれる母シヴァガミの葛藤、王位奪還を企むバラーラデーヴァが仕掛ける卑劣な奸計、そしてアマレンドラの非業の死……。待ち受ける最大の悲劇に向けて、ロマンスと策謀と家族の愛憎劇を巧みに織りなしていく丹念な作劇も見事だが、回想シーンが終わった途端に「復讐」の一点にドラマが集中し、そのまま一切の無駄なくクライマックスの最終決戦に雪崩れ込んでいく構成が力強い。テルグ語映画ならではの血の気の多さも感じつつ、久々に映画の原初的快感に触れるような興奮へと観る者を導いてくれる。

アクション活劇としての見応えもすさまじい。アマレンドラとデーヴァセーナのダブル弓矢アクション、カッタッパとの華麗な連携プレイで魅せる殺陣、まさかの人間カタパルトなど、インパクト絶大なビジュアルが山盛りだ。

王として覚醒したシヴドゥ＝マヘンドラ・バーフバリと悪漢バラーラデーヴァが繰り広げる宿命の対決は、まさに物語のフィナーレにふさわしい大迫力。打撃の重みや痛みがきちんと演出され、人物のエモーションと超人的パワーの発現が直結して見えるような場面設計が入念に行われている。主演俳優の肉体美とスローモーションなどの特殊効果に頼った安易なアクションとは一線を画す仕上がりだ。絵になる男プラバース、憎々しい悪役を演じきったラーナー・ダッグバーティ、どちらもあっぱれである。

王妃デーヴァセーナのキャラクター造型も特筆ものだ。従来のいわゆるツンデレお姫様ヒロイン（最初はつんけんした態度で登場するが、やがて王子様にメロメロになるパターン）と一線を画しているのは、彼女がその気位の高さはそのままに、一歩も退くことなく〝対等に〟アマレンドラを愛するという構図である。彼女がセクハラ野郎の指を切り落とし、夫であるアマレンドラが続いて首を斬り落とす痛快なくだりからも、女性のエンパワーメントという現代性を反映したキャラクターであることが見て取れる。戦闘

力抜群の高貴なプリンセスから、終盤の復讐鬼と化した鬼気迫る姿まで、デーヴァセーナの長年にわたる変遷を演じきったアヌシュカ・シェッティは、この作品のMVPだろう。また、国母シヴァガミと火花を散らす展開も見どころだ。立場上やむなく対立を繰り返しながら、精神的にはおそらく通じ合っていることが伝わる両者の関係性も、観客の心をつかむ「嫁姑のドラマ」として完成度が高い。

　前作同様、ＶＦＸを駆使したダイナミックな見せ場の数々、マンガチックなキメ画の数々も全編にわたって投入され、そのサービス精神にも圧倒されるばかりだ。重要なのは、そのすべてがストーリーに奉仕するための演出であるということだろう。スターの自己満足を叶えるためのものでも、予告編に使いまわすための安易なサービスショットでもない。複雑なＶＦＸも使いこなすハイレベルな映像演出力と、ストーリーテラーとしての矜持が分かちがたく結びついていなければ、『バーフバリ』がここまで多くの観客の心を捉えることはなかったはずだ。それがラージャマウリ演出の真髄であり、彼をテルグ語映画のトップランナーの座に留めている理由でもあるだろう。

プラバース

1979年にタミル・ナードゥ州マドラス（現チェンナイ）に生まれた。家族のルーツはアーンドラ・プラデーシュ州の沿海地方にあり、父スーリヤナーラーヤナ・ラージュは映画プロデューサー、伯父のクリシュナム・ラージュはテルグ語映画界で60年代から活躍するベテラン俳優。その伯父の冠タイトル「レベル・スター（反逆のスター）」にちなんだプラバースへのタグは「ヤング・レベル・スター」。また、ロマンスの王子様としての「ダーリング・プラバース」という綽名もある。

俳優のコアなファン層が男性中心に成り立つことの多い南インドの映画界において、ティーンエージャーの女性ファンが無視できないほどに多い特異なスター。大男の多いテルグ語映画界でも群を抜く長身で、しかも極めつけの小顔。

『Eeshwar〔イーシュワル〕』（02未）で主役としてデビュー。それ以降、マッチョなアクションとロマンチック・コメディーの両方でキャリアを築くこととなる。『Chatrapathi〔チャトラパティ〕』（05未）で初めて組んだS・S・ラージャマウリ監督は、本作の主眼が「主演のプラバースをスーパーヒーローとして確立させることだけだった」と語ったが、デビュー後まもなくから御曹司プラバースを中心とした映画作りがされていたことが分かる。他の作品に一切出演せずに約5年間を捧げた『バーフバリ』二部作（15、17）が大成功し、一躍全国的に名前を知られるようになった。この2作の間には演技者として覚醒があったことがうかがえる。『サーホー』（19）のヒンディー語版では初めて自らヒンディー語の台詞をダビングし、同作はヒンディー語圏でも興行的に成功した。今後に控えている主演作は、全てが巨大予算のマルチリンガル映画になることが予告されている。　（安宅直子）

『バーフバリ　王の凱旋』

Prabhas

サーホー

夏目深雪

SAAHO

❀2019年
❀テルグ語
❀169分
［監督］スジート
［出演］プラバース／シュラッダー・カプール／ニール・ニティン・ムケーシュ／ジャッキー・シュロフ／チャンキー・パーンデー

『バーフバリ』二部作（15、17）以来、二年ぶりのプラバース主演のアクション・スリラー。スピード感のあるストーリー展開と『バーフバリ』から引き継いだ荒唐無稽な超絶アクション、「全てはプラバースのためにある」と言っても過言ではない「オレ様ぶり」が堪能できる作品である。監督はこれが長編第二作目となるスジート。

犯罪都市ワージーを牛耳るロイは、ムンバイに凱旋した途端暗殺されてしまう。一方、ムンバイ市警察は謎の窃盗団を追っていた。そこに覆面捜査官アショークが赴任する。アショークはアムリタを見初め、二人は恋仲になるが、実はアショークは……。

プラバースファンには堪らない作品ではあろうが、インド映画ファンからは失望の声も聞こえたし、本国の批評家からは酷評された。酷評の中身はこうだ。ビジュアルやアクションシーンは強烈だが、プラバースの存在感を出すことに夢中になって脚本の整合性を忘れてしまったのではないか。キャラがきちんと作られていないしストーリーも貧弱だ。確かにその傾向はあると思う。そもそも一度見ただけで全てを理解するのは難しい。話も複雑なのだが、（プラバースを登場させる時のスローモーションに時間を割きすぎて？）雑多な登場人物の描写のスピードが速すぎる印象だ。

何よりも、「インド映画らしさ」が薄いのがインド映画ファンや本国の批評家のカンに障ったのだと思われる。設定が近未来で、インドらしさは少なく、親子二代にわたる骨肉の争いなどむしろ『ブラックパンサー』（18）などのアメコミ映画の匂いがする。そもそも主人公二人も刑事なので、衣装も現代風で二人の気持ちが盛り上がったところでドリームシーン（歌と踊りのシーン）に移り、無国籍なリゾート風の場所で、

シュラッダー・カプール演じるアムリタが急にカラフルなドレスを着ていてもまるでMVみたいだ。

だが、アメコミ映画やハリウッド映画への接近、結果としてのアメリカナイズによる薄っぺらさはある程度確信犯的なのだろう（でなければ『ブレードランナー２０４９』(17)のポスターと酷似したポスター（※１）など作らないだろう）。プラバース演じるサーホーがアムリタと初めて会うシーンも、二人が見つめ合い、アムリタの髪が風になびき音楽が流れた時点で外野が「何？この演出」と言う。定型の「インド映画」への批判精神があるのだろう。

私はこの作品はクリストファー・ノーランの『TENET テネット』(20)と一緒に考えると面白いと思う。CGに頼らない画作りによる徹底的なビジュアル重視、それと比例してストーリー軽視になってしまい、一度見ただけで全て理解できないところなど、共通点が多い。もちろん『TENET』にはもともと時間に対するオブセッションが強いノーランらしい、「順行」と「逆行」の混在するシーンという、前代未聞の見せ場がある。『サーホー』の見せ場はプラバースの肉体だろう。過酷なトレーニングを積んだ筋肉隆々のプラバースがこなすマンガみたいなアクションシーン。そして警察官→犯罪者→巨大グループの首領というプラバースの七変

※１

化ぶりは前代未聞と言ってもいい。
リドリー・スコット、ノーランとイギリス出身の作家はポストモダンな映画作家が多い。インドにとって旧宗主国であるイギリスの、こういった部分を取り入れたインド映画はあまり例がない。『バーフバリ』で作り上げた神話の換骨奪胎と現代映画のポストモダン性の合体というハイブリッドがこの映画なのである。常にマクガフィン（※2）を取り入れた作劇をしたヒッチコックも想起させる。『バーフバリ』でプラバースの「王」のイメージは固定的なものとなった。だから、今更警察官だろうと犯罪者だろうと首領だろうとそう変わりはない。全ての登場人物はプラバースを中心に動き、最後にはみなその血統の正しさ（王性）にひれ伏す。この映画ではヒーローが、中身は何であってもよいという意味では、マクガフィンなのである。
プラバースの存在感とアクションの圧倒的なビジュアルで、マクガフィンとなったヒーローを堪能させられてしまう、前代未聞なインド映画（ではないのかもしれない、もはや）がこの先、どこに向かうのか括目して見守りたい。

※2　登場人物への動機付けや話を進めるために用いられる。単なる「入れ物」のようなもの、別のものに置き換えてもいいようなもの。例えば泥棒ものではネックレス、スパイものでは書類など。

新たなるインド映画の世界

CONTENTS

第1章 コレを見るべき！ インド映画最新作26本

第2章 インド映画キーワード辞典

高倉嘉男

第3章 インド映画通史

松岡環＋安宅直子

【凡例】

❁作品タイトルの後ろの二桁の数字は製作年を表している。

❁作品タイトルは、劇場公開作品は上映時のものを記載。映画祭や特集上映で上映されたものも上映時のものが原則だが、ソフトが発売されたものはそのタイトルを優先している。Netflixで配信されているものはその邦題を記載し、その旨記載している。読者の利便性を考慮したうえで記載している。

❁未公開作品でソフト未発売、配信もされていないものには原題を記したうえで未と記し、日本語逐語訳を併記している。

❁第1章の作品データは公式サイトなど配給会社が公開時に発表したものに準拠している。［監督・脚本］の脚本のクレジットは共同脚本の場合は除いている。

❁人名表記については、第1章の作品解説とコラムでは、作品ごと、作品データの表記に従っている。それ以外は原語の発音に近い表記等、著者の意向を優先しているので、作品または章によって表記が異なる場合がある。

第1章

コレを見るべき！ インド映画 最新作26本

❀❀❀

かつてはインド映画といえば
歌と踊りが突然始まるコテコテの
マサラムービーだったが、
『バーフバリ』のヒットのおかげで、
壮大なスケールで、愛憎に満ちた
叙事詩のイメージが定着した。
だが、実はその前からインド映画は
進化していた。
まず「新感覚インド映画」――
ポップさに溢れた作品群の登場。
そして、より真摯に、女性蔑視や
因習と闘う人々を描いた作品、
パキスタンとの確執やカースト制度、
過熱する受験戦争など
国内の社会問題に斬り込む映画。
SFや宇宙開発を題材にした作品や、
青春もの、アクションや音楽といった
ジャンルものも、より“洗練”されてきた。
かつてのイメージであった“ベタ”と
“洗練”とせめぎ合いの中で今、
最も面白い
――そんな26本をピックアップした。

ウスタード・ホテル

安宅直子

Ustad Hotel

❀2012年
❀マラヤーラム語
❀151分
［監督］アンワル・ラシード
［音楽］ゴーピ・スンダル
［出演］ドゥルカル・サルマーン／ニティヤ・メーノーン／ティラカン／シッディク

ケーララ州カリカット出身の青年ファイジは中東ドバイで育ったが、後継ぎとなることを望む企業家の父の意向に反してヨーロッパでシェフになるための修業をこっそりしていた。インドに一時帰国しての見合いの席で、不用意にそのことを漏らしたために、父から勘当されパスポートも取り上げられる。やむなく彼は、カリカットの浜辺で庶民的な食堂を営む祖父カリームのもとに身を寄せる。食堂の手伝いとして働き、様々な人との出会いを通して、ファイジは料理することの真の意味を学んでいく。

マラヤーラム語映画のニューウェーブの初期の代表作の一つ。当時三〇代だった監督のアンワル・ラシードは手堅い娯楽作品を撮る映像作家として活躍中だったが、本作についていえば、脚本を担当したアンジャリ・メーノーンの作品という受け止められ方が多かった。オムニバス作品『Kerala Cafe［ケーララ・カフェ］』（09未）の中で、初監督した『Happy Journey』という短編が大評判となり、一躍カルト監督となった彼女の長編劇映画を望む声が大きくなっていたのだ。

本作の脚本執筆に当たってもっとも時間を費やして調査したのは、料理や外食産業ではなく、スーフィズムについてだったと、アンジャリはインタビューで述べている。彼女によればスーフィズムとは食、音楽、ダンスや恋など、人生の全てを神的なものとして言祝ぐ思想なのだという。ラージャスターンのスーフィー聖者廟（ムイーヌッディーン・チシュティー廟）、カリームが幻視するトルコの旋回舞踊セマーなどのモチーフが、それを補強する。カリーム老人は料理するスーフィーなのかもしれない。

©Magic Frames Ltd, ©MC audios & videos Ltd

若さは向こう見ず

ランビール・カプール

インド映画の歴史は百年余りだが、その黎明期から代々映画に携わってきているのがカプール一族である。カプール一族は、家業として映画産業に関わる、いわゆる「映画カースト」の、エリート中のエリートだ。ランビール・カプールは、そんなカプール一族の第四世代となる。曾祖父は大俳優プリトヴィーラージ・カプール、祖父は『放浪者』(51)などの俳優・監督ラージ・カプール、父親は『Karz〔借り〕』(80未)などの男優リシ・カプール。血統を重視するインド映画業界において、この血筋の良さは無敵である。また、1990年代から2000年代にかけて活躍した女優姉妹カリシュマー・カプールとカリーナ・カプールは彼の従姉にあたる。

ランビールは1982年9月28日、ボンベイ(現ムンバイ)生まれ。中等教育修了後はニューヨークに渡って映画を学んだ。インド帰国後、助監督として下積みをし、『Saawariya〔愛しい人〕』(07未)で俳優デビューした。

色白で甘いマスクをしており、祖父ラージを彷彿とさせるキュートさやコミカルさが売りだ。ただ、抜群の血統の割には、成功を掴むまで意外に苦労をした。デビュー作は興行的に振るわず、その後の出演作も一長一短であった。しかしながら、この期間、必ずしも「典型的ヒーロー」型の役柄のみにこだわらなかったのは芸の幅を広げるのに役立った。

ランビールが名実共にスターとなったのは、ヒット作『Rockstar〔ロックスター〕』(11未)からである。この作品でフィルムフェア最優秀男優賞などを受賞したランビールは、若手のトップスターとして数々の大ヒット作を飛ばすようになった。日本公開の主演作では、『若さは向こう見ず』(13)の他には、『バルフィ!人生に唄えば』(12)や『SANJU/サンジュ』(18)がある。　(高倉嘉男)

『若さは向こう見ず』

Ranbir Kapoor

若さは向こう見ず

高倉嘉男

Yeh Jawaani Hai Deewani

人生で一番美しい時期はいつだろうか。多くの人が一〇代のどこかを思い浮かべるのではないだろうか。思い出は遠くなればなるほど美しくなるもの。物心が付き、思い出が思い出としてはっきり残り始める一〇代の出来事は、それが過ぎた後、いつ振り返っても一番美しい思い出となる。人生の一番美しい思い出を彩る、一〇代のときの友人は、一生モノの友人だ。

『若さは向こう見ず』は、誰もが一〇代からの親友たちを思い浮かべ、感情移入してしまうような青春映画だ。青春時代の思い出の美しさや、それを共有した友人たちの貴重さは、インド人も日本人も変わらないのだと再認識できる。

監督のアーヤン・ムケルジーは、自堕落な若者が社会の一員としての自覚を強めていく様子を描いた『Wake Up Sid〔目を覚ませ、シド〕』(09未)で監督デビューしており、『若さは向こう見ず』が二作目となる。寡作な監督だが、若者向けの新鮮な映画作りをする。

ムケルジー監督の前作に引き続きランビール・カプールが主演で、ヒロインをディーピカー・パードゥコーンが務める。助演として、インド生まれのフランス人女優カルキ・ケクランや、アーディティヤ・ローイ・カプール、クナール・ローイ・カプールが出演している。アーディティヤとクナールは三兄弟の次男と三男で、長男はウォルト・ディズニー・インディアの社長シッダールト・ローイ・カプールである。また、九〇年代を代表する女優かつ名ダンサーのマードゥリー・ディークシトが冒頭でカメオ出演し、踊りを披露している。

ランビールが演じるバニーは、ジャーナリストになる夢を追う陽気な若者だった。バニーの親友アヴィをアーディティヤが演じ、アヴィに片思いする勝ち気な女の子アーディティーをカルキが演じる。バニー、アヴィ、アーディティー

❁2013年
❁ヒンディー語
❁161分
〔監督・脚本〕アヤーン・ムケルジー
〔音楽〕プリータム
〔出演〕ランビール・カプール/ディーピカー・パードゥコーン/カルキ・ケクラン/アーディティヤ・ローイ・カプール

は高校時代からの仲良し三人組で、二〇歳前後の頃に、ヒマラヤ山脈の避暑地マナーリーへ連れ立ってトレッキングの旅に出る。それに加わったのが、高校時代はガリ勉で目立たない女の子だったネイナーだった。ネイナーを演じるのがディーピカーである。普段は派手で強気な役を演じることの多い彼女だが、今回の知的で奥手なメガネっ娘役もなかなかはまっていた。

ネイナーは、バニー、アヴィ、アーディティーと高校時代の同窓生ではあったが、彼らと親しい間柄ではなかった。だが、バニーにほのかに好意を抱いており、今回思い切ってツアーに付いて行くことにした。これが、彼女の人生を様変わりさせる旅となる。引っ込み思案だったネイナーは、旅行を通じてバニーの前向きな生き方に影響を受け、彼にはっきり恋をしたことで、自信に満ちた女性へと成長する。だが、夢追い人のバニーはこの旅の直後にシカゴに留学してしまい、ネイナーも彼を待つことはしなかった。ここまでが前半である。

ヒマラヤ山脈の雪山の中で次々に場面を変えながら進行するロードムービー的な前半と打って変わって、八年後の後半は、アーディティーの結婚式場となったウダイプルのホテルに舞台をほぼ固定して展開する。どこか間の抜けた新郎タランはクナールが演じている。久々にバニー、アヴィ、アーディティー、ネイナーの四人が揃い、同窓会のような騒ぎになるかと思いきや、この八年で四人の関係は様変わりしていた。アヴィはバニーを友人として考えておらず、アーディティーの結婚にも嫉妬をしていた。ネイナーもバニーにはどこかよそよそしい態度を取っていた。一体何が起こったのか、そして四人は再び昔のような絆を取り戻せるのか。固唾を呑んで見守ってしまうシーンが続く。

ストーリーもいいのだが、歌と踊りも絶品である。人気音楽監督プリータムによる楽曲はアップテンポのダンスナンバーが揃っており、ランビールとディーピカーが息の合った踊りを披露する。三月に祝われる色彩の式典ホーリー祭や、数日に渡って様々な儀式が行われるインド式結婚式など、インド文化がカラフルなダンスシーンの形でパッケージされており、インドを一本で満喫できるのも本作の魅力である。

若さは向こう見ず

ディーピカー・パードゥコーン

インド映画女優は踊りを踊れなければならないので、他国の女優よりも運動神経を求められる。その点、元世界ランク1位のバドミントン選手である父親のDNAを受け継ぎ、学生時代に全国大会レベルのバドミントン選手であったディーピカー・パードゥコーンは十分な素質を持っている。

ディーピカーは1986年1月5日にデンマークのコペンハーゲンで生まれ、カルナータカ州の州都バンガロール（現ベンガルール）で生まれ育った。バドミントン選手を引退した後はモデルに転向し、2006年に地元カンナダ語映画界で女優としてデビューした。次作のヒンディー語映画『恋する輪廻』(07)では、いきなりスーパースター、シャー・ルク・カーンとの共演を果たし、インド全国に名を知られることとなる。

以降、南インド人らしい曲線的な美貌、長身で健康的な恵まれた体格、そして抜群の運動神経を武器に快進撃を続けた。若手の有望株として引く手あまたの時期が続き、トップスターと次々に共演した。『若さは向こう見ず』(13)の頃にはキャリアの絶頂期にあったと言える。他の日本公開の主演作には、『チャンドニー・チョーク・トゥ・チャイナ』(09)、『チェンナイ・エクスプレス』(13)、『パドマーワト 女神の誕生』(18)などがある。

絶頂期にあったはずの14年頃に鬱病を発症し、回復してからは鬱病患者のための社会活動も始めた。女優としての円熟期とも重なり、その頃から出演作の選び方にも変化が現れ、より女性や弱者の視点に根ざした作品に関心を示すようになっている。

ランビール・カプールと付き合っていたこともあったが、共演作『若さは向こう見ず』の頃には別れていた。18年に人気男優ランヴィール・シンと結婚した。 （高倉嘉男）

『パドマーワト 女神の誕生』

Deepika Padukone

マルガリータで乾杯を！

松岡環

Margarita, with a Straw

主人公は、脳性麻痺の車イス女子大生ライラ。名門デリー大で学び、コンピュータを操って勉強はもちろん、友人とのチャットや、好きな男子学生のバンドのために作詞もやってしまう。彼女にはできないことも多いが、そのままでは飲めないカクテルも、ストローを付けてもらえば大丈夫。原題の『Margarita, with a Straw』は、ストロー一本でバリアフリーが実現することを示したものだ。

やがてバンド男子に失恋したライラは、ニューヨーク大に留学する。そこでもボーイフレンドができたり、眼の不自由な女子学生活動家ハヌムと知り合い、レズビアンに目覚めたりと、様々な経験をする。

ショナリ・ボース監督によると、主人公のモデルは監督の従妹だという。従妹がこれまで性的欲求を抑えてきたことを知り、そうであってはならないという思いから作られた本作では、ライラは自慰行為をし、男性とも女性ともベッドインする。当然これらのシーンは検定で引っかかり、監督は検定局で一五箇所のカットを命じられた。しかし陰で女性検定委員たちが「不服申し立て委員会に訴えなさい」と知恵を授けてくれ、委員会の再審査はベッドシーンを八秒カットしただけでパスしたという。

主演のカルキ・ケクランは、監督の従妹と長時間一緒に過ごし、さらには口中にビー玉を入れてしゃべるなどして、自身を障害のある女性に近づけていった。韓国映画『オアシス』(02)のムン・ソリと並ぶ名演である。

❁2014年
❁ヒンディー語・英語
❁100分
[監督]ショナリ・ボース
[音楽]マイキー・マックリアリー
[出演]カルキ・ケクラン／レーヴァティ／サヤーニー・グプター／ウィリアム・モーズリー

クイーン 旅立つわたしのハネムーン

松岡環

Queen

❀2014年
❀ヒンディー語
❀146分
[監督]ビカース・バール
[音楽]アミト・トリヴェーディー
[出演]カンガナー・ラーナーウト／ラージクマール・ラーオ／リサ・ヘイドン

インドで一番保守的なのは中流階級だ。上流階級は開放的で、女性も自由。一方、労働者階級は、妻も働かないと生活できないため、女性の力が強い。ところが中流階級は「女性は家に」で、外で働くどころか、未婚の娘が一人で外出することも禁止、必ず身内の誰かが同道する。そんなコンサバ家庭に育ったラーニーが、本作の主人公である。「ラーニー」は「女王、王妃」の意味で、英語では「クイーン」に当たる。

このラーニー、結婚が決まったあと毎回弟同伴のデートを重ね、やっと明日は結婚式、というわけで家族や親戚と大はしゃぎ。ところが婚約者から呼び出され、「やっぱり君とは結婚できない」と一方的に破談を告げられる。一体なぜ？ 涙にくれるラーニー。周囲が心配する中ラーニーは、ハネムーン用に取得したパスポートと航空券を持ち、予定どおりパリとアムステルダムに発つ。

そして、ラーニーは旅先でいろんな人と出会い、成長して戻って来る——という結末であろうことは、容易に想像がつく。ラーニーが身にまとう保守的な雰囲気が、パリでは未婚の母のインド系女性、アムステルダムではドミトリーで同室になった三人の青年と交流することで剝がれ落ちるのを、カンガナー・ラーナーウトが上手に演じている。アムステルダムの三青年の中には、東日本大震災で身内を亡くした日本人もいるなど、各エピソードがしっかりと描かれていて、見る者を引き込む。

最後は当然、婚約者に倍返し。コンサバ女子の自己解放の旅は、多数のインド人観客の共感を呼んで、ヒットとなった。

PK／ピーケイ

アーミル・カーン

アーミル・カーンが「Mr.パーフェクト」と呼ばれることは、インド人なら皆知っている。

そう呼ばれる理由の一つは、出演作を厳選することだ。従って出演本数は少なく、2000年以降はほぼ年1本のペースである。

第二の理由は、役を完璧にこなすことだ。特に超人的なのが体重管理で、『きっと、うまくいく』（09）では大学生に見えるよう体重を落とした。アーミルは1965年3月14日生まれなので、撮影時は42、3歳だったはずだが、1日4ℓの水を飲み、運動して減量したという。一方『ダンガル きっと、つよくなる』（16）では、作品紹介にもあるように一度大増量してから減量し、元の体重に戻した。

『Dil Chahta Hai』

第三には、出演作がすべて大ヒットすることだ。出演本数が少なく、皆がアーミル主演作を渇望していることもあり、必ず興収トップ10入りする。『きっと、うまくいく』や『チェイス!』（13）、『PK／ピーケイ』（14）は第1位と、インド中の観客を満足させられる俳優なのである。

アーミルは、有名監督の伯父の作品に子役として出演し、映画界入りした。大人役での出演は、ケータン・メーヘター監督のニューシネマ作品『Holi〔ホーリー祭〕』（84未）が最初で、カレッジの寮生を演じた。その後にボリウッド・デビュー作『Qayamat Se Qayamat Tak〔破滅から破滅まで〕』（88未）が公開され、一挙に人気者になる。以後、90年代はお坊ちゃんからチンピラまで、達者に演じながらトップ男優として君臨した。

彼の演技の転換点となったのは、『Dil Chahta Hai〔心が望んでいる〕』（01未）だろう。この作品は、3人の若者を自然体で描き、同録の音声と飾らない演技とで、ボリウッド映画に新しいスタイルを呈示した。それが、「Mr.パーフェクト」の出発点となったのである。（松岡環）

Aamir Khan

PK/ピーケイ

高倉嘉男

❀2014年
❀ヒンディー語
❀153分
[監督]ラージクマール・ヒラニ
[出演]アーミル・カーン/アヌシュカ・シャルマ/スシャント・シン・ラージプート/サンジャイ・ダット/ボーマン・イラニ

PK

インド西部、ラージャスターン州の砂漠に舞い降りた一隻の宇宙船。中から降りて来たのは、全裸のアーミル・カーンだった!

『PK/ピーケイ』は、日本でも大ヒットした『きっと、うまくいく』(09)のラージクマール・ヒラニ監督とアーミル・カーンが再びタッグを組んだ作品だ。前作で教育問題を取り上げた彼らが今回主題にしたのが、宗教問題である。

アーミルが演じるのは、地球のことが全く分からない宇宙人。人々からいつしか「PK(酔っ払い)」と名付けられる。不幸にも彼が最初に出合った地球人が悪人だったことから、彼は宇宙船のリモコンを盗まれてしまう。PKはリモコンを探しながら、まずは衣服で身を覆うことを覚え、次に言葉を覚える。地球の様々な物事を勉強するうちに、どうやら「神様」なるものが絶大な力を持っていることを知り、リモコンを取り戻すために神様を探し出そうとする。

「ミスター・パーフェクト」の異名を持つアーミルは、日頃から「どんな役でも演じることができる」と豪語している。だが、実際にモデルのある存在を真似るのではなく、誰も見たことのない宇宙人をゼロから創り出さなければならなかった今回の役は、二五年に渡る俳優人生の中でもっとも難しかったと語っている。最終的に彼は、耳を大きくし、緑のカラコンを付け、常に眉毛を吊り上げ瞬きひとつしないことで、「宇宙人らしさ」を醸し出した。

ヒロインのジャグーを演じるのは、『命ある限り』(12)などのアヌシュカ・シャルマ。TVリポーターのジャグーはPKにスクープ性を感じ、取材を続けるうちに親友となる。だが、彼女はベルギー留学時代に付き合っていたパキスタン人青年サルファラーズを忘れていなかった。そのサルファラーズを演じるのは、二〇二〇年に自殺して波紋を呼んだ若手男優スシャント・

シン・ラージプート。他にも、サンジャイ・ダットやボーマン・イラニなど、ヒラニ作品の常連も端役で出演しており、豪華だ。最後にはサプライズゲストの出演もある。

宗教問題と言っても、『PK』は宗教や神様の存在を否定的に扱った映画ではない。むしろ、この世界や我々を創造した存在を信じることについては肯定している。その代わり、人間が作り出した偽物の神様や宗教について、鋭く批判をする。直接批判の矛先を向けられているのは、インドに数ある新興宗教団体の怪しげな教祖たちだ。彼らは、「奇跡」と称して空中から物体を生み出したり、「予言」と称して困窮する人々の頭に恐怖と憎悪を植え付けたりして多額の寄付金を集め、一大帝国を築き上げている。

だが、『PK』の批判はそこに留まらない。裸でこの世に生まれて来る人間が、宗教によって色分けされ、宗教別に衣服や装飾品を身に付け、宗教ごとに分断されていくことも批判する。宗教は人間を結束させるものでなくてはならない、と主張されている。ところで、PKの故郷の星では、人々は裸で過ごし、言語はなく、思考を直接交信し合うようである。裸は、何の宗教にも染まっていないことを表す。言語がないのは正直さの暗示だ。地球で生き抜くためにPKは娼婦からボージプリー語（ヒンディー語の方言）を「インストール」させてもらう。宇宙人がコテコテの方言を話すのも面白い点だが、言葉を学んだ彼を大いに悩ませたのが、話すことと実際に思っていることが異なるという、地球人特有の習性であった。つまり、彼は当初、純粋すぎて嘘を理解できなかった。

だが、嘘についても『PK』は否定しない。むしろPKは地球で嘘をつくことを覚える。そして彼は、人間と人間の関係、特に恋愛において、嘘も時には必要なものだということまで習得していた。彼は正しいタイミングで嘘をつき、宇宙へと帰って行く。

『PK』は、ヒラニ監督らしい、そしてインド映画らしい、笑いと涙、歌と踊りに彩られた娯楽要素満点の映画である。PKがインドの様々な宗教を試すシーンでは、インド各地の奇祭も紹介されており、インドの奥深い宗教文化を知る手引きにもなる。

PK／ピーケイ

ラージクマール・ヒラニ

『きっと、うまくいく』(09)と『PK／ピーケイ』(14)を見た人は、ラージクマール・ヒラニ監督の、ストーリーテリングの上手さとトリッキーな手法の数々に魅了されたに違いない。特に『PK／ピーケイ』というタイトルは、ヒンディー語の「ピー(飲む)」＋「ケー(して)」、つまり「飲んでいる⇒酔っ払い」だと誰が思うだろうか。「PK」の字まで当てるところがまた、監督のトリッキーなところである。

1962年11月22日、マハーラーシュトラ州ナーグプルに生まれたヒラニ監督は、大学時代から演劇活動を始め、やがてプネーにある国立映画TV研究所の編集コースに入学する。卒業後は広告の仕事に就き、そこでヴィドゥ・ヴィノード・チョープラー監督と出会う。チョープラー監督の『1942・愛の物語』(93)の予告編とTVプロモ制作を担当したヒラニ監督は、続いて同監督の『アルターフ 復讐の名のもとに』(00)の編集も担当する。どちらも当時のヒット作である。こうして二人は意気投合し、ヒラニ監督のデビュー作をチョープラー監督がプロデュースすることになる。

そして完成したのが、『アルターフ』の主演男優サンジャイ・ダットをヤクザの兄貴分に仕立てたコメディ、『Munna Bhai M.B.B.S.〔医学生ムンナー兄貴〕』(03未)だった。ムンナー兄貴と子分サーキットの、ムンバイ地元弁丸出しのやり取りや、そんなムンナーが医学教育をまっとうに批判する意外さなどで本作は大ヒット、映画賞を総なめにする。3年後には続編『Lage Raho Munna Bhai〔その調子で、ムンナー兄貴〕』(06未)が作られるが、今度は何とマハートマー・ガーンディーを登場させるなど、ヒラニ監督のトリッキーな手法は再び人気を呼んだ。

さらに二人は、『きっと、うまくいく』、『PK／ピーケイ』、『SANJU／サンジュ』(18)でも手を携え、いずれも興収第1位獲得という実績を残す。笑って泣ける物語の中に、教育批判、エセ宗教批判、噂で人を判断する危うさなどをしっかりと埋め込んだヒラニ作品は、笑いながらも考えさせてくれて、心に何かが残る。

ヒラニ監督の撮り方は、カットを細かく割っていき、それを上手に編集して、軽快な音楽を被せる、というやり方で、見ていて心地よい。次作はシャー・ルク・カーン主演作が予定されているそうだが、シャー・ルクがどんな風に料理されるのか、大いに楽しみである。 (松岡環)

Rajkumar Hirani

インドと裁判制度

インドは英国の植民地だったため、司法制度は英国式である。と言っても、法律は判例法の体系を採っておらず、成文法である。司法の根拠となっているのは主に、1950年に施行された憲法、国会や州議会によって制定された成文法、そして、各宗教の教義などに基づく慣習法である。裁判員制度は採られていない。

インド憲法は司法制度を上位裁判所と下位裁判所の2種類に分類している。上位裁判所には、首都デリーにある最高裁判所とインド各地にある25の高等裁判所が含まれ、下位裁判所には、地方裁判所や家庭裁判所などが含まれる。下位裁判所の構成は州によって異なり、刑事と民事でも流れが異なって非常に複雑であるが、連邦制を採っているにもかかわらず、上位裁判所と下位裁判所は一元的に統合されており、下位裁判所から上位裁判所へ上訴可能となっている。多言語国家を反映し、下位裁判所の審理は各地の現地語で行われる一方で、上位裁判所は原則として英語で行われる。『裁き』(14)の舞台となっているのは、マラーティー語を州公用語とするマハーラーシュトラ州の地方裁判所である。よって、基本的にマラーティー語と英語で審理は進んでいく。

インドでは三権分立がよく機能しており、裁判官は概して公明正大だと評価されている。世界でも有数の司法積極主義の国として知られ、しばしば行政と真っ向から対立し、その政策を判決によって覆したりする。インドは、広大な国土と多種多様なコミュニティーを抱える国の割には政治的に安定しているが、それに多大な貢献をしているのが、この強力かつ独立した司法である。だが、各裁判所の抱えている訴訟や事件の数に対して、裁判官の数が圧倒的に不足していると言われている。一度裁判になると、判決が出るまでに途方もない年月が掛かるのが普通だ。

一方で、弁護士の数は多い。一説では200万人近くいるとされる。ちなみに、日本の弁護士人口は4万人ほどである。インドでなぜこれだけ弁護士が多いかというと、つい最近まで、弁護士資格は法学部やロースクールを卒業するだけで簡単に取得できたからである。よって、インドでは弁護士は高給の仕事ではない。インドの裁判所の近辺には、多数の弁護士が道端に机を置いて、客を待っている。偽物の弁護士も多いとされる。

(高倉嘉男)

Court

裁き

Court

夏目深雪

❀2014年
❀マラーティー語／ヒンディー語／英語／グジャラート語
❀116分
［監督・脚本］チャイタニヤ・タームハネー
［音楽］サンバージー・バガト
［出演］ヴィーラー・サーティダル／ヴィヴェーク・ゴーンバル／ギーターンジャリ・クルカルニー／プラディープ・ジョーシー

　私はずっと某国際映画祭の予備審査を担当していて、インドの社会問題を炙り出す作品を多く観ていた。それらは、映画祭に応募することから考えても、自国での流通よりもカンヌなどの三大映画祭での受賞を狙った「映画祭映画」と呼ばれる作品群である。扱う問題は女性問題が多かった。生まれた子が女児であることが分かった途端、その子を遺棄する壺が置いてある病院の存在がミステリー仕立てで明らかになる作品。海沿いの街で、娘の過去の秘密を探る父親が、恐ろしい集団暴行事件を明らかにしていく作品。

　いずれも脚本の質が高く、撮影や俳優の演技なども欧米映画と遜色がない。何よりも、そこで描かれた女性の置かれたひどい状況には身震いした。だが私がぜひ映画祭で上映したいと推薦しても、もともと枠自体少なく、日本でのインド映画のイメージと違うというのもあり、上映は叶わなかった。

　前置きが長くなったが、要は、マサラムービーとも新感覚インド映画とも違う、国際派であり社会派である監督や作品群があるわけで、今までの日本の映画祭や興行では抜け落ちていたそれらが、「新感覚インド映画」のヒットでインド映画自体が盛り上がったことにより、日本でも上映されるようになってきたというところではないだろうか。

　『裁き』のテーマは女性問題と同じくらいインドにはびこっている「悪」であるカースト制である。下層カーストの者にとっては悪夢のような制度でも、現状は憲法によってカーストによる「差別」のみが禁じられているだけで、カーストそのものは禁止されず、相変わらず社会に根付いている。従って、特に国内で撮る場合、真正面から批判する映画は作りにくいだろう。

　この映画がクレバーなのは、前面に出すテーマはあくまで「裁判制度」であるということだ。ある日、年老いた民謡歌手カンブレが突然逮捕される。ある下水清掃人の死体がマンホールで発見され、それがカンブレの歌が原因だというのだ。若手弁護士はカンブレのために弁護を始めるが……。この映画ではカースト制は裏テーマというか、不条理劇のような裁判劇のクライマックスに、ぬっと現れる、という印象がある。だが、実は根底には不穏な雰囲気とともにずっとそこにあったものだ。それは暗闇の天井に突然空いた穴から降り注ぐ光のようにインド社会を明晰に照らし出す。

　脚本は言わずもがな、キャラクター作りも秀逸だ。「勝ち」「負け」が最終的な目的である裁判劇は勧善懲悪に陥りがちだが、この映画での裁判はあえてドラマ的な起伏をつけず、その不条理さを淡々と強調する。弁護士はもちろん善人として描かれているが、その家庭での姿も描かれ、悪人側である女性検察官や、裁判官の家庭の日常も同じように描写され、その差異／同等性が、静かにインド社会のシステムの巨大な「悪」を訴えかけてくる仕掛けには舌を巻かざるを得ない。

　監督のチャイタニヤ・タームハネーは八七年生まれ、この映画を発表した時は二七歳だった。短編『Six Strands』（11未）が既に世界の映画祭で評価されていた彼の才能は疑いがない。だが、これだけの作品が出来上がったのは弁護士を演じ、プロデューサーも務めたヴィヴェーク・ゴーンバルの功績が大きいだろう。米国の大学を卒業した後数々の演劇やテレビ、映画に出るうちに監督と出会い、企画に賛同し、本作の製作費八〇万ドルを自費で賄ったという。同じコンビの新作『The Disciple［弟子］』（20未）は、インド古典音楽を題材にしているそうで、ヴェネチアで脚本賞と国際批評家連盟賞を受賞した。公開を首を長くして待ちたい。

Column 配信で観るお薦めインド映画

※太字がお薦め作品です。

高倉嘉男

従来、日本でインド映画を鑑賞しようと思った場合、映画祭や劇場で上映される作品を観るか、国内または海外で販売されるVHS／VCD／DVD／Blu-rayなどを入手して観るかしかなかったのだが、近年はインターネット上で配信されているインド映画を視聴するという選択肢も生まれ、二〇二〇年の新型コロナウイルス感染拡大がその動きを加速させた。

日本において、各種ネット動画配信サービスを利用してインド映画を鑑賞する際、新作（インド本国と同時公開）を観たいか旧作を観たいか、及び、日本語字幕が欲しいか、英語字幕でもいいか、または字幕なしでもいいかで、利用すべきサービスは異なってくる。

	料金	新作	旧作	字幕／吹替
Netflix	定額制	◎	○	日本語字幕　一部英語字幕のみ
YouTube	無料／一部有料	×	◎	英語字幕／字幕なし 一部日本語字幕・吹替
Amazon Prime Video Japan	定額制／一部追加料金	△	○	日本語字幕　一部日本語吹替
Eros Now	定額制	○	○	英語字幕／字幕なし
Zee5	定額制／一部追加料金	○	○	英語字幕／字幕なし
インディアン・ムービー・オンライン	有料（レンタル式）	×	○	日本語字幕

インドの定額制動画配信サービス

まずは動画配信サービスに関するインドの最新情報を報告しておきたい。インドで現在主流となっている定額制動画配信サービスは、Amazon Prime Video India、Disney+ Hotstar、そしてNetflixの三つである。新型コロナウイルス感染拡大の影響で、映画館での公開を経ずにこれらの動画配信サービスで公開となった、いわゆる「配信スルー」の新作も出てきた。この内、配信スルーのインド映画新作を日本語字幕付きで日本から視聴できるのはNetflixのみである。Amazon Prime Videoについては、国ごとに動画のラインナップが異なっており、残念ながら、日本のAmazonアカウント、もしくは、日本からの通常アクセスでは、

Amazon Prime Video Indiaは視聴できない。Disney+についても、今のところ日本のアカウントでは、ウォルト・ディズニー・インディア傘下の印企業で、多数のインド映画を取り揃えているHotstarは視聴不可である。

Netflix

日本にいながらインド本国と同じタイミングで最新のインド映画を楽しみたい場合はNetflix一択となる。上質な日本語字幕付きなのも強みだ。ただし、インドで配信される作品が全て日本でも配信されるわけではない。また、劇場公開されずNetflixで配信スルーとなった新作には、劇場公開してもヒットしなかったのではないかという出来のものが散見される。インドの検定を通っていないためか、性描写、暴力描写や罵詈雑言などが過激気味な傾向にある。それでも、『マダム・イン・ニューヨーク』(12)の主演女優シュリデヴィの娘、ジャーンヴィー・カプールが主演する『**グンジャン・サクセナ－夢にはばたいて－**』(20)、『バルフィ！人生に唄えば』(12)のアヌラーグ・バス監督の『Ludo～4つの物語』(20)、『スラムドッグ$ミリオネア』(08)のアニル・カプールと『血の抗争』(12)の監督アヌラーグ・カシャップが主演の『**AK vs AK**』(20)など、劇場公開してもおかしくないようなレベルの作品もリリースされており、日本在住のインド映画ファンにとっては絶対に外せない動画配信サービスとなっている。

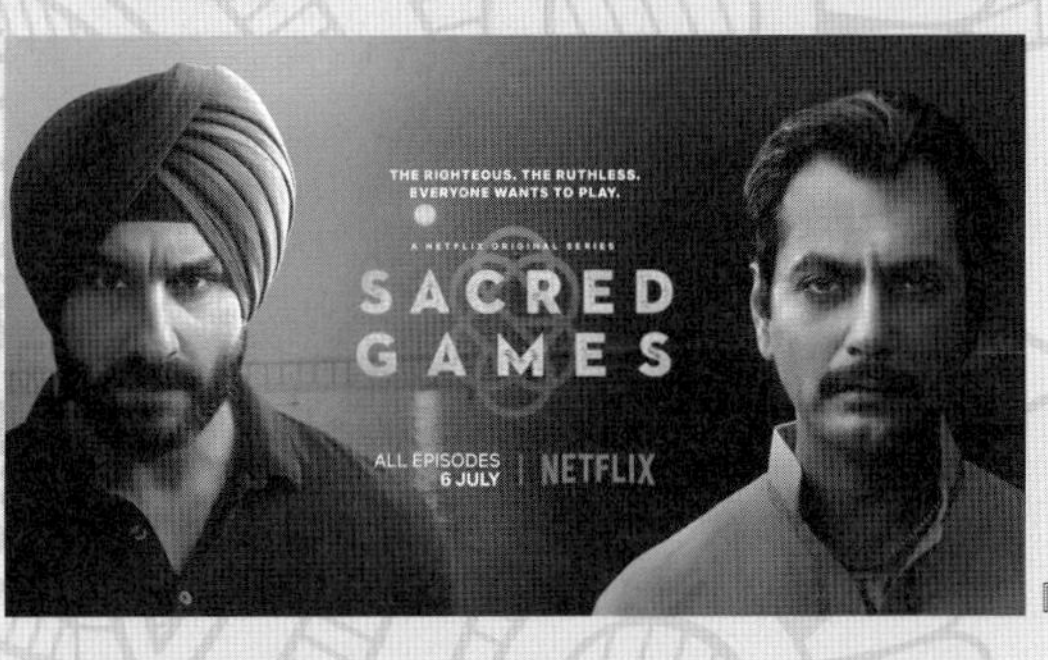

『聖なるゲーム』

映画ではないが、Netflixはドラマ製作にも力を入れており、インド映画界でおなじみの監督や俳優が参加するドラマも視聴可能である。それらのドラマの中からは国際的に高い評価の作品が生まれてきている。『**聖なるゲーム**』(18～19)は、前述のアヌラーグ・カシャップなどが監督・製作をするドラマで、サイフ・アリー・カーン、ナワーズッディーン・シッディーキー、ラーディカー・アープテー、カルキ・ケクランなどが主演である。二〇二一年現在、二シーズンが配信されている。また、インド系カナダ人リッチー・メタ監督の『**デリー凶悪事件**』(19)は、二〇一二年のデリー集団強姦事件を主題とした全七話構成の重厚なドラマである。『モンスーン・ウェディング』(01)に出演のシェファリ・シャーが主演し、二〇二〇年に国際エミー賞の最優秀ドラマ賞を受賞した。

旧作を鑑賞しようとした場合もNetflixは役に立つ。Netflixの旧作ラインナップは二〇一〇年代の作品が中心である。契約の関係からか、一定期間で配信終了となる作品もあるが、本書で紹介されている傑作が日本語字幕付きで配信されている。ちなみに、プロフィールの管理／編集から言語の設定を「English」にすると、より多くのインド映画がヒットするようになるが、字幕は英語のみとなる。

YouTube

二〇世紀のインド映画の数々を英語字幕もしくは字幕なしでもいいから視聴したいならば、YouTubeのShemarooチャンネルがお薦めである。インドのホームビデオ配給会社ShemarooはYouTubeと公式にパートナー契約を結んでおり、大量の旧作を無料で配信している。過去の名作がかなり網羅されているが、基本的にはインド人向けのサービスで、字幕はないものと思った方がいい。一部、二一世紀の作品も配信されている。

『Jab We Met』

YouTubeのShemarooチャンネルで視聴可能なお薦めの作品を、二一世紀のインド映画の中から一本だけ選ぶとしたら、ヒンディー語映画界で「ロマンス映画の帝王」の名をほしいままにするイムティヤーズ・アリー監督の『**Jab We Met**（私たちが出会った時）』（07未）だ。主演はシャーヒド・カプールとカリーナ・カプールで、ロマンス映画やヒロインの定義を変えた重要な作品である。

また、YouTubeの「映画と番組」には、日本語字幕もしくは吹替付きで有料視聴できるインド映画が数本あるが、数は限られている。

Amazon Prime Video Japan

YouTubeのShemarooチャンネルほど豊富なラインナップではないが、日本語字幕付きでインド映画の旧作を観ようと思った際、Amazon Prime Videoが使い勝手が良い。本書で紹介している多くの作品がPrime会員なら追加料金なく視聴できる。さらに、Prime会員でも追加料金が掛かる映画まで含めれば、インド映画の最新作の多くを網羅できる。一部、吹替のものもある。

Amazon Prime Videoでは、YouTubeほどではないものの、二〇世紀のインド映画旧作も充実してきている。日本語字幕付きだが、その質は低いことがある。また、フィルターなどでインド映画だけを抜き出しにくいので、監督名、俳優名、映画名などで検索する必要がある。

Amazonオリジナルのインド映画やドラマも配信されている。『めぐり逢わせのお弁当』(13)のリテーシュ・バトラ監督の映画**『フォトグラフ　あなたが私を見つけた日』**(19)は、ナワーズッディーン・シッディーキーやサニヤー・マルホートラが主演の控えめなラブストーリーだ。一方、日本で視聴可能なドラマには**『ブリーズ～父親の葛藤～』**(18)や**『ミルザープル～抗争の町～』**(18～20)などがある。だが、インド関連のオリジナル作品では、映画もドラマもNetflixの方が充実している。

実は、アメリカ合衆国やシンガポールなど、インド系移民の多い国のAmazon Prime Videoでは、さらに多くのインド映画がラインナップされている。インドのAmazonでは一般の日本人はPrime会員になれないのだが、これらの国では可能なので、海外AmazonのPrime会員になって、視聴できるインド映画の幅を広げるのも手だ。ただし、英語字幕のみとなる上に、日本からの通常アクセスでは視聴できない作品もある。

『フォトグラフ　あなたが私を見つけた日』

その他の動画配信サービス

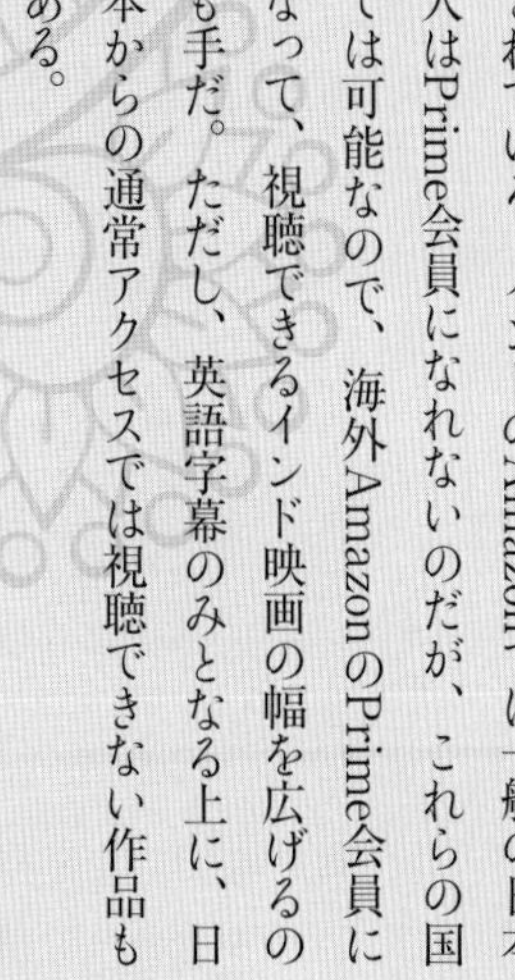

これ以外では、Eros NowやZee5が、日本からでもメンバーになってサービスが利用できる、インド発の、インド映画に特化した定額制動画配信サービスである。新作も公開されている。旧作のラインナップにはヒット作が多いが、英語字幕もしくは字幕なしである。

日本で最近開始されたサービスで注目したいのはインディアン・ムービー・オンラインである。主にインディアン・ムービー・ウィークで上映されたインド映画をレンタル式で有料配信しており、日本語字幕付きである。ラインナップは南インド映画中心だ。

プレーム兄貴、王になる

高倉嘉男

Prem Ratan Dhan Payo

インド映画と言えば、歌って踊って、笑いあり涙あり、スリルとサスペンスに満ちた一大娯楽活劇とのイメージが強い。だが、南インド映画はさておき、グローバル市場も視野に入れているヒンディー語映画界については、近年すっかりオシャレ志向となり、コテコテの娯楽映画がほとんど作られなくなっていた。そんな状況に、昔ながらの映画ファンは一抹の寂しさを感じていたはずだ。そんな時代にあえて投入されたコテコテの娯楽映画。それが『プレーム兄貴、王になる』であった。

時代は現代だが、中世と見まがう強大な財力と権力を誇る架空のプリータムプル王国の王族内で繰り広げられる、腹違いの兄弟姉妹たちのゴタゴタが物語の背景となっている。国王は逝去し、長男で王太子のヴィジャイが間もなく盛大な即位式と共に王位に就こうとしていた。だが、王位を狙う次男のアジャイはヴィジャイを暗殺しようと画策し、前国王の愛人の子である妹たちもヴィジャイとは絶縁状態にあった。しかも、ヴィジャイの許嫁、マイティリー王女は彼の冷たい態度に心を痛めていた。豪勢な見た目とは裏腹に、王族一家は崩壊寸前だった。

ヴィジャイが暗殺未遂で意識不明の重態となっていたところにひょっこり現れたのが、ヴィジャイと瓜二つの舞台役者プレーム。ヴィジャイの忠臣たちに担ぎ出されて、王太子の不在を悟られないように、プレームはヴィジャイの代わりに即位式に出席する。それればかりか、持ち前の明るさと機転で王族内のゴタゴタを次から次へと解決する。当初はご機嫌斜めだったマイティリーも、生まれ変わったように陽気になった王太子にすっかり惚れ込んでしまう……。

王子と庶民が入れ替わる古典的な一人二役モノのストーリーで、ヴィジャイとプレームの二役を演じるのがサルマン・カーンである。サル

❁2015年
❁ヒンディー語
❁164分
［監督］スーラジ・バルジャーティヤ
［音楽］サンジョイ・チョードゥリー／ヒメーシュ・レーシャミヤー
［出演］サルマン・カーン／ソーナム・カプール／ニール・ニティン・ムケーシュ／ディーパク・ドブリヤル／アヌパム・ケール

マンは過去に少なくとも四作品で一人二役を演じている。また、彼が「プレーム（愛）」という名前の役を演じるのはこの作品で一五作品目である。

物語を面白くするため、ヴィジャイとプレームは正反対の性格に設定されている。堅物のヴィジャイに対して、プレームはその名の通り周囲に愛を振りまくお調子者だ。プレームは、ヴィジャイを演じている間は「沈黙の行」ということで無言を強要されるのだが、我慢できずにすぐに言葉を発してしまうばかりか、次々と王族の掟を破って、アヌパム・ケール演じる大臣を慌てさせる。それが何とも面白おかしい。

人気男優アニル・カプールの娘で、『ミルカ』(13)に出演していたソーナム・カプールがヴィジャイの許嫁マイティリーを演じる。王女にふさわしい美しさと純真さを見せており、煌びやかな衣装がとてもよく似合っていた。プレームはマイティリーを敬愛し、ヴィジャイに対しても尊敬の念を抱いていたが、彼女がヴィジャイに扮する彼に惚れてしまったことで、話が複雑になる。マイティリーの求愛を受け入れるべきかどうか、正体を明かすべきか。

監督のスーラジ・バルジャーティヤは、サルマンの出世作『Maine Pyar Kiya［私は愛を知った］』(89未)や『Hum Aapke Hain Koun..!［私はあなたの何?］』(94未)などのロマンス映画で知られる。彼は全ての作品で主人公の名前を「プレーム」とすることでも有名だ。『プレーム兄貴』は一六年振りに二人がタッグを組んだ作品となった。

バルジャーティヤ監督の全盛期が九〇年代だったこともあり、『プレーム兄貴』は当時の娯楽映画のエッセンスが詰め込まれた作品である。歌と踊りの使い方や善悪がはっきりした人物設定などに古風さを感じる。だが、この映画を観て強烈に印象に残るのは、徹底的な家族礼賛だ。特に、プレームが、ヴィジャイの腹違いの妹たちの心を勝ち取るシーンには思わずホロリとしてしまう。家族愛こそがインド映画の核心であり、その価値は二一世紀にも揺るがないことを、バルジャーティヤ監督はこの映画を通じて臆面もなく主張している。その思いは現代のインド人観客にも届き、大ヒットとなった。

プレーム兄貴、王になる

サルマン・カーン

　ボリウッドの3カーンの一人、サルマン・カーンは、インド全土に熱狂的なファン層を持ち、庶民から「バーイー（兄貴）」と慕われるスーパースターだ。ヒンディー語映画界の男優の中ではいち早く筋肉増強に取り組み、それを誇るように、映画では必ず「脱ぐ」ことで知られる。

　サルマンは、1965年12月27日、マディヤ・プラデーシュ州のインドールで生まれた。父親は、1970年代から80年代のヒンディー語映画を牽引した伝説的脚本家コンビ「サリーム＝ジャーヴェード」の一人、サリーム・カーンである。弟のアルバーズ・カーンとソハイル・カーンも俳優だ。

　サルマンは1988年に脇役で銀幕デビューし、次作『Maine Pyar Kiya〔私は愛を知った〕』（89未）で主演を張って注目を浴びる。当初はロマンス映画中心で、『Hum Aapke Hain Koun...!〔私はあなたの何！〕』（94未）などを大ヒットさせるが、2000年代初頭には低迷した時期もあった。息を吹き返したのは『Wanted〔お尋ね者〕』（09未）からで、アクション映画を軸足としたことで、次々とヒット作を飛ばせるようになった。その一方で、『プレーム兄貴、王になる』（15）は90年代を思わせる古風なロマンス映画で、彼の原点を思わせる役柄であった。日本公開の他の主演作には、『ミモラ 心のままに』（99）、『ダバング 大胆不敵』（10）、『タイガー 伝説のスパイ』（12）、『バジュランギおじさんと、小さな迷子』（15）などがある。

　私生活ではトラブルが絶えず、密猟、ひき逃げ、女優へのストーキングなど、本業以外で話題になることも多い。その罪滅ぼしのためか、「Being Human」という貧困層向けの社会福祉基金を主催している。3カーンの中では唯一独身を貫いており、彼がいつ誰と結婚するのかも世間の関心の的だ。　（高倉嘉男）

『プレーム兄貴、王になる』
© Rajshri Productions ©Fox Star Studios

バジュランギおじさんと、小さな迷子

インドとパキスタン問題〜かくも長き確執

インドとパキスタンが分離独立したのは1947年。以来70年以上が経つが、両国間は友好関係が築かれているとは言いがたい。こうなった根本の原因は、イギリスの統治政策だろう。英領インドでは「分割統治」が旨とされ、それによって政府に敵対する勢力の力を削ごうとした究極の結果が、分離独立だったのだ。

47年の独立により、パキスタンがイスラーム教国家になると決まったため、パキスタン部分に住んでいる非イスラーム教徒と、インド部分に住んでいるイスラーム教徒は、決断を迫られた。前者はほぼ例外なくインドに移動し、後者もかなりの部分がパキスタンに移動した。その過程で衝突や暴力事件が起こり、本来ならイギリス政府に怒りが向くはずが、目の前の人たちに憎悪が向けられ、動乱状態となってしまった。

その後、印パの間では3回戦争が起こっている。47年と65年はカシミールを巡ってのもので、71年は独立しようとした東パキスタン（現バングラデシュ）を巡るものだった。今もカシミール問題、イスラーム教過激派問題など、いくつもの火種がくすぶっている。

だが、インドとパキスタンの違いは実はそんなに多くない。まず、風景上の違いや人の外見上の違いはほとんどない。また言葉も、インドの公用語ヒンディー語と、パキスタンの公用語ウルドゥー語は、文字こそ違うが話している分にはほとんど同じだ。では、何が違うのか。一番異なるのは「宗教」だろう。インドは「世俗国家」なので、様々な宗教の人が暮らしている。とはいえ、1位のヒンドゥー教徒は79.8％、2位のイスラーム教徒は14.2％で、ヒンドゥー教徒が多数を占める。一方パキスタンは、イスラーム教徒が96.3％を占めている。

両宗教の信者を見分けたい時は、挨拶をしてもらうとわかる。ヒンドゥー教徒は、「ナマステ」「ナマスカール」などと言いながら、合掌する。イスラーム教徒は、顔の前で右手ですくうようなジェスチャーをして、「サラーム」「アッサラーム・アレイクム」などと言う。両方とも、ジェスチャーだけでも十分な挨拶になる。

『バジュランギおじさんと、小さな迷子』(15)は、合掌の挨拶しかできなかったヒンドゥー教徒パワンが、相手を思いやり「サラーム」の挨拶ができるようになるまでの物語だ。ラストの印パ国境でパワンがする「サラーム」は、千鈞の重みを持つ。（松岡環）

Bajrangi Bhaijaan

バジュランギおじさんと、小さな迷子

高倉嘉男

Bajrangi Bhaijaan

❁2015年
❁ヒンディー語
❁159分
［監督］カビール・カーン
［音楽］プリータム
［出演］サルマン・カーン／ハルシャーリー・マルホートラ／カリーナ・カプール／ナワーズッディーン・シッディーキー／シャーラト・サクセーナ／オーム・プリー

憎しみは愛よりも早く広まる。マスメディアが情報を支配する現代社会において、憎しみは最大のヒット商品だ。人々の偏見を助長し、敵愾心を煽る者が高い支持を受ける。そんな世の中において、愛のために命を賭け、愛のメッセージを発信し続けた男がいた。その名はパワン。人呼んでバジュランギ。インドとパキスタンという、複雑な関係の二国を舞台に、政治、歴史、宗教に囚われず、同じ人間として信頼し合い、助け合い、愛し合うことで壁を乗り越えることができるという希望を抱かせてくれる感動作が『バジュランギおじさんと、小さな迷子』である。

バカ正直なインド人男性バジュランギが、インドで迷子になったパキスタン人少女ムンニを母親の元に送り届けるためにパキスタンに密入国する。だが、バジュランギは、敬虔なヒンドゥー教徒で嘘がつけず、口を開けば本当のことばかりをしゃべってしまう。一方のムンニは言葉をしゃべれず、自分の名前も住所も伝えられない。こんな凸凹コンビが、パキスタンで珍道中を繰り広げる。言わば、印パ版『母をたずねて三千里』だ。『タイガー 伝説のスパイ』(12) など、スケールの大きい娯楽作を得意とするカビール・カーンが監督している。

主役のバジュランギを演じるのは、3カーンの一人、サルマン・カーン。今回、腕力に訴えるシーンは控えめで礼儀正しい好青年を好演している。ひき逃げ事件を起こした二〇〇二年以来、悪いイメージを払拭するために、サルマンは意図的に善人役を演じることがあるが、本作はその一例だ。

主演スター以上に、子役の演技力が成否を分ける映画である。その意味で『バジュランギ』

は大成功だった。ムンニ役を演じたハルシャーリー・マルホートラは、テレビCMやテレビドラマの経験はあったが、映画での演技は本作が初めてである。撮影時は五、六歳だったはずだ。言葉がしゃべれない役なので、台詞はほとんどなかったが、表情や身振り手振りで感情を表現する難しい演技を天真爛漫に演じ切った。バジュランギを助けるパキスタン人記者チャンド・ナワーブを演じた演技派男優ナワーズッディーン・シッディーキーにも注目したい。

前半は、インド側、ヒンドゥー教徒側の視点でパキスタンやイスラーム教徒が描写されるため、偏見に満ちた表現も多い。バジュランギ自身も、イスラーム教のモスクや聖者廟には絶対に足を踏み入れようとしなかった。だが、ムンニと共にパキスタンに密入国すると、そこで彼は、チャンド・ナワーブをはじめとした、多くの親切なパキスタン人に出会う。警察からはスパイと認定されてしまうが、彼のことをインド人だからと言って、頭ごなしに拒絶するような一般庶民は意外にも少なかった。パキスタンを仮想敵国とするインドにおいて、ここまでパキスタンを好意的に描いた映画は過去にほとんど例がない。やがて、彼の行動は両国の国民を巻き込んだ、壮大なキャンペーンへと発展する。ラストシーンは涙なくして観られない。

映画には既存のマスメディアに対する批判も含まれている。ちょうどYouTubeが勢力を急拡大しつつあった時代に撮られた映画である。権威となって報道内容を取捨選択するTVや新聞よりも、世界中の人と人とを直接つなぐYouTubeの方が、分断された人々を結びつける可能性を持っていることが示される。

ロードムービーとしての楽しみ方もできる映画で、バジュランギとムンニが道中に訪れる、荒涼とした砂漠や緑の美しい山岳地帯、そして壮大な雪山などの光景には息を呑む。だが、パキスタンのシーンも含めて、全てインド国内で撮影が行われている。

インドで大ヒットした映画だが、何より特筆すべきなのは、パキスタンでも公開され、大いに受け入れられたことだ。印パの友好を訴える内容のインド映画がパキスタンでも人気を博したことには大きな意義がある。

ダンガル きっと、つよくなる

Dangal

高倉嘉男

✿2016年
✿ヒンディー語
✿140分
[監督]ニテーシュ・ティワーリー
[音楽]プリータム・チャクラボルティー
[出演]アーミル・カーン／ファーティマー・サナー・シャイク／サニャー・マルホートラ／ザイラー・ワシーム／スハーニー・バトナーガル／サークシー・タンワル／アパルシャクティ・クラーナー

インドの土には「何か」がある、と言われる。インドは農民の国だ。現在でも半数以上のインド人が農民で、毎日土と向き合っている。農民でなくても、インド人は母国を想起する際に「土」を真っ先に挙げる。そのインドの土にまみれているのは農民たちだけではない。古い町の路地裏や村落部にある道場で、土だらけになりながら「ダンガル」に勤しむ男たちの姿がある。「ダンガル」とは、土の土俵の上で戦われるインド相撲のことだ。力士たちは、厳しい戒律を守りながら練習に励んでいる。彼らは菜食である上に性的禁欲主義を貫いているため、ダンガルは基本的に女子禁制のスポーツとなる。ヒンディー語映画『ダンガル きっと、つよくなる』の冒頭でも、土にまみれた現役の屈強な力士たちが観客に無言の圧を送り、その女子禁制ぶりが強調される（※1）。

映画『ダンガル』は、女子禁制のダンガルの世界に果敢に飛び込んだ姉妹の物語だ。実話に基づいた伝記映画で、全国レベルのレスリング選手だった父親マハヴィルからダンガルの訓練を受けた二人の姉妹ギータとバビータが、国際レベルのレスリング選手に成長するまでを描く。監督は、『チラー・パーティー』（11）で国家映画賞最優秀子ども映画賞を受賞したニテーシュ・ティワーリーで、子役の演技指導に長けている。

父親役を演じるのは、完璧主義者のアーミル・カーン。「役の皮膚の下に入り込む」と高く評されるそのこだわった役作りは本作でも発揮されている。彼は、青年期から老年期までを一人で演じるために、撮影前六八キロあった体重をいったん九五キロまで増やして老年期を演じ、その後七〇キロまで落として青年期を演じた。中年期から老年期の父親を演じる彼の太鼓腹は本物の贅肉である。

アーミルの演技や役作りも素晴らしいのだ

※1　このシーンは、日本劇場公開版ではほぼカットされた。

が、姉妹を演じる女優たちも負けてはいない。二人の少女時代と成長後を別々の女優が演じているが、四人ともほぼ新人で、今回のキャスティングは大抜擢であった。彼女たちはプロのトレーナーから半年以上訓練を受け、力士として完璧な身のこなしをスクリーン上で披露した。成長後の姉妹を演じたファーティマー・サナー・シャイクとサニャー・マルホートラは現在第一線で活躍する女優に成長している。少女時代のギータを演じたザイラー・ワシームは、『シークレット・スーパースター』(17)で主演を演じるなどしたが、既に女優を引退したと報じられている。

物語は、土の時代とマットの時代に大きく分けられる。土の時代には、姉妹は土の土俵でダンガルをしていた。この時代、女性がダンガルをすること自体理解が得られず、村人からは嘲笑され、試合会場では見世物にされる。だが、父親と娘たちの絆がしっかりしていた時代でもある。インドにレスリングの金メダルを、という父親の果たせなかった夢を娘たちがしっかりと受け継ぎ、地方の大会で連戦連勝を重ねる。

一方、実績を重ねると、二人の試合会場はマット上となる。マットの時代の始まりだ。二人に対する世間の認識はもはや「ダンガルをする変な姉妹」ではなく「レスリング選手」となる。そして、全国チャンピオンとなることで、国の強化選手に選ばれ、練習会場もマット上となる。だが、土との別離は、父親との別離でもあった。ギータは土から離れ、父親から離れたことで糸の切れた凧のようになり、新しいコーチと父親の間で揺れ動くこととなる。

土の時代が既存の価値観に挑戦する女性たちのスポ根モノだとしたら、マットの時代は父子のドラマである。自分の果たせなかった夢を子どもに押しつけることへの批判はあるだろう。姉妹も当初は無理に練習をさせられていた。だが、インドでは全ての女性が花嫁になる以外の夢を追えるわけではない。自分たちが挑戦していることの重みを実感した後、彼女たちは父親の夢を進んで受け継ぐ。姉妹は、インド全土の女性たちの抑圧された夢を背負ってリングに立っていた。

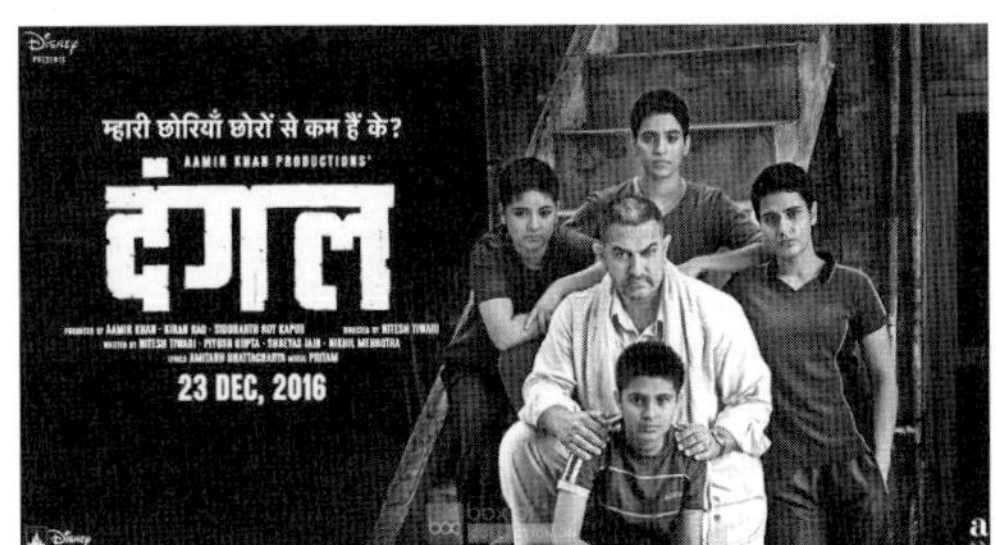

ダンガル きっと、つよくなる

インド映画とスポーツ〜愛国心発露からフェミニズムまで

インド映画の主題にスポーツが登場するようになったのは、ここ20年ぐらいのことだと思う。スポーツ自体はモノクロ映画の時代から、インドで一番の人気スポーツであるクリケットを始め、テニスや水泳などが登場していた。だがそれは単なる彩りで、スポーツ自体をテーマにした作品はほとんどなかった。記憶にあるのは、インド国際映画祭で上映されたベンガル語映画で、水泳選手の少女とコーチを描く『Kony［コニ］』(84未)ぐらいである。

それが変化したのは、やはり『ラガーン』(01)の成功によるところが大きい。19世紀末、年貢（ラガーン）を賭けて農民がイギリス軍将校とクリケット試合で戦うこの作品は、後半の1時間強が試合のシーンとなっている。ドラマチックに作ってあり、ラストに涙しないインド人はいないだろう。『ラガーン』は、アカデミー賞外国語映画賞（現・国際長編映画賞）の候補作にも選ばれた。

こうして今世紀には、スポーツ映画が次々とお目見えした。取り上げられたスポーツはクリケットのほか、サッカー、ホッケー、陸上競技、ボクシング、レスリング、国技のカバディ、さらにはピストル競技と多岐に渡っている。日本での公開作は『ダンガル』(18)と陸上選手が主人公の『ミルカ』(13)があり、映画祭上映作では、女子ホッケーを扱った『行け行け！インド』(07)、クリケット選手の伝記映画『M.S.ドーニー〜語られざる物語〜』(16)、レスリング選手の夫婦愛を描く『スルタン』(16)、女子ボクシングの『ファイナル・ラウンド』(16)、サッカーもの『ビギル 勝利のホイッスル』(19)などがある。

インドのスポーツ映画で多いのは、実在の選手や関係者を主人公にしたものだ。前述の作品の中では、『ダンガル』、『ミルカ』、『M.S.ドーニー』がこれに当たる。ほかにも、女子ボクシングの世界チャンピオンを描いた『メアリー・コム』(14/Netflixで配信)や、独立直後のオリンピックで金メダルを獲った男子ホッケー・チームの話『Gold［金］』(18未)もある。主人公に知名度があることや、愛国心を鼓舞する要素が盛り込めるなど、ヒットに繋がる要素が多いからだろう。

また、女子選手やチームが主人公の作品では、フェミニズムの視点を示せる利点もある。男尊女卑をはねのけていく女性たちを表現するには、スポーツは格好の舞台なのだ。

（松岡環）

スルタン

高倉嘉男

インド本国でアーミル・カーン主演の『ダンガル きっと、つよくなる』(16)と同年に公開され、よく比較対象となったのが、サルマン・カーン主演の『スルタン』(16)である。ダンガル(インド相撲)やレスリングが主題のスポーツ映画で、女子レスラーが登場し、ハリヤーナー州の地方都市が舞台で、ヒンディー語映画界のトップスターが主演など、共通点が多い。

アリ・アッバス・ザファル監督の『スルタン』は、サルマン演じるスルタンが、アヌシュカ・シャルマ演じる女子レスラー、アルファの気を引くためにダンガルを始め、五輪や世界選手権の金メダリストにまで成長するものの、挫折を経験し、総合格闘家として復活する、という物語である。

『ダンガル』が伝記映画としての基本線を外さず堅実に娯楽映画としてまとめ上げた一方、『スルタン』は完全なるフィクションで、主人公の台頭、挫折、復活の道のりはとてもドラマチックだ。クリケット以外のスポーツの窮状、女児堕胎と男児尊重、献血の普及遅れ、女性の夢と妊娠・出産など、様々な問題に表層的に触れていく姿勢も、インド娯楽映画の典型だ。盛り上がりの要点を押さえた作りで、最後まで観客の心を摑んで離さない。特に、終盤の総合格闘技大会では、プロの格闘家が出演し、迫力ある戦いが繰り広げられる。

興行収入では『ダンガル』に負けたものの、歴代トップ10に入る大ヒットを収めた。『ダンガル』と併せて鑑賞すると面白い。ダンガルやレスリングの世界に飛び込んだ女性が登場する映画という点では共通しているが、その動機やキャリアの選択という点では大きく異なっている。

Sultan

❀2016年
❀ヒンディー語
❀170分
［監督・脚本］アリ・アッバス・ザファル
［出演］サルマン・カーン／アヌシュカ・シャルマ／ランディープ・フーダ／アミット・サド

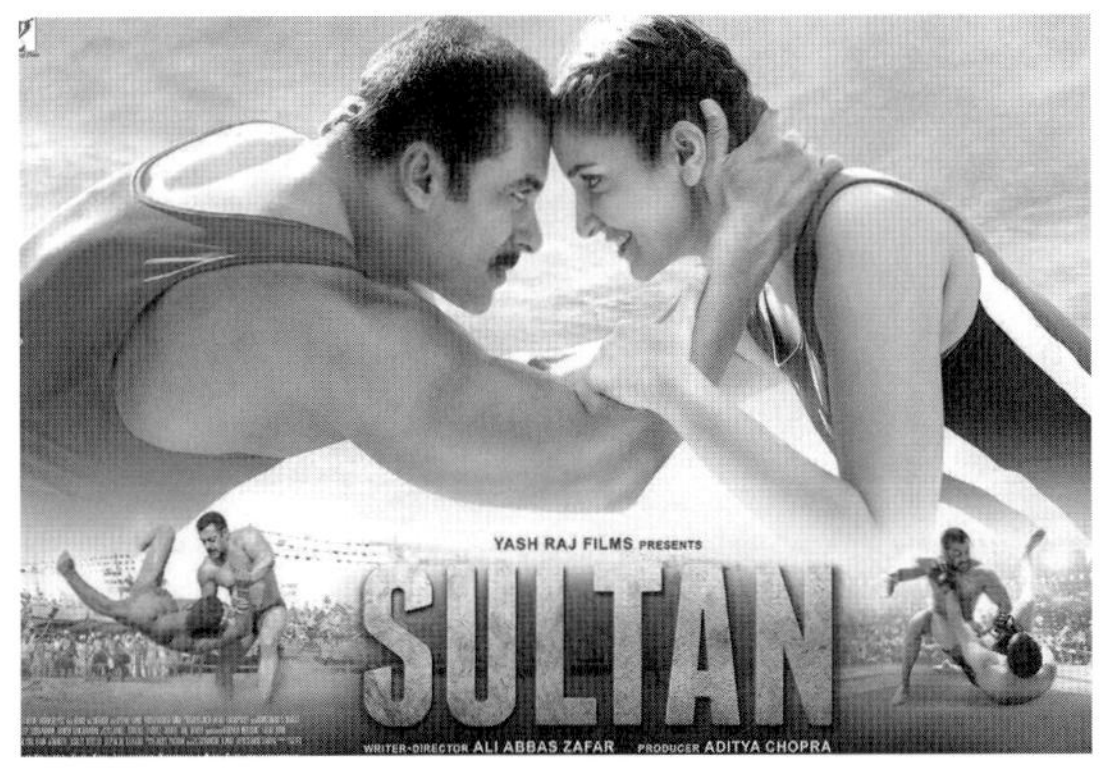

ガンジスに還る

夏目深雪

Mukti Bhawan

❁2016年
❁ヒンディー語
❁99分
［監督・脚本］シュバシシュ・ブティアニ
［出演］アディル・フセイン／ラリット・ベヘル／ギータンジャリ・クルカルニ／パロミ・ゴーシュ／ナヴニンドラ・ベヘル／アニル・ラストーギー

この特異な素晴らしい作品がそうなった理由は、二つあると思う。一つは家族の物語、特に祖父、息子、孫の三世代の物語であることだ。年老いた俳優がそこにいるだけでいい。俳優の重ねた時間が溶け出し、映画にその年月の重みを加えていく。その中で若い孫の結婚問題が描かれ、時間の流れや継承というテーマが自然に表現される。映画の中の時間の流れが自然と重層的になるのである。

そして二つ目。この映画の特異性は、ロードムービー、しかも「死への旅」を描いていることだ。この映画のように主人公が死に向かって真っ直ぐ、迷いがなく歩いていく映画を私は見たことがない。死はやはり西洋でも東洋でも、本人が病気や救いのない状況である場合以外、悲しく忌避されるべきもの、ショッキングなものとして描かれる。そのようにドラマツルギーの中で利用される。いくら死期が近い老人とはいえ、ここまで死に向かっていく男を、自然な形で描けるのは輪廻転生が思想として根付いているインドならではだろう。

老人ダヤはある日突然自分の死期が迫ったのを悟り、バラナシに行きたいと言い出す。バラナシはガンジス河がある、インド最大のヒンドゥー教の宗教聖地である。息子のラジーヴはしぶしぶ父とバラナシに向かい、死を待つだけの老人たちが暮らす「解脱の家」に滞在することになる。期限は一五日。自炊し、ヨガをしながらゆったりと暮らす二人。期限はいよいよ迫ってくるが……。

死を、人間の営みの一つとして自然に描くために、繊細な演出がされていることに留意したい。ダヤが「死期が迫った」と告白しても、驚いたり咎めたりしないラジーヴ。死期が分かるかどうかについてラジーヴの妻が言う軽口。死に行くのに、むしろ颯爽という感じで支度をし、車に乗り込むダヤ。

ガンジス河では死体が火葬されるのだがそれは直接は映されない。外国人が撮ったインドのドキュメンタリーではないのだ。来て一八年になるという老女ヴィムラは、そのままずっと解脱の家にいそうだ。抑制がきいた描写の中で、老人たちが「解脱する」かどうかが、まるで男女の駆け引きのように描かれ、ユーモラスに映画の中で観客を引っ張っていく。ヴィムラはある日突然解脱する。ヴィムラも、そしてそのすぐ後に解脱するダヤも、解脱する瞬間は描写されない。それは人づてに知らされたり、省略した形で観客には知らされる。ダヤはついに旅立ってしまった。ダヤの遺体を掲げていたラジーヴが泣き出してしまい、それを見た娘が、代わりの者にダヤの遺体を持たせ、ラジーヴの手を引っ張り、拍子を取らせるラストシーンが印象的だ。そこには悲しみ、家族の絆、ダヤの旅立ちへの祝祭、すべてが混然一体となって表れ、観客の胸をうつ。

監督はシュバシシュ・ブティアニ、九一年コルカタ生まれ。ヒマラヤ山脈のふもとにあるウッドストック・スクールで演技を学び、二三歳の時にNYで映画製作を学ぶ。八四年の反シク暴動を題材にした短編『Kush』(13未)は世界中で二五の賞を受賞した。『ガンジスに還る』を撮った時は二五歳だった。

インドで育つがその後アメリカで教育を受けていることから、『めぐり逢わせのお弁当』(13)でインド特有のダッバーワーラーという制度を描いたリテーシュ・バトラとの共通点を感じたりもする。二人ともインドという国を外から見ることに長け、その描き方が美しく、インド特有の文化を通じて人間の普遍的な姿を映し出している。今やインドにとらわれず、欧米のスターを使いこなしながら際どいテーマを優雅に料理するバトラに較べ、ブティアニはインドの風土から何か新しく、目を見張るような「詩」を紡ぎ出してくれるポテンシャルがある気がする。そう、死を描くことが生を描くことそのものになるこの映画のように。

Column

海外で活躍するインド人監督

高倉嘉男

「印僑」「在外インド人（NRI）」という言葉があるが、これはインド国外に在住するインド人またはインド系移民のことを指す。時代、地域、階層ごとに海外に渡った理由は異なるのだが、現在は合計三二〇〇万人のインド人／インド系移民が海外に住んでいると言われている。

その中には、移住先で映画業界に身を置いている人物も少なくない。俳優では『スラムドッグ$ミリオネア』（08）のデーヴ・パテールがもっとも有名だろうが、ここでは監督に注目し、海外でのインド人の活躍について概観してみたい。

海外で活躍するインド人監督は大きく三つのグループに分けられる。第一のグループは、インドとは全く関係ない映画を撮っている監督たち、第二のグループは、インド文化を肯定的に捉える映画を撮っている監督たち、第三のグループは、インド文化を克服しなければならない壁として否定的に捉える映画を撮っている監督たちである。

『スラムドッグ$ミリオネア』

第一のグループに当てはまる監督は、ハリウッドなどで英語の映画を作っていることがほとんどだ。『エリザベス』（98）や『エリザベス ゴールデン・エイジ』（07）のシェーカル・カプール監督、『シックス・センス』（99）や『サイン』（02）のM・ナイト・シャマラン監督、『落下の王国』（06）のターセム・シン監督などが挙げられる。意識しなければ、作品を見ても監督がインド人であることは分からないだろう。それほど、彼らの作品にインド色はない。グローバルな土俵で、世界の観客に向けて映画を撮り続けている。ただ、近年は彼らと肩を並べるような新たなインド人映画監督が出てきていないことが気になる。

第二のグループには、海外に住んで改めて実感するインドの伝統や文化の素晴らしさを高らかに歌い上げる作品を作る監督が入る。代表として挙げられるのは、米ニューヨーク在住インド人女性監督ミーラー・ナーイルと、カナダのトロント在住インド人女性監督ディーパー・メヘターである。

ナーイル監督は、『カーマ・スートラ 愛の教科書』（96）、『モンスーン・ウェディング』（01）、『その名にちなんで』（06）など、英語主体ながら、インドを舞台にし、インドらしさ満点の映画を多数撮っている。ナーイル映画では、インドは概ね肯定的かつ魅力的に描かれる。ただ、最近の彼女は『アメリア 永遠の翼』（09）など、インドとは関係ない映画も撮っており、第一グループに近づいている面もある。それは、彼女がインド系移民監督から、国際的な監督として脱皮しつつあることを意味するのだろう。

メヘター監督の代表作は、『炎の二人』（96）、『1947: Earth』（98未）、『とらわれの水』（05）の三部作である。それぞれ、インドを舞台にしながらも、同性愛、宗教、幼児婚・未亡人と、微妙な問題を突いており、国際的に高い評価を受けた一方で、インド本国では物議を醸した。だが、その問題意識の裏には、インドへの強い愛情や憧憬を感じる。メヘター監督は現在でもカナダから活発にインドの諸問題を映像化し続けている。

第三のグループの典型例はグリンダ・チャーダ監督である。ケニアのナイロビにてインド人移民の家庭に生まれ、ロンドンのサウスオールで育った女性監督だ。インドで生まれたナーイル監督やメヘター監督と違い、彼女にとってインドは直接の故郷ではなく、外国での移民社会が彼女の感性を育んだ。インド独特の伝統や風習は、移民の子孫たちが現地に溶け込む上で越えなければならない壁として立ちはだかる。よって、彼女の作品には、インドに関する事象は概して「枷」として否定的に描かれる。『ベッカムに恋して』（02）から『カセットテープ・ダイアリーズ』（19）まで、チャーダ監督はほぼ一貫して南アジア系移民社会が抱える問題を娯楽映画に仕立てあげている。

以上、海外を拠点に活躍しているインド人監督には女性が目立つ。彼女たちに匹敵するような新世代の人材の登場が待ち望まれるところである。

『カセットテープ・ダイアリーズ』

シークレット・スーパースター

高倉嘉男

Secret Superstar

❁2017年
❁ヒンディー語
❁150分
［監督・脚本］アドヴェイト・チャンダン
［音楽］アミット・トリヴェディ
［出演］ザイラー・ワシーム／メヘル・ヴィジュ／ラージ・アルジュン／アーミル・カーン

正体を隠すため、ブルカをかぶったギター少女がYouTubeで弾き語りを披露し、世界中で大人気に！　だが、それは単なるシンデレラストーリーではなかった。抑圧された母子が協力し合って夢を叶え、束縛の鎖を断ち切る感動作が『シークレット・スーパースター』なのである。

主演は『ダンガル　きっと、つよくなる』（16）で子役を演じていたザイラー・ワシーム。今回も子役ではあるが、物語の中心となる、天才的な歌唱力を持つ一五歳の少女インシアを演じている。ただ、映画中でインシアが披露する、初々しく透き通った歌声は彼女自身のものではなく、プレイバックシンガーのメーグナー・ミシュラのものである。メーグナーの両親は音楽家で、幼少時から音楽に満ちた環境の中で育ってきた。彼女は音楽監督アミット・トリヴェディに見出され、ヒンディー語映画で初めてプレイバックシンガーを務めることになった。

『ダンガル』で共演したアーミル・カーンが助演に回って彼女を支える他、『バジュランギおじさんと、小さな迷子』（15）で母親役を演じたメヘル・ヴィジュが今回も母親のナグマ役を好演している。監督は新人のアドヴェイト・チャンダンである。

題名となっている「シークレット・スーパースター」とは、インシアがYouTubeで使ったニックネームだ。父親からギター演奏を禁止されていたインシアは、父親にばれないようにブルカをかぶり、ニックネームを使って、弾き語り動画を投稿していた。それがネット上で話題となり、やがて有名な音楽監督シャクティ・クマールに認められ、彼の担当する映画の楽曲を歌うこととなる。

だが、『シークレット・スーパースター』が本当に伝えたいのは、そのシンデレラストーリーの裏にある、三代に渡る女性たちの受難の物語である。病気がちの祖母は寡婦として社会的に抹殺された生活を送っている。母親は満足な教育を受けずに結婚したために字が読めず、DV夫の暴力に怯えながら、しかし経済的に自立していないために離婚という選択肢を持たずに暮らしている。娘は、勉強よりも音楽に才能を発揮し、歌手としての成功を夢見るものの、父親の目には試験の赤点のみが映り、彼女の音楽の才能は今にも踏み潰されようとしている。

だが、決して女性たちが抑圧に耐えるだけの悲愴な映画ではない。母親のナグマはインシアを身ごもったとき、家族から堕胎させられそうになった。だが、彼女は病院から逃亡してまでインシアを産んだ。娘のインシアは、インターネットの力を使って自分の才能を世の中に示し、成功を掴んだ。母娘は社会の因習や家族の圧力に対し、反乱を起こして意思を押し通したのである。

それ故に、映画の軸となるのは母と娘の強固な絆だ。ナグマは娘の夢を叶えるために、夫の財布からお金を盗んでギターを買い、首飾りを売ってノートPCを買い、そして最後には娘を晴れ舞台に送るために、夫に三行半を突き付ける。インシアも、母親のことを心から気遣い、母親を父親から離婚させようと弁護士に相談に行く。そして、自分のために何でもしてくれる母親を、本当の「スーパースター」と呼ぶ。お互いを思い合う二人の関係は、最高の感動ポイントだ。

一方、普段は演技に命を賭けるアーミル・カーンは、今回かなりぶっ飛んだ役を、肩の力を抜いて、嬉々として演じている。彼の演じる音楽監督シャクティは、離婚と不倫を繰り返す「女性の敵」であり、言わば汚れ役だ。だが、そんな彼がインシアの夢の実現と問題の解決に一役買うのだから、やはりおいしい役であった。

歌手を目指す少女がスターになるまでを描いた『シークレット・スーパースター』であるが、この映画で主演を務めたザイラー・ワシームと、歌を歌ったメーグナー・ミシュラも高い評価を受け、現実世界でも新たなスターが誕生した。メーグナーはこれから活躍していきそうだが、ザイラーは二〇一九年に宗教上の理由から女優業を引退した。

ヒンディー・ミディアム

Hindi Medium

高倉嘉男

❀2017年
❀ヒンディー語
❀132分
［監督］サケート・チョードリー
［出演］イルファーン・カーン／サバー・カマル／ディーパク・ドブリヤル／ディシタ・セーガル

どこの国でも子どもの教育は親が一番頭を悩ます問題だ。インドでは、若者人口が多いだけあって、世界でもっとも熾烈な受験戦争が繰り広げられている。ラブコメを得意とするサケート・チョードリー監督の『ヒンディー・ミディアム』は、インド版「お受験」騒動をブラックユーモアたっぷりに描いた教育風刺映画だ。

題名となっている「ヒンディー・ミディアム」とは、ヒンディー語で授業を行う学校、もしくはその学校の卒業生を指す。「ミディアム」とは教授言語のことである。その対局にあるのが英語ミディアムである。

本作は、主人公のバトラ夫妻が、五歳の娘を何とか英語ミディアムの名門校に入れようと奮闘する物語だ。夫のラージを演じるのはイルファーン・カーン。惜しくも二〇二〇年に急死したが、インド映画界を代表する名優だ。ラージは、ヒンディー語ミディアム校出身で英語が苦手という設定だ。父親から継いだ下町の仕立屋を一代で現代的なファッション・スタジオに変貌させた敏腕ビジネスマンでもある。その妻のミータを演じるのはパキスタン人女優サバー・カマル。印パは常に対立していると思われがちだが、映画界の交流は活発で、インド映画にパキスタン人が出演する例は少なくない。ただ、サバーのインド映画出演はこれが初である。

バトラ夫妻が直面するお受験の受難はインドのリアルであり、多くのインド人の共感を呼んだ。入学願書を手に入れるために徹夜で並ぶ親たち、子どもを名門校に入るためにわざわざ名門校のそばに引っ越す家族、「胎児のときからお受験は始まっている」と親を脅すお受験コンサルタント、そして貧困層向けの留保枠を違法に使って子どもを名門校にねじ込もうとする富裕層などなど……。ひとつひとつが笑えない現実なのだが、ラージとミータの凸凹夫婦がいちいち翻弄される様子がおかしく、楽しみながらインドの教育問題について考えることができる。

映画にはデリー内の三つの地名が出てくるが、それぞれ三つのインドの姿を見せてくれる。

元々バトラ夫妻が住んでいたチャーンドニー・チョークは、富める者も貧しい者も肩を寄せ合って生活してきた下町人情溢れる旧市街だ。特にラージはこの町を愛していた。夫妻はそこから、子どものお受験に有利になるように南デリーに引っ越すが、そのときにラージは、妻の嫁入り時よりも大泣きしてミータを呆れさせる。引っ越し先のヴァサント・ヴィハールは実在の超高級住宅街であり、デリーでも随一のステータスを誇る。ここに住めるだけでも、新興成金のラージが相当な財力を持っていることが分かる。彼に足りないのは英語力に裏打ちされた社会的ステータスだけだった。バトラ夫妻は、ヴァサント・ヴィハールで既存の富裕層から見下される屈辱を味わい、娘を英語ミディアム校に何としてでも入学させようと躍起になる。

そこから夫妻は、貧困層向けの留保枠を使うため、一時的にバーラト・ナガルに引っ越す。これは架空の地名だが、デリー各地に存在し、低所得者向けの居住地となっている都市内村落をイメージしている。スラム街ではないが、狭い路地を挟んで高層の住宅が林立し、インフラ面の整備が遅れている地域だ。ここでは水や食料などの生活必需品を手に入れるために近隣住民と争わなければならないが、他人の喜びを自分の喜びと考えて助け合う底抜けに献身的な人々の姿もある。バーラト・ナガルのシーンでは、曲者俳優ディーパク・ドブリヤル演じるシャームが、ラージに「先祖代々の貧乏人」として貧困生活の手ほどきをしてくれるのだが、そのありがた迷惑さが非常にいい味を出していた。

インド映画は、不正をして何かを成し遂げようとした人物が、何らかのきっかけで心変わりして、自分で自分の不正を正そうとする、という筋が多い。『ヒンディー・ミディアム』でも、ラージの改心があり、終盤に意外な展開を迎える。国内外で大ヒットし、続編『Angrezi Medium〔英語ミディアム〕』（20未）も作られた。

ヒンディー・ミディアム

インドの貧富の差と受験問題

インドは貧富の格差の激しい国で、金持ちは金持ちらしく、貧乏人は貧乏人らしく生活するのが一番得となる。富裕層は高級住宅街に住み、使用人を雇い、富裕層のみと交流する。貧困層はスラム街や低所得者向け住宅街に住み、税制上の優遇を受けながら、貧困層同士で助け合って暮らす。この二者はまるで別々の国に住んでいるかのようで、使用する言語まで全く異なる。富裕層は家庭内でも意図的に英語で会話をする一方、貧困層は現地語しか話せない。

元々英国の植民地だったインドにおいて、英語は支配者の言語であり、独立後も高いステータスを保持している。英語力は、教養層と非教養層、富裕層と貧困層を分ける指標の役割を果たしている。英語を流暢に使いこなせるインド人の数は全体の一割ほどとされているが、これはそのまま富裕層の割合と考えていい。富裕層は社会的地位を維持するために英語を母語のように駆使し、貧困層は英語こそが地位向上の鍵だと考える。

よって、教育において英語は最重視される。インドの学校は英語ミディアム校と現地語ミディアム校に大別できる。前者は英語で、後者は現地語で授業を行う学校だ。もちろん、どちらにも英語の授業はあるが、英語ミディアム校の方が英語が効果的に身に付くため、人気だ。首都デリーが舞台の『ヒンディー・ミディアム』では、現地語ミディアム校はヒンディー語ミディアム校を意味する。

また、学校には日本と同様に公私の別もあるが、公立校は現地語ミディアム校であることが多く、私立校はほぼ英語ミディアム校である。公立学校の学費は基本的に無料である一方、私立学校の学費は高額である。

一見すると貧困層に不利だが、社会的弱者の教育振興のために政府は様々な施策を行っている。例えば、2009年に「教育を受ける権利法」が制定され、私立学校は定員の25%を社会的・経済的弱者の子どものための留保枠として割り当てることを義務づけられた上に、その子どもたちの学費は初等教育修了まで無償となった。

なにしろインドは、人口13億人の大国かつ人口の半分が25歳以下という若い国である。受験戦争は熾烈で、塾産業も先鋭化している。受験失敗を苦にした若者の自殺も多く、問題は山積みだが、そこから大量の優秀な人材が育ってきているのも事実である。（高倉嘉男）

ヒンディー・ミディアム

イルファーン・カーン

コロナ禍の最中、2020年4月29日、イルファーン・カーンが逝去した。67年1月7日生まれなので、享年53。18年3月に神経内分泌腫瘍というまれなガンにかかったことを公表し、イギリスで約1年間治療に専念。19年2月にインドに戻り、中断していた主演作『Angrezi Medium〔英語ミディアム〕』（20未）を完成させ、それが20年3月13日に公開されたばかりだった。

デリーの国立演劇学校を卒業したイルファーンが、初めて映画に出演したのは、ミーラー・ナーイル監督作『サラーム・ボンベイ!』（88）。主人公のクリシュナ少年が母への手紙を頼みに来る、道端の代書屋役だった。その後、「マクベス」の翻案『Maqbool〔マクブール〕』（03未）で主役を演じた頃から注目され始め、ミーラー・ナーイル監督の『その名にちなんで』（06）の父親役で、国際的にも知名度が上がる。以後も欧米作品への出演は多く、『スラムドッグ$ミリオネア』（08）、『アメイジング・スパイダーマン』（12）、『ジュラシック・ワールド』（15）など、大作に出演している。

インドでの出演作も数多いが、短編、英語映画、マヘーシュ・バーブ主演のテルグ語映画、主演に脇役、悪役と、実にバラエティに富んでいる。日本で公開されたのは『めぐり逢わせのお弁当』（13）と『ヒンディー・ミディアム』（17）で、こうして見ると、極上の主演作が日本版で残ったことが感慨深い。

他の注目作は、国家映画賞主演男優賞を受賞した『Paan Singh Thomar〔パーン・シン・トーマル〕』（12未）、軽妙な役柄が面白かった『ピクー』（15）、復讐のため大臣の息子を誘拐する男を演じた『Madaari〔手品師〕』（16/Netflixで配信）など。飄々とした演技で、ユニークな足跡をインド映画に残した名優だった。

（松岡環）

『めぐり逢わせのお弁当』

Irrfan Khan

パッドマン　5億人の女性を救った男

Padman

夏目深雪

❁2018年
❁ヒンディー語
❁137分
[監督] R・バールキ
[音楽] アミト・トリヴェーディー
[出演] アクシャイ・クマール／ラーディカー・アープテー／ソーナム・カプール／アミターブ・バッチャン

インド映画の日本での近年のおおまかな受容の歴史を振り返ってみると、三つの波を数えることができる。『ムトゥ 踊るマハラジャ』(95)が公開され大ヒットした98年、「歌って踊る、コテコテの」インド映画がマサラムービーとして知れ渡り一大ブームとなった。これが第一の波だとすると、第二の波は「新感覚インド映画」と呼ばれたムーブメントである。これは『きっと、うまくいく』(09)のヒットから始まる。歌やダンスのシーンがない、あっても少ない、代わりに脚本が欧米の映画並みにきちんとしていて、テーマも社会問題を盛り込んだ洗練された現代性を持っている。第三の波は『バーフバリ 伝説誕生』(15)、続編の『バーフバリ 王の凱旋』(17)の大ヒットであろう。アメコミ映画にも劣らない荒唐無稽ながらダイナミックなアクションが第一の特徴である。しかし何よりもヒーローであるバーフバリ親子の、王として、英雄としての魅力が大きい。

そして『パッドマン』である。以上の流れを汲むと、「アメリカにはスーパーマンがいる。スパイダーマンも。だがインドには……パッドマンがいる」という予告編も、あながち冗談にも聞こえない。いまだに人口一三億人の国で五億人がトイレのない家に住んでいて(ヒンドゥー教の教えが原因だという)、夜中に出歩く女性はレイプの危機にさらされている国、インド。だがナプキンを作った男性があそこまで蔑まれるとは……。女性たちが手製のナプキンを作ったラクシュミを見る「恥」が原因となった恐怖の表情。試作品を自分で試し、ズボンを動物の血で汚してしまい、川に飛び込んだラクシュミを「悪魔祓いをしなければ」と糾弾する村の人々。いずれも根深い女性差別が根底にあり、宗教とも関わりがあるので説得や改善は難しい。

バーフバリは古代インドに現れた、待ち望まれた「王」であったが、因習がいまだ女性や一部の人々を抑圧している現代インドに立ち現れた男こそ、「パッドマン」なのだ。そして、もう一つ指摘しておきたいのが、スーパーマンの横にスーパーウーマンがいたことだ。マサラ映画では女性は美しく描かれるが添え物的な役割を外れることはなかった。「新感覚インド映画」になり始めて、女性が主人公で、女性の自立や強い女性像が描かれる。『バーフバリ』になると、強い女性がヒーローとともに闘い、ヒーローと対等な地位を維持するという、欧米映画よりもむしろ一歩進んだものになっている。『パッドマン』でラクシュミとともにインドの因習と闘うのはパリーというリベラルな父親に育てられた進歩的な女性。パリーはデリーで行われた発明コンペにラクシュミを出席させ賞金を獲得させたり、村の女性たちにナプキンを広める。最終的には村の女性たちがナプキン製作から販売まで関わるようになり、彼女たちの経済的自立に繋がっていくのだ。

因習にがんじがらめになった女性たちを決して見下すことなく、ラクシュミとともに困難に立ち向かっていく、聡明なパリーの魅力は、この映画を松明のように明るく照らし出す。

ラクシュミと結ばれる寸前で、パリーは妻の元にラクシュミを戻す決断をする。不倫ものといえば泥沼の現実が描かれることが多い現代映画で、またもや「純愛」が重視されるのか——『めぐり逢わせのお弁当』(13)のように——とこちらは胸が痛む一方だ。だが、劇のドラマツルギーよりも歌やダンスを重用して歴史を積み重ねてきたインド映画が、言葉でできた論理や倫理より、「一瞬の儚さ、その永遠」を重視するのは当然といえば当然である。

フェミニズムが提示しがちな男女の二項対立や、誰と結ばれるかの恋愛結果主義も乗り越え、この映画はもっと大きなものを提示している。それは皆が快適な生活を送るという人類にとってのマクロな夢、それに伴い因習や拝金主義をわれわれが乗り越えなければいけないものとすることだ。この映画は西の大陸が生み出した、全く新たな形のヒーロー／フェミニズム映画であると言えるだろう。

※この文章は『パッドマン　5億人の女性を救った男』パンフレット掲載時のレビューを抜粋したものです。

パッドマン 5億人の女性を救った男

インドの女性問題

現在、インドでは、義務教育の就学率は90%を越えており、識字率も70%を越えた。先進国と比べるとまだ低いが、一昔前に比べると劇的に改善された。だが、不安要素も多い。中でも目立つのが、女性の教育の遅れである。女子の中途退学率が高く、五年生までに半分が学校に通わなくなる。女性はまだ出産、育児、家事の要員であり、過度の教育は必要ないという考え方が根強い。加えて、生理の問題もある。

インドでは、価格や習慣の問題から、なかなか生理用品が普及しなかった。そのため、初潮を迎えると生理中に学校を休むようになり、やがて授業についていけなくなって、退学となる。しかも、インドでは生理中の女性をタブー視する悪習がある。月経中、女性たちは家の中にいられないため、専用の部屋にこもったり、家畜小屋や屋外で過ごしたりする。教育の遅れから、女性たちもそれを自然に受け入れ、娘たちに伝承していく悪循環が起こっていた。
『パッドマン』は、そんなインド社会の悪習を一掃すべく立ち上がった男性の物語だ。

そもそもインドでは女性の地位は低い。まず、女性として生まれることが大変だ。家の跡継ぎとして男児を尊ぶ習慣は世界各地にあるが、インドで特殊なのは、結婚時に花嫁側から花婿側に支払う多額の持参金だ。その額は、3人女の子が生まれるとその家は破産すると言われるほどである。そのため、妊娠中に胎児が女性だと分かると、堕胎することが少なくない。おかげで男女比が異常な数値となっている。結婚した女性には男児の出産という圧力が掛かるが、それをもっとも掛けているのは姑などの女性だという皮肉な現実もある。

最近は減ったが、初潮を迎えるかどうかの幼い女児を早々に嫁入りさせてしまう幼児婚は日常茶飯事であった。さらに、寡婦の再婚を禁止する習慣もあった。ただでさえ寡婦は不吉な存在とされる。よって、夫の死後、女性は死ぬまで社会的に抑圧され続けた。夫の火葬時に自らも火の中に身を投げて自殺するサティー（寡婦殉死）が推奨されていた時代もあった。

もっとも、様々な女性問題があるがために、それらの解決のために立ち上がる強い女性たちが目立つのもインドの一側面だ。政治の世界でも、豪腕な女性政治家が多数おり、女性の首相も輩出している。（高倉嘉男）

SANJU ／サンジュ

スターと闇〜映画界とマフィアの不適切な関係

インド映画界とマフィアとの付き合いは、昔から公然の秘密だった。『SANJU／サンジュ』では90年代前半が描かれていたが、その関係が取りざたされ始めたのは70年代、アミターブ・バッチャン主演の『Deewar〔壁〕』(75未)からだと思われる。

この作品でのアミターブの役は、港湾労働者からマフィアの幹部にのし上がる青年で、それが当時のマフィアのドン、ハージー・マスターンをモデルにしている、と話題になったのだ。ハージー・マスターンはタミル・ナードゥ州出身のムスリムで、女優を愛人にしたり、後には映画に投資したりした人物である。近年も何本か彼をモデルにした作品が作られており、ラジニカーント主演の『カーラ 黒い砦の闘い』(18)も彼がモデルだという噂が流れたりした。

続いて映画界とマフィアの関係が明らかになったのが、『サンジュ』に描かれた1993年のボンベイ(現ムンバイ)爆破事件である。首謀者とされたのはダーウド・イブラーヒム。彼はDカンパニーという会社を作り、80年代からヒンディー語映画に投資を続けていて、有名女優を愛人にするなど、映画界ではよく知られた人物だった。93年の事件当時、彼は国外にいたとされるが、首謀者として指名手配された。

Dカンパニーは、映画会社のトップに対して、身辺保護費の名目で上納金を要求していた時期があったようだ。それに逆らった音楽出版&映画製作会社Tシリーズの社長グルシャン・クマールは、97年8月12日、日課の寺院参拝時に撃たれて死亡した。

また、これらマフィア勢力は、右派政党のシヴ・セーナーとも関係があったと言われている。2000年1月21日に映画製作会社クラフト・フィルムズ社長ラーケーシュ・ローシャンが事務所で撃たれたのは、シヴ・セーナーに関係するギャングが犯人で、息子リティク・ローシャンの初主演作の海外配給権を巡り、トラブルがあったと伝えられた。この時映画人を震え上がらせたのは、「殺さないように撃った」という情報で、マフィアが映画人の生殺与奪権を握っていることを思い知らせた格好だった。

最近ではマフィアがらみの噂は聞かないが、どこの映画界もアンダーワールドとの間に何らかのつながりがあるものと思われる。(松岡環)

Sanju

SANJU／サンジュ

高倉嘉男

Sanju

❁2018年
❁ヒンディー語
❁159分
〔監督〕ラージクマール・ヒラニ
〔出演〕ランビール・カプール／アヌシュカ・シャルマ／ソーナム・カプール／パレーシュ・ラーワル／マニーシャー・コイララ

人々から「サンジュ・バーバー」の愛称で呼ばれるサンジャイ・ダットは、インド映画界きっての曰く付き大スターだ。両親は不朽の名作『マザー・インディア』（57）で共演したスニール・ダットとナルギス。ナルギスはインド映画史に残る名女優の一人であるし、スニールは政治家に転身して下院議員を五期務めた大人物である。サンジャイ自身も、父が監督したデビュー作『Rocky〔ロッキー〕』（81未）の大ヒットで一気にスターダムを駆け上った後、ヒット作を連発した。ところが、一九九三年のボンベイ連続爆破事件への関与を疑われて逮捕され、最終的に五年間服役したという大きな闇も抱えている。インドの映画界で、彼ほど成功の高みと失敗のどん底を経験したスターはいない。それでも、いや、だからこそ、インド人から愛されて止まない俳優なのである。

サンジャイの人生には浮き沈みがあったが、間違いなく彼の浮上に大きく貢献した人物の一人が、『きっと、うまくいく』（09）のラージクマール・ヒラニ監督である。同作を監督する前に彼が作った『Munna Bhai M.B.B.S.〔医学生ムンナー兄貴〕』（03未）と『Lage Raho Munna Bhai〔その調子で、ムンナー兄貴〕』（06未）のシリーズは、どちらもサンジャイの主演作で、大ヒットした。スターにとって主演作のヒットは何よりのカンフル剤だが、それらで演じた役柄も、マフィアのボスが医学生になって重病患者を助けたり、非暴力主義者になって高齢者を助けたりするというもので、サンジャイのイメージ回復に大いに寄与した。

『SANJU／サンジュ』は、ヒラニ監督によるサンジャイ・ダット映画の第三作だ。だが、主演はサンジャイではない。主題がサンジャイなのである。サンジャイが五年の服役を終えて釈放されたことを祝う、彼の類い稀な半生を描いた伝記映画だ。劇中でサンジャイを演じるのはランビール・カプールで、サンジャイ特有のしゃべり方や歩き方を上手にコピーした。父親のスニール・ダットを演技派男優パレーシュ・ラーワルが重厚に演じる他、マニーシャー・コイララ、アヌシュカ・シャルマ、ソーナム・カプールなど、女優陣も豪華だ。

前半ではドラッグ中毒との戦いが描かれ、後半では「テロリスト」の汚名との戦いが描かれる。伝記映画と言っても基本はフィクションであり、映画のストーリーには脚色が施され、そこにはサンジャイをひたすら擁護しようとするヒラニ監督の意図が見え隠れする。だが、この映画がインド本国で大ヒットとなったのは、サンジャイ・ダットの人気や彼の人生の波瀾万丈さのみならず、映画としての出来の良さからだ。そして、『サンジュ』がもっとも注力していたのが、ダット家の家族関係、特に父と子の関係の描写であった。

劇中のサンジャイは、スターとして、政治家として、そして人間として、あまりに偉大な父親の存在に気後れしており、そのプレッシャーから、煙草、酒、遂にはドラッグに手を出し、放蕩息子の烙印を押されるまでに堕落する。ドラッグ中毒を克服すると、今度は、父親を守るためとは言いながらも、不法に武器を所持し、テロリストを幇助した容疑を掛けられる。だが、サンジャイがどんな状態にあっても、父親はサンジャイを信じ、支え続けた。サンジャイも、父親を畏れ、敬い、そして心から愛していた。『サンジュ』は、サンジャイ・ダットのことを知っていればより楽しめる映画なのだが、そうでなくても、純粋に家族愛の物語として秀逸であり、普遍的な魅力を持っている。

ヒラニ監督らしく、娯楽映画の中に社会批判の要素を付け加えることも忘れてはいない。今回槍玉に挙がっていたのは、いい加減な見出しに「?」を付けて免罪符とし、事実をねじ曲げた報道をするマスメディアであった。エンドクレジットの楽曲『バーバーは言う』でその隠れた主題が明確になるが、そこではサンジャイ・ダット自身がカメオ出演し、ランビール・カプールとダンスを踊るので、最後まで目が離せない。

Column

A・R・ラフマーン

Master of Indian Film Music

松岡環

A・R・ラフマーンが初めて映画音楽を担当したのは、マニラトナム監督作『ロージャー』(92)。紛争地カシミールを舞台に、イスラーム教徒ゲリラに誘拐された夫を取り戻そうとする新妻ロージャーを描くこの作品は、公開されるや大ヒットとなった。タミル語映画なので本来なら南インドだけの上映で終わるのだが、ヒンディー語吹替版が作られて、北インドでも公開されヒットした。

ヒットの要因は、紛争のため一九九〇年以降ほとんど映画に登場してこなかったカシミールが舞台となっていること(もちろんロケ地はカシミールではない)と、ドラマチックなストーリーの面白さ、そして音楽の素晴らしさだったと言える。もともとマニラトナムは音楽の使い方がうまいが、『ロージャー』での歌の力は格別だった。冒頭のヒロインの歌「Chinna Chinna Asai(小さな願い)」の愛らしさ、途中で大勢のおばあさんたち!が歌い踊る「Rukkmani Rukkmani(ルクマニ・ルクマニ)」のコミカルでダイナミックな展開等々、叙情とリズム感が溢れる歌は、人々を虜にしたのである。

これらを作曲したのが、A・R・ラフマーンという若い作曲家だ、と話題になるまで、そう時間はかからなかった。ラフマーンはこの時二五歳。当時タミル語映画の作曲は、大御所作曲家イライヤラージャがほぼ一手に引き受けていたが、彼に勝るとも劣らない美しいメロディーを作るラフマーンは、すぐに引く手あまたとなった。以後、マニラトナムは一貫してラフマーンと組んでおり、『ボンベイ』(95)、『ディル・セ 心から』(98)が日本でも公開されている。

『ムトゥ　踊るマハラジャ』

ほかに、日本でのラフマーン人気を煽ったのが、やはり彼が作曲を担当した『ムトゥ　踊るマハラジャ』（95）のヒットだった。映画のカルト的人気に伴い、すごい群舞のソング&ダンスシーンが話題となり、サウンドトラック・アルバムの日本版も発売された。中でも映画の冒頭部分で使われている曲「主はただ一人」のイントロ部は、その後もテレビ番組でインド関連の何かが紹介されるたびに必ずと言っていいほど使われ、金管楽器が高らかに奏でるあのメロディーは日本人の耳に馴染んだ。

こうして日本にもファンの増えたラフマーンだが、このイスラーム教徒名は、八九年に一家でイスラーム教に改宗した時につけたものだ。正式にはAllah Rakha Rahman（アッラー・ラカー・ラフマーン）と言い、最初の二つを略してA.R. Rahmanと表記している。誕生時ラフマーンは、ヒンドゥー教徒だったのである。

ラフマーンは六七年一月六日にマドラス（現チェンナイ）で生まれた。父R・K・シェーカルも母もヒンドゥー教徒だった。父は作曲家で、タミル語とマラヤーラム語映画に曲を書き、演奏時には指揮もした。ラフマーンは幼い頃からキーボードを弾いて、スタジオで父を助けたという。父はラフマーンが九歳の時に死亡、以後ラフマーンは家計を支えるため、様々な楽団でキーボード奏者を続ける。やがて奨学金を得て、英国のトリニティ音楽院に留学。西洋音楽を学んで帰国後、広告業界でCMソングの作曲をしていた時、マニラトナム監督と出会って映画音楽の世界に入るのである。

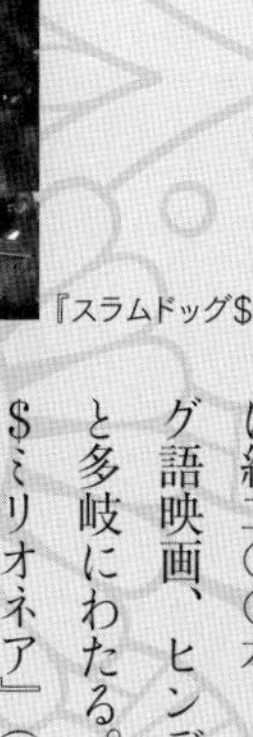

『スラムドッグ$ミリオネア』

ラフマーンがこれまでに作曲を担当した映画は約二〇〇本。タミル語映画だけでなく、テルグ語映画、ヒンディー語映画、そして欧米作品と多岐にわたる。イギリス映画『スラムドッグ$ミリオネア』（08）では、アカデミー賞の作曲賞を受賞し、ラストに歌い踊られる「ジャイ・ホー」が歌曲賞も受賞した。

また、一六年九月には、「福岡アジア文化賞大賞」を受賞し、福岡での授賞式後にはトークとミニコンサートも行われた。続いて一九年十一月には、NHKホールで開催された「ABUソングフェスティバルin東京」に出演、その様子は年末のNHKで放送された。本格的な日本コンサートはまだだが、彼の音楽に魅了されている日本人は多い。

パドマーワト　女神の誕生

高倉嘉男

Padmaavat

❁2018年
❁ヒンディー語
❁164分
[監督] サンジャイ・リーラ・バンサーリー
[音楽] サンジャイ・リーラ・バンサーリー／サンチット・バルハラ
[出演] ディーピカー・パードゥコーン／ランヴィール・シン／シャーヒド・カプール／アディティ・ラーオ・ハイダリー

インド北西部ラージャスターン州などの城塞を訪れると、門や壁に手形の彫刻を目にする。これは死んだ夫を追って自ら命を絶った女性たちの記念碑だ。中世インドの封建領主たちはラージプートと呼ばれる。ラージプートの男性たちは尚武の気風で知られる戦士階級だが、その女性たちも劣っておらず、母国が戦争で敗北すると、凌辱を防ぎ名誉を守るため、集団で火中に飛び込み殉死する、ジョーハルと呼ばれる風習があった。

一三〇三年、デリーのスルターン、アラーウッディーン・ハルジーがチットール城塞を陥落させた。伝説ではこのときジョーハルが起こったとされる。この出来事は民話となって語り継がれ、一六世紀、詩人ジャーエシーの手によって叙事詩「パドマーワト」となった。この叙事詩では、チットール陥落という歴史的な事実に様々な脚色が加えられたが、その内の一つが、類い稀な美貌を持つチットールの王妃パドマーワティであった。

サンジャイ・リーラ・バンサーリー監督の『パドマーワト 女神の誕生』は、パドマーワティが主人公の、歴史と伝説が混交した時代劇である。バンサーリー監督は、過去に『ミモラ 心のままに』(99)や『銃弾の饗宴 ラームとリーラ』(13)などを撮っており、絢爛豪華な映像や音楽に彩られた重厚なドラマで定評がある。『パドマーワト』では、プロデューサー、監督、音楽監督、脚本を担当した。

本作の要、絶世の美女パドマーワティを演じるのは、『恋する輪廻 オーム・シャンティ・オーム』(07)でデビューし、今や不動のトップスターとなったディーピカー・パードゥコーンだ。パドマーワティの出身地はシンガール国だが、これは現在のスリランカとされる。南インド人のディーピカーはその点でも適任だ。また、チットールの王ラタン・シンを演じるのは『〝ロミオ〟・ラージクマール』(13)などのシャーヒド・カプール。ラージプートの誇り高き王を、堅実に熱意を持って演じた。

だが、見る者全ての心を鷲づかみにするのは、『銃弾の饗宴』で主演を務めたランヴィール・シン演じるアラーウッディーンの見事な悪役ぶりだ。大胆不敵、圧倒的カリスマ性、そしてパドマーワティを手に入れるためならどんな卑怯な手も厭わない狂気。悪役が輝いているが故に、パドマーワティの知略と勇気が際立つ。アラーウッディーンの相棒、宦官マリク・カーフールを演じたジム・サルブも、助演悪役賞ものの邪悪さを醸し出していた。

アラーウッディーンが鏡越しにパドマーワティの顔を見るシーンや、アラーウッディーンに拉致されたラタン・シン救出のためにパドマーワティが八百人の兵士を侍女に変装させてデリーに乗り込むシーンなど、「パドマーワト」の叙述通りで、インド人なら誰もが知る英雄譚である。パドマーワティは伝説上の人物だが、実在したと信じて疑わない人も多く、ジョーハルをしてラージプートの意地を見せたことで、女神の地位にまで高められている。

基本的には時代劇であり、封建主義的な人間関係や価値観の中で物語が展開するが、映画には当然のことながら現代向けのメッセージが込められている。首を切られても戦い続けるラージプートの武勇と殉死は、国を守り、命を落としたインドの軍人たちへの顕彰である。また、ラージプート女性たちのジョーハルは、軍人を戦場に送る母親や妻たちの勇気と献身を意味する。印パ間で緊張が高まる時勢の中で国威発揚のために作られた映画であることは否定できない。

それと同時に注目すべきは、ラタン・シンの第一妃が、パドマーワティの美がアラーウッディーンの侵略をもたらしたと彼女を非難するシーンだ。これは、女性が性被害に遭ったときに、女性側に責任を押しつける論調に通じる。だが、パドマーワティはその非難に対し、美を見る者の邪悪な視線と思考が悪であると、毅然と言い返す。このシーンは、二〇一二年のデリー集団強姦事件以来、インド社会で起こった意識改革を力強く表出している。

あなたの名前を呼べたなら

夏目深雪

Sir

❁ 2018年
❁ ヒンディー語
❁ 99分
[監督・脚本] ロヘナ・ゲラ
[音楽] ピエール・アヴィア
[出演] ティロタマ・ショーム／ヴィヴェーク・ゴーンバル／ギータンジャリ・クルカルニー

身分違いの恋は恋愛映画の常套手段である。王女と新聞記者の束の間の恋（『ローマの休日』）、上流階級の娘と貧しい青年の悲恋（『タイタニック』）。男女の階級差はあればあるほど映画は盛り上がる。金持ちの実業家とストリートガールの恋物語である『プリティ・ウーマン』はハッピーエンドになる。男が階級が上の場合は恋が成就しやすく、逆の場合は悲恋かせつない一瞬の恋で終わることが多い。容姿や気立ての良さが武器になる故、女性の方が階級差を越えやすいということがまずあるだろう。女性が上から階級差を越えようとする行動は映画の中では美とは捉えられない、ということを考えるとフェミニズム的視点で面白いものが書けそうでもある。『あなたの名前を呼べたなら』は男性が建設会社の御曹司、女性がそのメイドである。そう考えると典型的な身分違いの物語でもあるのだが、インドならではの因習が甘い御伽噺になることの足を引っ張っている。メイドのラトナは農村出身の未亡人。インドでは未亡人に関し、特に農村ではどんな服を着るかを始めとし様々な縛りがある。寡婦の再婚は禁止され、特に子どもがいる場合は、残りの人生を子どもに捧げなければならない。

それ以前に、主人とメイドの関係がインドでは過酷だ。根深い階級制度が根付いていて、メイドは主人とは同じグラスは使わず、同じソファーにも座らない。同じ部屋にいても、床に座るのだ。リテーシュ・バトラの『フォトグラフ　あなたが私を見つけた日』(19)でも、田舎から出てきて観光客相手に記念写真を売る男と親しくなった、会計士になるための勉強をしている娘が、メイドにそれを見られて、その弁明をメイドのところにしに行くシーンがある。その時も、メイドは台所の洗い場の前の狭い空間に布団を敷いていたので、じわじわと広がるような違和感を持ったことがあった。

『フォトグラフ』も階級差がある二人のラブストーリーである。男性と娘が年齢差があることもあって、どこか滑稽で温かみがある味わい（女性の方が階級が上なのに結ばれるのも関係しているのだろう）のこの作品に較べ、『あなたの名前を呼べたなら』は甘くロマンチックな雰囲気が漂い、そういう意味では王道的だ。だが、この主人とメイドの恋物語は、二人ともがインドの根深い因習と闘う過酷なものでもあるのだ。

甘くロマンチックなのは、ティロタマ・ショームの繊細な演技と、監督のロヘナ・ゲラの女性監督らしい、女性の心情に寄り添った演出によるところが大きいだろう。一九七三年生まれのゲラはアメリカで修士を取ったあと、そのまま映画界で活動を始める。アメリカに渡ってから、子どもの頃から違和感を持っていたインドの階級会社について、はっきり間違いだと思うようになったという。同じくアメリカで教育を受けたリテーシュ・バトラも、（特に『フォトグラフ』については）階級社会の糾弾という目的で映画を作っていると思う。だが、ゲラの場合、ラトナが裁縫学校に通い始めるなどささやかながら大きな一歩、ラトナが縫ったシャツを着る御曹司・アシュヴィンの笑顔など細やかな二人の情通の積み重ねなど、ミニマムな戦闘とでも呼ぶべき手法が感動的だ。現実的な人々の営みを描く中で、悪しき風習を変える契機を探る——それは、パーティーで飲み物をドレスにかけてしまったラトナに対し侮蔑的な言葉を浴びせた女性が、後にラトナの初のデザイン仕事の発注者になるなど、様々なところに表れている。

ラストシーン、アメリカから電話をかけてきたアシュヴィンに対しラトナは彼の名前を呼ぶ、それだけで映画は終わる。ハッピーエンドともアンハッピーエンドともつかない終わり方で、それがゲラが始めた闘いがいかに過酷なものを表している。だが、我々はラトナの声の震えを感じることができる。恋なのか、革命なのか、始動し始めた何かの予感で我々は打ち震える。

ロボット2・0

安宅直子

ロボット工学の第一人者バシー博士は超高機能人型ロボット・チッティを完成させた。しかし、チッティが人の心を理解し、恋に落ちたことをきっかけに、チッティ2・0として暴れまわる。それにより多数の犠牲者を出す事態に至ったことから、博士はやむなく彼を強制終了・解体する。これが前作『ロボット』(10)の物語で、本作はその後日譚。

前回の失敗から、家庭用に機能を限定した女性型ロボット・ニラーを作り、身の回りの世話をさせている博士。ある時から街に怪奇現象が起きる。人々が手にする携帯が宙に舞い上がり消えてしまうのだ。怪奇現象の原因は、過激な環境保護運動家だったが世に受け入れられず自殺した鳥類学者パクシの怨念で、なんと奪った携帯が集積して巨大な鳥の化け物と化していたのだ。軍隊が派遣されるが歯が立たず、バシー博士はチッティを再起動して戦わせる。チッティ対怪鳥の戦いでは後者が勝利し、チッティは破壊される。ニラーはその残骸を引き上げ、封印されていた2・0のチップを探し出して再インストールする。こうして、闇落ちした先行機の見た目を引き継ぎ、パンチパーマで超絶に下品なチッティ2・0が再生して戦いは再開され、巨大スタジアムでの頂上決戦となる。

ロボットが人間の持つ感情、特に愛や自尊心といったものの働きを理解して、その上で人間の役に立てるかという問題、そして「ロボット三原則」(人間を害さない、人間への服従、自衛)と現実との齟齬など、前作『ロボット』は、ド派手な見た目の裏では古典的なロボットSFのテーマだてを踏襲したものだった。一方で本作は、明らかに超自然的な怪奇現象から始まり、ホラー風味が前面に出て、途中からは怪しげな「オーラ理論」も登場して疑似科学度もマックス、そして最後は日本人には懐かしい怪獣映

❀2018年
❀タミル語
❀147分
[監督・脚本]シャンカル
[音楽]A・R・ラフマーン
[出演]ラジニカーント/アクシャイ・クマール/エイミー・ジャクソン

2.0

画の格闘シーンになる。目まぐるしい展開の全編に通底するのは、膨れ上がったパクシの怨念と、様々なデバイスを駆使して祟りを阻止するバシー博士という構図で、これは南インドのホラー映画のサブジャンルである黒魔術もの、日本なら陰陽師ものに近い。戦いの最中に霊に憑りつかれた者が壮絶な憑依の相を見せるというのも定番で、『ラジニカーント★チャンドラムキ　踊る！ アメリカ帰りのゴーストバスター』(05)も、この系譜に連なるものだった。ただし、本作が先行作品と決定的に異なるのは、シャンカル監督のトレードマークである、言語に絶するほどのビジュアルの大盤振る舞い。メカニックで無限増殖的な仰天映像の連続を、一四七分に渡って滝のように浴びた末の「文明の利器との程よいつき合い方を模索しよう」というメッセージのシンプルさには思考が停止する。

シャンカル監督とラジニカーントのコラボレーションは、『ボス　その男シヴァージ』(07)、『ロボット』と続き、本作が三作目となる。『ボス　その男シヴァージ』では、ラジニカーントを脱色させて白人にしてみせるなど、タミル語映画界のスーパースターをオモチャにしていじりまわすシャンカルの姿勢は本作でも相変わらずで、ますますエスカレートしている。それを許して好きなようにいじらせるラジニカーントの度量の広さも感じられる。ラジニカーントは二〇〇七年から始まるこのコラボレーションを経て、できあがった〝ラジニ映画〟の規格から外れる実験的ともいえる試みに身を投じ、その後も、デビュー第三作目のパー・ランジット監督と組んでのダリト(不可触民)解放をテーマにした連作など、意欲作に出演するようになった。

シャンカルはまた、「英国人タミル女優」エイミー・ジャクソンを『マッスル　踊る稲妻』(15)に続いて起用し、本作中では貴重なユーモアの要素を担わせるなど、キャスティングも意表をつくものとなっている。さらに、ヒンディー語映画界のトップスターであるアクシャイ・クマールを悪役に配しながらも、その登場シーンの多くがVFXで怪鳥に加工されたものであるところは無駄遣いも極まった感があるが、これこそがシャンカルの蕩尽体質をもっとも端的に表しているものかもしれない。

ロボット2.0

ラジニカーント

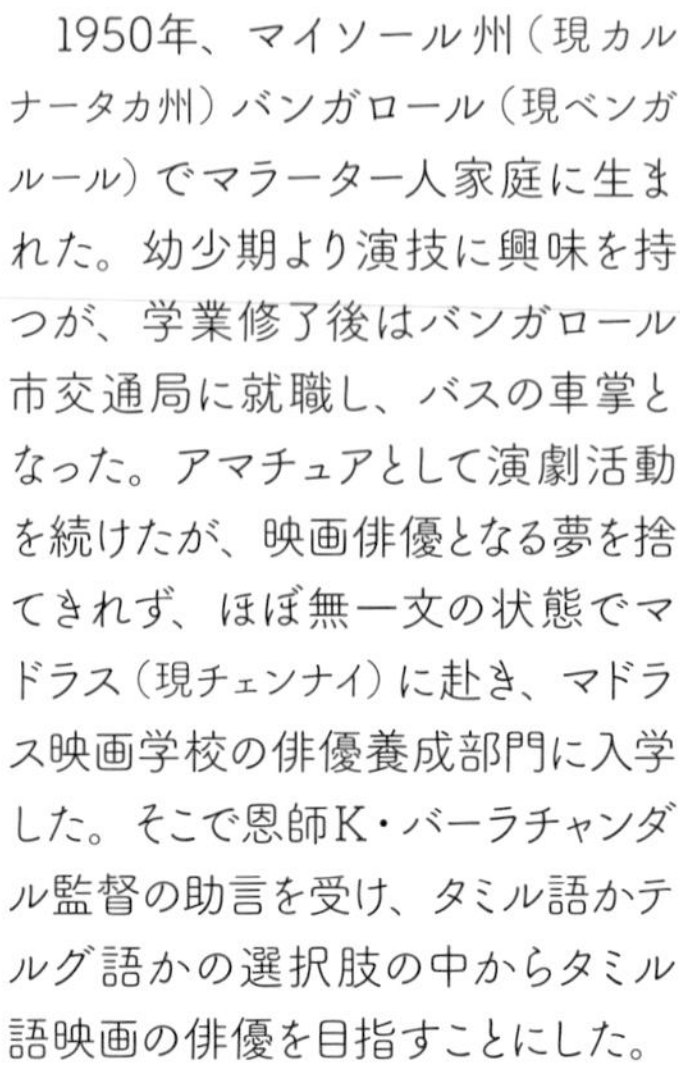

1950年、マイソール州（現カルナータカ州）バンガロール（現ベンガルール）でマラーター人家庭に生まれた。幼少期より演技に興味を持つが、学業修了後はバンガロール市交通局に就職し、バスの車掌となった。アマチュアとして演劇活動を続けたが、映画俳優となる夢を捨てきれず、ほぼ無一文の状態でマドラス（現チェンナイ）に赴き、マドラス映画学校の俳優養成部門に入学した。そこで恩師K・バーラチャンダル監督の助言を受け、タミル語かテルグ語かの選択肢の中からタミル語映画の俳優を目指すことにした。

同監督の『Apoorva Raagangal［稀なる旋律］』（75未）の悪役的脇役でデビュー。悪役の演技をしばらく続けた後、『Bhuvana Oru Kelvi Kuri［ブヴァナは疑問符］』（77未）で初のヒーロー役を演じ、成功を収めた。その後、少し早くヒーローデビューしていたカマルハーサンと共に若手俳優の筆頭として年10本以上のペースで出演作を増やしていった。『Murattu Kaalai［猛牛］』（80未）に代表される「怒れる若者」的アクションから、軽妙なコメディー、文芸的作品まで幅広いジャンルをこなす。誰もがスターと認める彼を「スーパースター」にしたのは『バーシャ！ 踊る夕陽のビッグボス』（94）のブロックバスター的大ヒット。次作『ムトゥ 踊るマハラジャ』（95）は、3年後に日本で封切られ、熱狂的ファンを生み出した。ネットには畏敬と親しみから「ラジニを見た玉ねぎは涙を流す」などの“ラジニ・ジョーク”が溢れる。

90年代半ばから政治的な発言を多くするようになり、政界進出が噂されるようになった。2017年から政党結成の意思を表明していたが、健康問題を理由に断念する声明を20年末に出した。　（安宅直子）

『ロボット2.0』

Rajinikanth

ロボット2.0

シャンカル

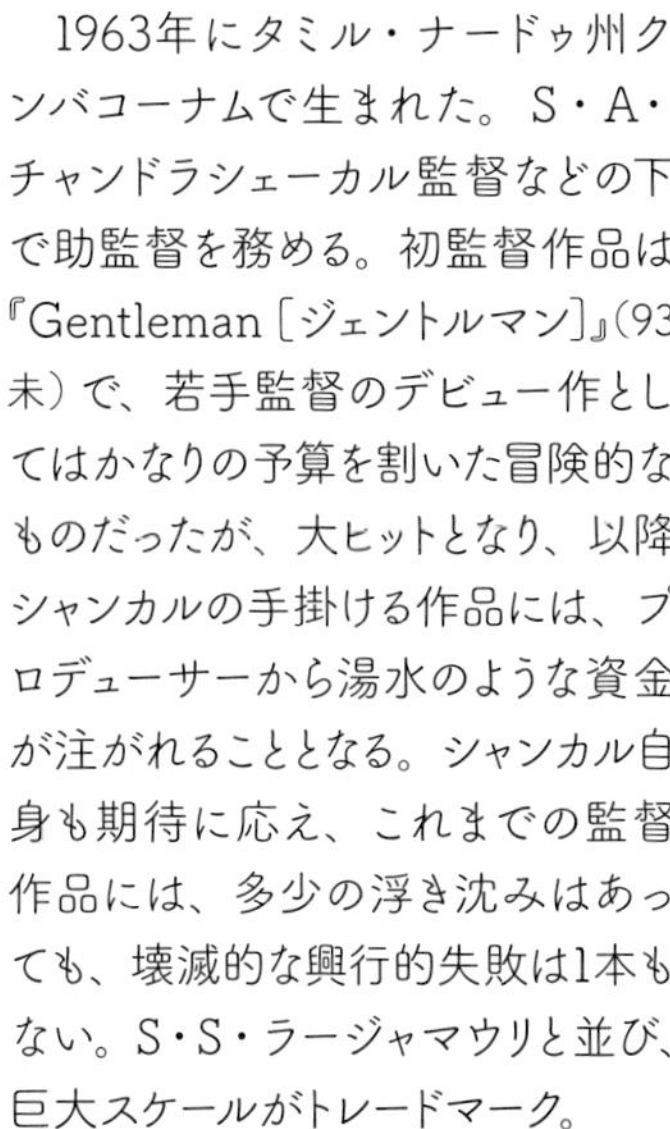

1963年にタミル・ナードゥ州クンバコーナムで生まれた。S・A・チャンドラシェーカル監督などの下で助監督を務める。初監督作品は『Gentleman［ジェントルマン］』(93未）で、若手監督のデビュー作としてはかなりの予算を割いた冒険的なものだったが、大ヒットとなり、以降シャンカルの手掛ける作品には、プロデューサーから湯水のような資金が注がれることとなる。シャンカル自身も期待に応え、これまでの監督作品には、多少の浮き沈みはあっても、壊滅的な興行的失敗は1本もない。S・S・ラージャマウリと並び、巨大スケールがトレードマーク。

『インドの仕置き人』(96)、『Mudhalvan［州首相］』（99未）など多くの作品が、社会にある不公正への激しい怒りと世直しへの希求を柱とするが、理詰めで語るのではなく、どこまでも過剰なビジュアルの大盤振る舞いによって見る者を圧倒し、メッセージを伝える。他方で、『ジェントルマン』や『Anniyan［よそ者］』（05未）のような、最上位カーストであるバラモン階級の立場を代弁するストーリーラインの作品もあり、進歩的な観客からは疑問視されたが、いずれも批判を押し流す大ヒットとなった（シャンカル自身の所属カーストは不明)。『ジーンズ 世界は2人のために』（98）から作中にVFXを取り入れる実験を始め、『ボス その男シヴァージ』（07)、『ロボット』（10)、『マッスル 踊る稲妻』（15)、『ロボット2.0』（18）とその表現は円熟していく。

実は『ロボット』は2000年代初めからカマルハーサン主演で構想されており、イメージ写真も撮られていた。しかし、この時代の技術では構想するものを完璧に映像化することは不可能と判断してお蔵入りにしたという、時代の先をいく監督らしいエピソードもある。『インドの仕置き人』（タミル語版の『Indian』）と『ジーンズ 世界は2人のために』の2本がアカデミー国際長編映画賞へのインドからの出品作に選ばれたが、いずれも本選ノミネートはなかった。また自前の製作会社Sプロダクションを持ち、蕩尽的な自らの作風の対極にある低予算のリアリスティックな作品を送り出し、同社はタミル語映画のニューウェーブの重要な一角を占めることになった。主なプロデュース作品に『Kaadhal［愛］』（04未)、『Kalloori［カレッジ］』(07未）など。

（安宅直子）

S.Shankar

盲目のメロディ インド式殺人狂騒曲

高倉嘉男

Andhadhun

❀2018年
❀ヒンディー語
❀138分
［監督］シュリラーム・ラガヴァン
［出演］アーユシュマーン・クラーナー／タブー／ラーディカー・アープテー／アニル・ダワン

盲目のピアニストが主人公の映画……と聞くと、何か心温まる感動作を思い浮かべるだろう。だが、『盲目のメロディ インド式殺人狂騒曲』は、「盲目」のピアニストが殺人事件を「目撃」してしまい、トラブルに巻き込まれるという、コメディー・タッチの巻き込まれ型犯罪サスペンス映画である。盲目を装って人々から好評を得ていたピアノ調律師が殺人事件に巻き込まれるという筋書きのフランスの短編映画『L'accordeur〔ピアノ調律師〕』（10未）を着想源として発展させた物語だ。

盲目とされていたピアニストの青年アーカーシュが、実は目が見えることが明らかになるのは開始早々である。アーカーシュを演じるのは、精子ドナーが主人公の『ドナーはヴィッキー』（12）など、変わったテーマの映画に好んで出演する演技派男優アーユシュマーン・クラーナー。盲目ではない人が盲目のふりをしつつも、目が実際には見えているヒントになるような仕草や行動も時々交えるという、かなり難しい演技をしていた。しかも、アーカーシュは途中から本当に盲目になってしまうため、さらに重層的な演技が必要となる。技巧派のアーユシュマーンにとって手応えのある役柄だったに違いない。

『盲目のメロディ』の最大の見所は、アーカーシュが、見てはいけないものを次々に見てしまうことである。だが、盲目を装っている以上、見てはいけないものを見て何らかの反応をしてはならない。反応したら、盲目ではないことが犯人にばれてしまい、彼は事件の目撃者として殺されてしまうからだ。彼は反射的な行動を懸命に抑える。盲目を装った故に巻き込まれ、目が見えるとばれていないが故に命が助かっているという、緊迫感あふれる秀逸なブラック・コメディーとなっている。

アーユシュマーンの演技は素晴らしかったが、『盲目のメロディ』は彼だけの映画ではない。まずは、渋いキャスティングにも注目だ。まずは、ラーディカー・アープテーがアーカーシュの恋人ソフィー役を演じる。彼女もニッチな映画によく出演する女優で、アーカーシュが盲人ではないと知ったときに激昂した演技が特に見物だ。また、アーカーシュが目撃する殺人事件で殺される往年の俳優プラモードを演じたのは、主に一九七〇年代に活躍したアニル・ダワンである。彼は、『スチューデント・オブ・ザ・イヤー 狙え！No.1!!』(12)でデビューした人気男優ヴァルン・ダワンの叔父にあたる。劇中には、アニルの過去の出演作の映像やポスターが使われており、年配のインド人観客には懐かしかったはずだ。他にも、プラモード殺害の直接の原因となった警官マノーハルを演じたマナフ・ヴィジや、ヤブ医者スワミ役のザキール・フセインなど、個性的な脇役俳優が揃っている。

だが、圧巻だったのは、プラモードの妻シミーを演じたタブーである。『その名にちなんで』(06)や『ライフ・オブ・パイ／トラと漂流した227日』(12)などに出演し、美貌と演技力の両方でインド映画界では九〇年代から定評のある女優だ。今回は、保身のためなら殺人も厭わない妖艶なマダム役を演じる。何をしでかすか分からない怖さがあり、アーカーシュを薬物で本当の盲人にしてしまったのもシミーである。ラーディカーと対峙する場面もあるが、一五歳年上のタブーの貫禄の前では、ラーディカーも小娘であった。

巻き込まれ型映画と言っても、アーカーシュは終始受け身で翻弄され続けるわけではない。盲目にされてからは、治療費の工面のために、シミーを人質に取って、マノーハルから身代金として一千万ルピーを奪い取ろうとする。しかし、この映画は完全犯罪型サスペンスではない。素人の考えた継ぎはぎだらけの犯罪であるため、どこかうまくいかない。しかも、犯罪に関わる人物の誰もが信用ならず、先が見えない。物語は思わぬ方向へと展開し、観客の想像力に委ねられる形で結末を迎える。あなたはこの結末をどう解釈するだろうか。

燃えよスーリヤ!!

浦川留

Mard Ko Dard Nahi Hota

❁2018年
❁ヒンディー語／英語
❁138分
［監督・脚本］ヴァーサン・バーラー
［出演］アビマニュ・ダサーニー／グルシャン・デーヴァイヤー／マヘーシュ・マーンジュレーカル

『The Man Who Feels No Pain』と英題が示すとおり、主人公は痛みを感じない男。ブルース・リーの『燃えよドラゴン』（73）をもじった邦題からアクション映画なのは自明だが、〝痛みを感じない〟ならむしろ戦うときに有利では、と考えた自分は早計だった。無痛症という先天性疾患は正式には「無痛無汗症」といい、痛みだけでなく熱さや冷たさ、のどの乾きを自覚できず火傷や感染症にもなりやすい難病。ヴァーサン・バーラー監督（脚本も）は、麻酔なしで治療できる患者の話を友人の歯科医から聞いたのが本作を撮るきっかけになったという。

生後まもなく母を亡くし、父と祖父と三人暮らしの少年スーリヤは、ケガや脱水を防ぐためのゴーグルとチューブ付き水筒をつねに装着して育つ。祖父の影響でアクション映画に心酔し、中でも空手マスターの「百人組手」ビデオに夢中になった彼の夢はカラテマンになることだ。

あるとき、仲良しの少女スプリが父親に虐待されるのを見かねてスーリヤはその父親を高所から突き落とし、一家は近隣から非難されてやむなく転居する。時は流れ、特訓で身体を鍛え上げた青年スーリヤは、女性を拉致しようとした男たちをバッタバッタとなぎたおす美女に一目惚れ。それは一二年ぶりに会うスプリだった。

本作でデビューした主演のアビマニュ・ダサーニーは、九ヶ月にわたり一日九時間のトレーニングを経てキレ味のいいアクションをものにした期待の新星。スプリ役のラーディカー・マダンはこれが二本目の出演作で、元ダンスインストラクターというだけあって同じくいい動きを見せて華がある。そして監督も本作が長編二本目となる新鋭。こうしたフレッシュな顔ぶれを支えるのが、空手マスターのマニとその双子でサイコパスのジミーを一人二役で演じた個性派グルシャン・デーヴァイヤーら中堅俳優たちである。彼らの存在感・安定感があってこそ本作は自主映画（失礼）でなく魅力的な商業映画として成立したように思える。

もう一人、個人的に一番気になったのがラストの決闘でスーリヤたちをたたきのめす用心棒、その名もサムライ（!）。ハンサムで、アクションが段違いに本格的で、こんなアクション俳優がボリウッドにいたのかと思ったら本作の武術指導だった。名前はプラティーク・パールマール。今後は俳優としてもぜひ活躍してほしいものだ。

さて、先に自主映画と書いたが、それはヴァーサン・バーラー監督が明らかに筋金入りのアクション映画オタクと分かるからである。ブルース・リー、ジャッキー・チェン、サニー千葉といったアジア系から『ターミネーター』『アベンジャーズ』シリーズなどハリウッド映画まで、オマージュというより自分の好きなものを詰め込んだ感のあるハイテンションな作りは、片腕ドラゴンならぬ片脚の空手マスターなどキャラクター設定にもうかがえて随所でニヤリとさせられる。きっと監督は無痛症というテーマと出会ったとき、まだ誰も作っていないアクション映画が作れる！　とひらめいたのだ。

もとよりアクション映画は、虐げられた主人公が強敵に立ち向かうという不変の構造を持つ。その中で、主人公が身体を張って戦うに至る強い動機や信条が物語の原動力となる。スーリヤにおいてはそれが無痛症というハンディであり、母の事故死の原因を作ったひったくり犯への怒りである。加えて本作は、不良どもを蹴ちらす空手の腕を持ちながらパワハラ父とその予備軍みたいな婚約者に逆らえないスプリの家庭問題にも切り込んで、それを解決するのはスーリヤではなくスプリ自身であることを示してもみせる。アクション映画愛を叫ぶだけではない、現代的・社会的テーマもこめた意欲作である。

率直にいえば、ためてためて爆発するアクションのカタルシスがもっとほしかった。さらに刈り込んだらA級映画に化けたかもしれない。だが、このB級感こそが監督の作りたかったものだとしたら？　それは十分に成功したといえるだろう。

インドのドキュメンタリー映画

ドキュメンタリー大国インド

松岡環

インドのドキュメンタリー映画の歴史は古い。初の長編劇映画『Raja Harishchandra［ハリシュチャンドラ王］』（13未）撮影時には、監督のダーダーサーヘブ・パールケーがメイキング映像を残していることから、その頃には「記録を映像で残す」という意識とノウハウが定着していたのは確かである。一九四七年のインド独立以前の記録映像もたくさん残っており、独立運動の父と言われたマハートマー・ガーンディーや政治指導者たちの動向、インド文化や日常生活の紹介等々、多岐にわたっている。

このように豊富な記録映画の存在があったため、独立直後の四八年には、「インド映画局」（FDI※1）という政府機関が、情報放送省傘下に設けられた。FDIは、独立後のインドで様々なドキュメンタリー映画を製作・配給していく任務を負い、製作したニュース映画、文化映画、政府のプロパガンダ映画等は、主として映画館での劇映画上映前に上映された。また、FDIは九〇年から、ドキュメンタリーとアニメ、短編映画に特化した「ムンバイ・ドキュメンタリー、短編、およびアニメーション映画祭」（MIFF※2）も開催している。

こんな環境もあってか、インドの映画監督にはドキュメンタリー映画の経験者が多く、劇映画志望の若手もまずドキュメンタリーを作る。そのため、日本で隔年に開催される山形国際ドキュメンタリー映画祭には、インド人監督の作品が必ず登場する。中でも常連と言えるのがアーナンド・パトワルダン監督で、右傾化するインドを捉えた『神の名のもとに』（92）や、核問題を扱った『戦争と平和　非暴力から問う核ナショナリズム』（02）などが山形で上映され、『戦争と平和』は日本版DVDも発売された。核軍備に走るインドの現状を見据え、日本の広

『ハリシュチャンドラ王』メイキングより。衣裳部屋のシーン

※1　Films Division of India
※2　Mumbai International Film Festival for Documentary, Short, and Animation Films

島や長崎にも取材した力作である。

さらに、山形で上映されたのち公開された作品は三本ある。コルカタのスラムで、目の不自由な両親を助けて暮らす少年の話『ビラルの世界』(08)、西インドのグジャラート州にある繊維工場の出稼ぎ労働者を捉えた『人間機械』(16)、そして、北東部ナガランド州の労働歌を記録した『あまねき旋律(しらべ)』(17)である。いずれも見応えのある秀作で、特に二〇一八年に公開された『人間機械』と『あまねき旋律』は、日本の観客にも強い印象を残した。

ラーフル・ジャイン監督の『人間機械』は、古ぼけた巨大な工場の中で、サリー用の布や、中東、アフリカに輸出する布地を染色し、プリントを施す労働者たちが主人公だ。彼らのほとんどは、列車で二日以上かかる東部インドから来ており、劣悪な環境で睡魔と闘いながら働いている。ベテランの出稼ぎ者もいれば、少年たちもいて、彼らを仕切っている仲介業者や工場経営者なども登場させながら、「地獄」のような工場で機械の一部と化す人々を描いていく。監督の祖父は以前、別の繊維工場の経営者だったそうで、そういう自分にも鋭い眼差しを向けた誠実なドキュメンタリーだ。

『あまねき旋律』

一方、『あまねき旋律』は、インドの東端、ミャンマー(ビルマ)と国境を接するナガランド州が舞台だ。日本人と同じモンゴロイド系の顔をしたナガ族のうち、ペク県在住の人たちは、皆で作業をする時に労働歌を歌う。棚田を代掻きする時も、草を取る時も、家を建てる時も、皆が集まると誰かが歌い出し、やがて様々なパターンのポリフォニー(多声合唱)が広がっていく。その豊かな歌の文化と、それを担う人々を描いたのが本作で、そこには「ナガの闘争」として知られるインド政府との闘いも登場する。監督は南インド出身のアヌシュカ・ミーナークシとイーシュワル・シュリクマールの男女二人組で、パフォーマンスを記録するプロジェクトのためインド全土を回るうち、最後に行ったナガランドでこの歌に出会ったという。

インドのドキュメンタリーには社会派作品が多いが、「私」ドキュメンタリーもあれば、映像コラージュ的作品もある。映画大国インドはまた、ドキュメンタリー映画大国でもあるのだ。

ガリーボーイ

高倉嘉男

Gully Boy

❁2019年
❁ヒンディー語
❁154分
［監督］ゾーヤー・アクタル
［出演］ランヴィール・シン／アーリアー・バット／シッダーント・チャトゥルヴェーディー／カルキ・ケクラン／ヴィジャイ・ラーズ／ヴィジャイ・ヴァルマー

ダニー・ボイル監督の『スラムドッグ$ミリオネア』（08）で一躍世界的に有名となった、ムンバイにあるアジア最大のスラム街ダラヴィ。そこで生まれ育った青年がラップに出合って人生の目的を見つけ、インドを代表するラッパーに成長するまでを、多数のラップと共に描き出したのが、『ガリーボーイ』である。

世界の音楽シーンの流行を貪欲に取り入れてきたインド映画音楽にヒップホップやラップが使われるようになって久しいが、ラップを主題にし、映画全体がラップという映画は本作が初めてだ。実在のダラヴィ出身インド人ラッパー、Naezy（ネィズィー）とDivine（ディヴァイン）の半生を参考にして物語が構築されている。

監督は『人生は一度だけ』（11）などのゾーヤー・アクタル。彼女の父親は、著名な脚本家・詩人のジャーヴェード・アクタルであり、弟のファルハーン・アクタルは、『ミルカ』（13）などで主演を務めたり、『闇の帝王DON ベルリン強奪作戦』（11）の監督をしたりと多才な人物だ。ゾーヤーは娯楽映画を撮れる女性監督の一人として業界内で一目置かれている。

題名の「ガリーボーイ」とは、主人公ムラドがラッパーとしてデビューする際に名乗った芸名で、「路地の少年」という意味だ。ムラド役を演じるのはランヴィール・シン。『パドマーワト 女神の誕生』（18）などの鬼気迫る演技に定評があるが、今回は、内にやるせない怒りを秘めたシャイな青年を演じた。インド映画では基本的に俳優ではなくプレイバックシンガーが歌を歌うが、劇中でガリーボーイが歌うラップは全てランヴィール自身が歌っている。

ヒロインは『スチューデント・オブ・ザ・イヤー 狙え！Ｎｏ.1!!』（12）でデビューしたアーリアー・バット。同世代の女優の中では抜きん出た演技力を持っており、今回もムラドの恋人サフィナを絶妙に演じ切っている。サブヒロインのスカイをカルキ・ケクランが演じているが、彼女も演技に切れのある女優だ。また、ムラドの父親をヴィジャイ・ラーズが演じている。

映画で使われるラップの作詞・作曲・歌には、ガリーボーイのモデルとなったネィズィーとディヴァインの他、多数のインド人ラッパーが参加している。また、終盤のラップ・コンテストではカームバーリーなど、本物のラッパーたちが対戦相手として出演している。さらに、米国の有名ラッパーNas（ナズ）がエグゼクティブ・プロデューサーになっている。ゾーヤー監督はラップ文化を相当下調べした上でこの映画を作っており、ラップに関して素人臭さは一切ない。ガリーボーイが歌う「Mere Gully Mein（俺の路地では）」や「Apna Time Aayega（俺の時代が来る）」などのラップは大ヒットとなり、映画も興行的に成功を収めた。インド人の多くは今まで何となくラップを耳にしていたと思われるが、この映画ができ、ラップバトルもストーリーに織り込まれたことで、ラップとは何なのかが本格的に知れ渡ることになった。

音楽に注目がいきがちな映画だが、映像も美しかった。実際にダラヴィで撮影されているが、決して上から目線の描写ではなく、そこに住む人々の赤裸々な姿や生活の様子を、等身大の映像で印象的に映し出している。ゾーヤー監督の類い稀な美意識が感じられる。

元々、ラップは現実を直視するところから始まった音楽文化である。ガリーボーイが歌詞にするのも、彼が日常生活で直面している、どうしようもない現実だ。母親に何の断りもなく二人目の妻を連れて来る父親、夜遅くまでパーティーをする富裕層と夜遅くまで働かなければならない貧困層の格差、犯罪に手を染めてでも助け合い生き抜いていかなければならないダラヴィでの過酷な生活。だが、同時にラップは、夢を現実に合わせるのではなく、現実を夢に合わせていく道筋も示してくれた。

『ガリーボーイ』は、虐げられてきた人々に、与えられた現実を素直に受け入れるのではなく、現実を変えていく勇気を持ち行動することを促す、力強い作品である。

KESARI ケサリ 21人の勇者たち

浦川留

Kesari

✿2019年
✿ヒンディー語
✿154分
［監督］アヌラーグ・シン
［出演］アクシャイ・クマール／パリニーティ・チョープラー／ラケシュ・チャトゥルヴェディ・オーム／ミール・サルワール

一八九七年、英領インド北部の国境地帯。シク教徒の軍曹イシャル・シン（アクシャイ・クマール）は緊張関係にあるイスラム教部族の女性の命を独断で救い、英国人上官の命令に反したとしてサラガリ砦に左遷される。サラガリ砦は二つの軍事基地を結ぶ通信中継基地で、駐屯する第三六シク連隊は新隊長イシャル・シンを含めて二一人の小所帯。ところがそこへ総勢一万のイスラム教部族連合軍が攻撃をかけてきた。

わずか二一人のシク連隊が一万の敵軍をむかえ撃った、戦史に残る〝サラガリの戦い〟。本作はその史実にもとづいたフィクションで、三〇〇人VS一〇〇万人の戦いを描いたハリウッド映画『300スリーハンドレッド』（07）のインド版ともいうべきアクション大作だ。

シク教はインドで人口の二％弱が信仰する少数派で、インドではまれな平等の思想を持ち、伝統的にシクの男は尚武の気風と高い戦闘能力で知られるという。主人公がシク教徒の映画は『ミルカ』（13）『フライング・ジャット』（16）などが公開・紹介され、戒律により男性も髪を切らず頭の上でまとめてターバンを巻くといったイメージは日本でもある程度定着しつつある。

それにしてもイシャル・シンたちのターバンの大きさには目をみはった。アクシャイ・クマールがかぶったターバンは重さ約六キロ。そのボリュームが長身をひときわそびえ立つように見せ、決死の覚悟の象徴であり獅子のたてがみの色でもあるケサリ（サフラン色）のターバンを着けた姿はまさに孤高のライオンのよう。彼を中心に二一人の勇士が砦の上に居ならぶ決めの構図は壮観だ。ちなみに彼らがターバンの上に斜めがけしている環状の金属はチャクラムという投擲武器で、さらにターバンには小刀も仕込まれていたことがクライマックスで示される。シクの武人にとってターバンは暗器（隠し武器）の備えも兼ねていた。

アクシャイ・クマールはボリウッドスターの中でもとびぬけて芸域の広い演技派であり、本格的に武術を学んだ肉体派でもある。本作でアクション監督をつとめたのは『マッドマックス 怒りのデス・ロード』（15）のローレンス・ウッドワードと、『WAR ウォー!!』（19）のパルヴェーズ・シャイフ。アクシャイ・クマールもさぞかし腕が鳴ったであろう、久しぶりに猛々しいバトルを見せてくれるのがうれしい。

ただしどんなアクション映画も人間ドラマなくして成立しない。本作は、主人公はもちろんサラガリ砦の部下たちの人間性がきちんと描きこまれているのも大きな見どころ。唯一兵士でなくシク教徒でもない料理人、いわば二二番目の男についても同様で、一人また一人と斃れていくシーンの悲壮感をいやましにする。一方で「お前たちの奴隷根性が育つのはこの国の土のせいだ」と辺境の荒地になぞらえてインド人を侮辱する英国人中尉と、「聖戦」をふりかざすイスラムの部族長はかなり定型的な悪役ポジションと言ってよく、彼らとは別に融和的な英国人やイスラム教徒も登場させることで特定の民族や宗教への嫌悪感をあおる演出を慎重に（周到に？）避けた作劇は十分に今日的である。

高倉嘉男氏によれば、インドの戦争映画における敵はイスラム教徒、英国、そしてパキスタンの三つに集約されるという。本作はその中の一つならず二つの要素をあわせ持つエモーショナルな愛国主義的作品である。とはいえ、なによりも見る者の脳裏にきざまれるのはシクの男たちの強い信仰心、誇り高き不屈さではないか。「サフランは武勇の色、殉教の色だ」と決意表明するイシャル・シンとその思いを共にする部下たちを、日本的感覚から特攻隊のように捉えることもできなくはない。しかし彼らの精神性は滅びの美学とは似て非なる、勇壮なシク教徒としてのプライドであり、『ドラゴン怒りの鉄拳』（72）でブルース・リーに「東亜病夫」の看板を蹴やぶらせた民族の誇りにも通じる、命にかえても守るべきアイデンティティである。

この映画はドラマとしてはフィクションだが、実際に二一人は敵兵を少なくとも一八〇人は殺したとされている。彼らの武勇は本物だった。

KESARI ケサリ 21人の勇者たち

インド映画と戦争

日本の戦争映画というと戦争の悲惨さや平和の尊さを強調する反戦映画も目立つが、インドでは戦争は国威発揚や愛国心喚起のために映画化されることがほとんどだ。

インドの戦争映画において主人公が戦う相手は、イスラーム教徒、英国人、そしてパキスタンの3つに集約されると言っていい。

インドの一般的な歴史観では、中世、平和に暮らしていたヒンドゥー教徒が、外来のイスラーム教徒に侵略されたことになっている。よって、まずはイスラーム教徒の外敵に対峙したヒンドゥー教徒の英雄が映画の題材になりやすい。近年では『パドマーワト 女神の誕生』(18) が代表例だ。また、近代になるが、シク教徒の主人公が英国軍の一兵士としてアフガニンスタンのイスラーム教徒部族と戦った『KESARI ケサリ 21人の勇者たち』(19) もこの範疇に入る。

次に、英国の植民地だったインドは、反英独立抗争の英雄を好んで映画とする。インドは戦争で独立を勝ち取った国ではないが、そこに至るまでに多くの志士たちが英国人に立ち向かい、命を落としてきた。『ボース ー忘れられた英雄』(04) や『マニカルニカ ジャーンシーの女王』(19) が特筆すべきだ。彼らの努力と犠牲の上にインド独立が達成されたという結末になることが多い。

最後に、インドは過去に3回、隣国パキスタンと戦火を交えているが、これら印パ戦争も映画の材料になっている。だが、21世紀にもっとも映画化されている戦争は、「宣戦布告なしの戦争」と言われる、1999年のカールギル紛争である。武装勢力がパキスタン側からインド北部に侵入し始まったこの紛争は、核保有国同士の軍事衝突であり、全世界に緊張が走った。最終的にはインドの勝利に終わったとされている。『レッド・マウンテン』(03) で映画化されて以降、最新の『グンジャン・サクセナ ー夢にはばたいてー』(20) まで、数々の映画の下敷きになってきた。

上記は全て、過去に起こった実際の戦争を題材にした愛国主義映画だ。そのため、どうしても敵の描写が一方的になってしまい、彼らの感情を傷つける内容になる欠点がある。その一方、『バーフバリ』シリーズや『マガディーラ 勇者転生』(09) は完全フィクションの戦争映画とも言え、特定のコミュニティーを攻撃する要素は薄い。

(高倉嘉男)

Kesari

マニカルニカ ジャーンシーの女王

カンガナー・ラーナーウト

カンガナー・ラーナーウトは、1987年3月23日、ヒマーチャル・プラデーシュ州に生まれた。当初は親に言われて医者になる予定だったが、進路を変更し16歳でデリーへ。デリーでは演劇の訓練を受け、やがて映画俳優を目指してムンバイに移る。

ムンバイではアヌラーグ・バス監督作『Gangster〔ギャングスター〕』(06未)のヒロイン役を、幸運も味方して見事にゲット、デビューを飾る。韓国ロケによるこのクールなギャング映画は注目され、カンガナーはフィルムフェア賞の新人女優賞を獲得する。続いて、『Life in a...Metro〔大都会の生活〕』(07未)と『Fashion〔ファッション〕』(08未)でも印象に残る演技を見せ、後者ではフィルムフェア賞と国家映画賞の助演女優賞を獲得。この映画はプリヤンカー・チョープラー主演でファッション業界の内幕を描いたものだが、プリヤンカーも両方の賞で主演女優賞に輝き、作品は注目を集めた。

以後も順調で、テルグ語映画『Ek Niranjan〔一匹狼〕』(09未)ではプラバースとも共演している。さらに彼女の個性を際立たせたのが『タヌはマヌと結ばれる』(11)で、R・マーダヴァン演ずる見合い相手を前に、エキセントリックな振る舞いを重ねるタヌ役はカンガナーにまさにピッタリ。ヒット作となって作られた続編『Tanu Weds Manu Returns〔戻ってきた、タヌはマヌと結ばれる〕』(15/Netflixで配信)では二役をこなし、タヌはカンガナーの当たり役となった。

もう一つの出世作は『クイーン 旅立つわたしのハネムーン』(14)で、フィルムフェア賞と国家映画賞の主演女優賞を獲得、トップ女優の仲間入りを果たす。『クイーン』では台詞台本執筆にも挑戦、また歴史劇『マニカルニカ ジャーンシーの女王』(19)では一部監督もするなど、仕事の幅を広げつつある。

(松岡環)

『マニカルニカ ジャーンシーの女王』

Kangana Ranaut

マニカルニカ ジャーンシーの女王

高倉嘉男

Manikarnika: The Queen of Jhansi

❀2019年
❀ヒンディー語
❀148分
［監督］ラーダ・クリシュナ・ジャガルラームディ
［出演］カンガナー・ラーナーウト／ジーシュ・セーングプタ／スレーシュ・オベロイ／アトゥル・クルカルニー

インドでは、血気盛んな女性は「ジャーンシーの女王」と呼ばれることが多い。第二次世界大戦時、インド独立のために戦ったインド国民軍には女性部隊があったが、その名称も「ジャーンシーの女王」部隊であった。

「ジャーンシーの女王」とは、北インドにあったジャーンシー藩王国の女王ラクシュミー・バーイーのことだ。彼女は、英国東インド会社に全土が併合されようとしていた一九世紀半ばのインドにおいて、最後まで自ら剣を振るって英国人と戦った英雄である。

『マニカルニカ ジャーンシーの女王』は、ラクシュミー・バーイーの人生を綴った伝記映画であり、彼女と英国東インド会社との戦いを描いた戦争映画であり、また、国のために命を捧げることを訴える愛国映画である。

ラクシュミー・バーイーを演じるのは、ヒンディー語映画界の「ジャーンシーの女王」、カンガナー・ラーナーウトだ。『クイーン 旅立つわたしのハネムーン』(14)での好演が記憶に新しいカンガナーは、何の後ろ盾もなく映画業界に乗り込んで成功を摑んだ叩き上げの女優であり、色白の美貌に加えてずば抜けた演技力で高い評価を得ている。一方で、近年では大物に対しても歯に衣を着せぬ発言をすることでも注目を集めており、業界内に敵を増やしている。

彼女は、この映画の「監督」を巡っても問題を起こしている。『マニカルニカ』は、テルグ語映画監督のラーダ・クリシュナ・ジャガルラームディ（クリシュ）と主演のカンガナーが監督としてクレジットされている。カンガナーにとってこれが初監督作だ。だが、単純な共同監督ではなく、カンガナーと衝突したクリシュが途中で降板してカンガナーが引き継いだとされる。

クリシュは、七割は自分が撮ったと証言している。クリシュの降板に伴ってキャストにも大幅な変更が加えられ、相当数の撮り直しやカットがあったようである。

しかしながら、『マニカルニカ』において、王妃にふさわしい振る舞いを足蹴にし、寡婦としての生き方にも従わず、戦場で馬を駆り剣を振りかざして、目を見開き咆哮する彼女の姿を見ていると、親の反対を押し切って女優の道を突っ走り、孤軍奮闘している彼女の半生を重ねずにはいられない。そしてそれは、彼女の半生の再現に留まらず、自分自身が現代インド人女性のモデルになろうとする野心にも見える。

役作りにおいてもいっさい妥協なしだ。カンガナーは戦闘シーンを自ら演じるために剣術や乗馬をマスターした。撮影中の事故で額を剣で切り、一五針を縫う怪我までしている。顔が命の女優とは思えない気合いの入れ方だ。女性中心の戦争映画ということもあって、逆に戦争シーンで弱みを見せたくなかったのだろう。それ故に剣劇や戦闘のシーンは迫力がある。彼女がただならぬ意気込みでこの映画に臨んだのは確かで、インドの一般的な女優のレベルを遥かに超えた、鬼気迫る演技が強烈に目に焼き付く。

一般的なインド映画では、男性スターが格好いいところを全て持っていってしまうが、カンガナー入魂の『マニカルニカ』は真逆であった。カンガナー演じるラクシュミー・バーイーが全ての決断をし、全ての戦争を戦い、全ての問題を解決する。周囲の男性は、臣下は元より、夫のガンガーダル王すらも、添え物に過ぎない。ジーシュ・セーングプタ、アトゥル・クルカルニーなど、巧い男優が脇を固めているのだが、特筆すべき場面はなく、とにかくカンガナーのヒーローぶりだけが際立っていた。ちなみに、ラクシュミー・バーイーがジャーンシー城の城壁から、馬に乗り、子どもを背負って飛び降りるシーンがあるが、これは勝手な脚色ではなく、彼女の武勇伝として民衆が語り継いできた有名な場面である。

『マニカルニカ』は、興行的にも、女性スター中心の映画としては異例のヒットとなり、カンガナーは「単独で稼げる女優」としての地位をより確固たるものとした。

きっと、またあえる

高倉嘉男

Chhichhore

❀2019年
❀ヒンディー語／英語
❀143分
［監督］ニテーシュ・ティワーリー
［音楽］プリータム
［出演］スシャント・シン・ラージプート／シュラッダー・カプール／ヴァルン・シャルマ／プラティーク・バッバル／ターヒル・ラージ・バシン／ナヴィーン・ポリシェッティ／トゥシャール・パーンデー／サハルシュ・クマール・シュクラ

日本でも大ヒットした『きっと、うまくいく』(09)では、架空のエリート工科大学に入学した「三馬鹿」のハチャメチャな大学生活が描写されていた。モデルとなったインド工科大学（IIT）は、毎年百万人いる受験生の内の一万人しか合格しない超難関校である。では、不合格となった九九％の受験生の人生はどうなるのか。『きっと、うまくいく』で描写されなかった、インドの教育分野における別の闇に踏み込み、同作に劣らぬ娯楽作品にまとめ上げたのが『きっと、またあえる』である。

『きっと、またあえる』は『きっと、うまくいく』の続編ではない。邦題が似ているだけで、監督やキャストは全く異なる。監督は、『ダンガル きっと、つよくなる』(16)のニテーシュ・ティワーリー。主演はスシャント・シン・ラージプートとシュラッダー・カプール。悪役を名女優スミター・パーティルの息子プラティーク・バッバルが演じる他、多数の個性的な脇役が出演している。

映画は、現代と九〇年代を往き来しながら進む。現代のシーンでは、IITボンベイ校をモデルにした架空の「国立ボンベイ工科大学」の卒業生夫妻アニとマヤの息子ラーガヴが、両親と同じ大学を受験して不合格となり、自殺未遂する。受験前から父親のプレッシャーにさらされていたラーガヴは、受験失敗により「負け犬」になったと考え、上階から飛び降りたのである。インドの受験戦争は熾烈を極めており、受験での失敗を苦にした自殺は、実際に深刻な社会問題となっている。集中治療室で生死をさまようラーガヴに対し、父親のアニは、自分も「負け犬」だったと明かし、大学時代の話をし始める。その回想が九〇年代のシーンだ。

国立ボンベイ工科大学に入学したアニは、大学構内にある一〇の寮のうち、「負け犬」のたまり場とされる四号寮に入寮した。四号寮は、建物が古く、部屋が狭く、寮食の飯もまずかったが、何よりの汚名が、毎年恒例の寮対抗スポーツ大会「ゼネラル・チャンピオンシップ（GC）」で万年最下位だったことだ。GCでは、各寮の代表選手がクリケット、サッカー、バレーボール、バスケットボール、ホッケー、バドミントン、卓球、リレー、重量挙げ、キャロム、チェスなどの競技を行い、総合得点で寮の順位が決まる。アニたちがライバル視する三号寮は近年GCで優勝し続けていた。アニは、四号寮の愉快な仲間たちと共に、「負け犬」のレッテル返上のため、あの手この手でGCでの優勝を目指す。

ティワーリー監督自身がIITボンベイ校の卒業生であり、彼の大学時代の思い出をもとに九〇年代のシーンは構築されている。女子学生が稀少な工科大学における男子学生たちの渇望、先輩と後輩の絆を深めるラギング（新入生いじめ）、そして何より一癖も二癖もある寮生たち。インドの大学寮生活をかなり忠実に再現している。さらに、実際にIITボンベイ校でロケが行われており、寮の建物までリアルである。

現代のシーンと九〇年代のシーンが共通して発信しているのは、「結果の如何ではなく、努力をしたかどうかが勝ち負けを決める」という、日本人でも共感しやすいメッセージだ。アニたちがGCで優勝するために行った「努力」の中には卑怯な手も含まれるのだが、インドでは策略も努力のうち。力で勝てなければ頭で勝つのがインド流である。

著しい経済発展を遂げ、成功者がもてはやされる風潮がインドでは顕著となっているが、その一方で成功者の影に隠れて見えない無数の失敗者にスポットライトを当て、失敗した後にもまた人生があるという大切な事実を示した本作は、現代のインドに必要な映画だったと言える。批評家から絶賛され、大ヒットした。

受験生の自殺問題を扱った『きっと、またあえる』だが、この作品で、シャイだが純朴な青年アニを好演したスシャントは、将来を嘱望された若手俳優だったものの、残念ながら二〇二〇年に自殺して早世した。はっきりした動機は分かっていないが、映画業界内での確執を苦にした自殺だったとされている。

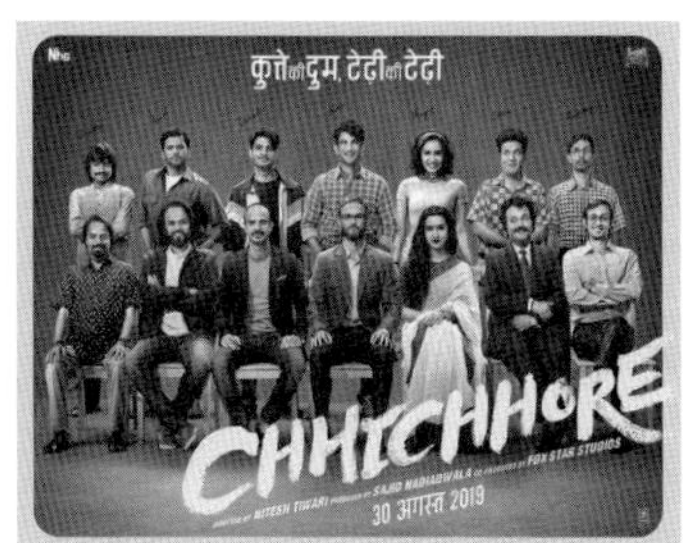

WAR ウォー!!

浦川留

〝ハリウッド映画顔負け〟や〝ハリウッドばり〟という一種の定型表現がある。主に大規模な銃撃戦やカースタントやVFXを売りにするアクション映画のまくらことばで、評価基準は多額の製作費をかけたスケール感だ。一方で生身のアクションが好きなファンは、ハデな絵面やメカニックの投入以上に、誰が、いかに卓越したパフォーマンスを見せるかを注視する。

現在、この両方（物的・人的パワー）を高水準で満たせるのはボリウッドに代表されるインド映画界が筆頭だろう。『WAR ウォー!!』を観てその思いを強くした。主な理由を三つ挙げる。一・世界屈指の娯楽映画大国である。二・スターたちのオーラがとてつもない。三・スターたちの身体能力がただごとでない。中でもハリウッドをはるかにしのぐのが三である。

インド映画は、登場人物が急に歌って踊り出す。そういう映画ばかりでないのは承知のうえで言わせてもらうと、この「踊り」こそは世界に誇るインド映画の最たる強み。武道の世界に〝武は舞なり〟という言があるが、アクションと舞踊は身体の用法において相通じるものを持ち、たとえばブルース・リーはダンスの名手だったし、ミシェル・ヨーは幼少期からバレエをやっていた。映画のアクションは〝見せる（魅せる）〟演出が不可欠で、インドのスターのたしなみともいえるダンスの素養はアクションのスキルにも寄与するところ大なのだ。

そこで『WAR ウォー!!』だが、やはり一番の見どころは二大アクションスター、リティク・ローシャンとタイガー・シュロフの超人的ダンスと過激なアクションの数々。しかもロケ先がモロッコ、イタリア、ポルトガル、はては北極圏にまでおよぶ超大作とくれば、いわばボリウッドスター主演で『ミッション・インポッシブル』シリーズや『ワイルド・スピード』シ

❁2019年
❁ヒンディー語
❁151分
［監督］シッダールト・アーナンド
［音楽］ヴィシャール＝シェーカル
［出演］リティク・ローシャン／タイガー・シュロフ／ヴァーニー・カプール／アーシュトーシュ・ラーナー

WAR

リーズを撮ったようなものである（余談ながら、次のジェームズ・ボンド役はインド映画のスターではどうかと私はかなり本気で思っている）。

国軍の精鋭カビール（リティク・ローシャン）が上司を殺して逃亡し、部下のハーリド（タイガー・シュロフ）は尊敬していたカビールを追う立場に。事件の背後では恐るべきテロ計画が進んでおり、ハーリドは再会したカビールと一度は再び手を組むが……。と、物語は誰が敵で誰が味方か最後まで読ませない怒涛の展開。最大のどんでん返しはかつてジョン・ウーがハリウッド作品で使った禁じ手すれすれのトリックで、「やられた」というより「やっちまった」感もなくはない。本作に辛口評価の人は、この強引さか、あるいは綺麗どころの域にとどまるヒロインの描かれ方あたりが原因かもしれない。

とはいえ、舞台がいきなりマチュピチュに飛んで歌舞シーンが始まる（『ロボット』(10)のような）異次元の見せ場づくりはインド映画の王道の一つ。慣れていないと当惑するが慣れるとくせになる楽しさで、そこが純正のハリウッド映画とは一概に優劣を比べられないところだ。

ホモソーシャル映画としての観点からいうと、モデルさながらのルックスに鋼鉄の筋肉を装着した男たちの絆はこれまたジョン・ウー映画の影響を強くうかがわせ、二人を画面の左右に配した構図の多用、銃撃シーンにおけるツーマンセルや横っとびのアクション、あふれんばかりのケレン味、クライマックスの教会シーンに至るまで、要所要所でシッダールト・アーナンド監督にジョン・ウーが憑依したかのよう。その意味では本作は〝ハリウッドばり〟という以上に〝香港映画ばり〟である。

一九七四年生まれのリティク・ローシャンはボリウッドきってのダンス巧者で、骨盤の上と下が別な生き物のようにすら見える軽やかでウェービーなステップは絶品。その後継者的存在と言えるのが九〇年生まれのタイガー・シュロフで、ダンスもアクションも世界レベルの実力を発揮してスター街道を爆走中だ。そんなタイガーにとってリティクは少年時代から憧れのスター。そう知って見ると、この二世代スターの競演が劇中のカビールとハーリドの関係にも重なって見えてひときわグッとくる。

WAR © 2019 YASH RAJ FILMS PVT. LTD.

WAR ウォー!!

リティク・ローシャン

踊ってなんぼのインド映画スターだが、意外にもヒンディー語映画界ではかつて、踊りで売っている男優は多くなかった。そんな状況を一人で一変させたのがリティク・ローシャンであった。

リティクは1974年1月10年、ボンベイ（現ムンバイ）生まれ。父親は俳優・監督のラーケーシュ・ローシャン、叔父は音楽監督のラージェーシュ・ローシャン。幼い頃から子役として映画に出演したり、父親の助手を務めたりして、恵まれた環境に育った。だが、彼には右手の親指が2つあるという身体的なコンプレックスがあり、必ずしも順風満帆の子ども時代ではなかったようだ。20代には脊椎側彎症も患った。

父親の監督する『Kaho Naa... Pyaar Hai〔言って…愛してるって〕』（00未）で主演として銀幕デビューした。この作品の大ヒットで、3カーンの次代を担う若手のホープとして注目を集める。ハンサムな顔立ちも受けたが、何より話題となったのが、彼の超人的なダンススキルであった。リティクの影響なのか、彼の後にデビューした男優たちは概してダンサーとしても優秀だ。

デビュー作もそうだが、リティクが必ず成功を収めるのは、父親の監督作だ。特に『Koi... Mil Gaya〔誰かに…出会った〕』（03未）から始まるシリーズは、2作目『Krrish〔クリシュ〕』（06未）、3作目『クリッシュ』（13）と、全て大ヒットとなった。当初はそれが弱点でもあったのだが、次第に独り立ちし、『Dhoom：2〔騒乱2〕』（06未）、『人生は二度とない』（11）など、多様なプロジェクトで成功を収め、現在ではもっとも信頼できるスター男優の一人と見なされている。

日本公開の主演作には『WAR ウォー!!』（19）がある。彼の肉体美とダンススキルを堪能できる作品だ。

（高倉嘉男）

『WAR ウォー !!』

Hrithik Roshan

ミッション・マンガル 崖っぷちチームの火星打上げ計画

アクシャイ・クマール

アクシャイ・クマールは、大スターにしては珍しい経歴の持ち主だ。1967年9月9日、パンジャーブ州アムリトサルで生まれた彼は、高校時代から空手を習っていた。カレッジを中退すると武術修行のためバンコクに赴き、5年間ムエタイやテコンドーを学んだ。帰国後、旅行会社、ホテル、宝石店などでの仕事を経て、ムンバイで武術を教えていた時、生徒の父親に勧められてモデルに転身する。そこから映画界に入るのである。

映画デビューは91年の主演作『Saugandh〔誓い〕』(未)だが、人気が出たのは翌年の『Khiladi〔戦う人〕』(92未)から。以後、「キラーリー」がアクシャイの代名詞となり、アクションとコメディをまぶした作品に数多く出演した。

2000年にはバディものコメディ『Hera Pheri〔いんちき〕』(未)がヒットし、この頃から、人柄も見た目もいいのに少々間抜けな主人公を演じることが多くなる。やがて、『Welcome』(07未)や『Housefull』(10未)等バディものコメディが大ヒットしてシリーズ化、アクシャイはそれらの要として人気が上昇する。一方単独主演作では、笑いの中に一本筋が通ったキャラクターを演じて、映画賞へのノミネートも多くなった。

さらに飛躍するのが10年代に入ってからで、『オーマイゴッド 〜神への訴状〜』(12／Netflixで配信)の神様役など、個性が光る役柄が増え始める。実在の人物や出来事に基づく作品の増加も追い風となり、国家映画賞主演男優賞を受賞した『ルストムの裁判』(16)や、『パッドマン 5億人の女性を救った男』(18)、『KESARI ケサリ 21人の勇者たち』(19)など、スター・オーラを消し何者にでもなるアクシャイの演技力には磨きがかかる一方だ。

アクシャイの出演料は22年公開作で13億5千万ルピー(約23億円)と恐らくトップ。当分、彼の時代は続きそうである。 (松岡環)

『パッドマン 5億人の女性を救った男』

Akshay Kumar

ミッション・マンガル 崖っぷちチームの火星打上げ計画

夏目深雪

Mission Mangal

❁2019年
❁ヒンディー語
❁130分
[監督]ジャガン・シャクティ
[音楽]アミット・トリヴェディ
[出演]アクシャイ・クマール／ヴィディヤ・バラン／タープスィー・パンヌー／ソーナークシー・シンハー／シャルマン・ジョシ／ニティヤー・メネン／キールティ・クルハーリー

『パッドマン 5億人の女性を救った男』(18)で女性を因習から救ったアクシャイ・クマールが、今度はアジア初の火星探査機打ち上げに成功したインドのISRO(インド宇宙研究機関)のチームのリーダー、ラケーシュを演じる。『パッドマン』のフェミニズム路線をしっかり引き継いでいるのは、製作チームが『パッドマン』と同じなのを見ても明らかだろう。

冒頭、主婦が忙しそうに朝の支度をし、夫や父、子どもたちの世話をしているのを映し出す。いかにもよき母・妻であるタラ(ヴィディヤ・バランが好演)が車で向かった先はISRO。実は今日は大事なロケットの打ち上げの日でタラはそのプロジェクトのディレクターなのである。打ち上げ前のカウントが始まる。タラは小さな異常をメンバーに報告されるが、確認後ラケーシュにOKを出す。ロケットが発射され、みな祈るように見守るが、ロケットは火を噴き、傾き、ついにラケーシュは爆破命令を出さざるを得なくなる。ロケット打ち上げは失敗したのだ。

タラはすぐにラケーシュに自分の判断ミスだと謝る。記者会見が始まり、記者に「誰の責任ですか?」と問われたラケーシュは「自分の責任です」と言う。ここまでで一〇分。冒頭タラのシーンから始まったことからも、この映画の主人公はラケーシュとタラの二人である。タラが良き母・妻であると同時に優秀な科学者であることも分かり、ラケーシュがユーモアがあり(失敗した後すぐに鼻歌を唄いお菓子をつまむ可愛らしさ)、部下思いのよい上司であることも分かる。タラの家事をこなす忙しさとロケット打ち上げ前の高揚感が途切れなく続き、スピード感のもと観客は二人のキャラクターを自然に理解する。見事なオープニングである。

昔は『ライトスタッフ』(83)など、宇宙ものと言えば男のドラマだった。実際は宇宙飛行士のみならず宇宙計画に携わるスタッフにも女性はいたのだが。六〇年代のNASAを舞台に黒人女性のスタッフ三人の貢献を映画化した『ドリーム』は二〇一六年の製作。女性差別とともに黒人差別も射程に入れた重厚な作品である『ドリーム』に較べ、『ミッション・マンガル』は八人のうち五人が女性というチームを描き、女性讃歌の側面もあるが、それよりも「バディ・ムービー」のような軽やかさが特徴だ。「バディ・ムービー」のバディは同性が多いが、ラケーシュとタラは異性ながら息のあったコンビネーションを見せる。失敗後、二人は火星探査機打ち上げという閑職に飛ばされてしまうのだが、タラはプーリー（揚げパン）が途中で火を切っても余熱で揚がることから、小さなロケットでも火星に到達する画期的な方法を思いつく。二人はその後も様々な困難に出会うのだが、その度にタラは主婦的な節約術から打開策を思いついたり、それをもとにトップたちを説得するラケーシュのリーダーシップによって乗り越えていく。

チームメンバーも経験の浅い者ばかりを押し付けられてしまうのだが、その彼らも多彩な魅力を見せる。狭い自宅で姑に「いつ妊娠するの？」と毎日のように嫌味を言われているヴァルシャー。夫に浮気され家を出たが、ムスリム故にアパートをなかなか借りることができないネハ。童貞のパルメーシュワルに退職間近のアナント。明らかに「精鋭」とは程遠い顔触れなのだが、そんな彼らが一致団結し、お互いの能力を限界まで出し切り、火星探査機打ち上げに成功する過程は手に汗握るスリルと爽快感がある。

だが、なんと言ってもアクシャイ・クマールである。どうしてもテーマ的に国威発揚のようなニュアンスが出てしまうが、『KESARI ケサリ 21人の勇者たち』（19）を見ても、そのニュアンスを出しながら嫌味がないのはもはや彼しかいない。『チャンドニー・チョーク・トゥ・チャイナ』（09）で国辱的（！）なほど頭の弱い役をやったり、『ロボット2・0』（18）では悪役を務めた下積み感と幅の広さが理由だろうか。彼のまさに今が旬であろうシャイな笑顔とホットなハートにやられてしまう一本である。

インド映画アンケート

インド映画の達人の3人に、インド映画オールタイムベスト10と、今、もっとも注目している10人を聞きました。

松岡環

インド映画オールタイムベスト10

A『炎』(75)
B『アマル・アクバル・アントニー』(77)
C『家族の四季 愛すれど遠く離れて』(01)
D『運命の糸』(06)
E『恋する輪廻 オーム・シャンティ・オーム』(07)
F『きっと、うまくいく』(09)
G『裁き』(14)
H『バーフバリ』二部作(15、17)
I『Kumbalangi Nights［クンバランギの夜］』(19未)
J『戦争と平和 非暴力から問う核ナショナリズム』(02)

私の永遠のベストワンは『炎』。見事なせりふの数々は普段でも脳内を駆け巡っている。B〜Fは字幕を担当した作品ゆえの思い入れもあるが、それぞれの時代における名作だと思う。特に、女性の自立を早い時期に描いた『運命の糸』は忘れがたい。『裁き』はとてもトリッキーな作品で、何度見ても飽きない。『バーフバリ』は説明不要だろう。マラヤーラム語映画『クンバランギの夜』は四人兄弟の話で、脚本も出演者たちのアンサンブルも見事。ドキュメンタリー『戦争と平和』は、核問題を考える際の手引きになってくれる良作だ。

注目しているインド映画人10人

A アーユシュマーン・クラーナー(男優・歌手)
B ブーミ・ペードネーカル(女優)
C タープスィー・パンヌー(女優)
D パンカジ・トリパーティー(男優)
E ヴィジャイ・セードゥパティ(男優)
F ファハド・ファーシル(男優)
G チャイタニヤ・タームハネー(監督)
H パー・ランジット(監督・プロデューサー)
I スダー・コーングラー(監督)
J ボスコ＝シーザー(舞踊監督)

A〜Dはボリウッド俳優。最初の三人は堅実な作品に多く主演しており、彼らの出演作なら見応えは保証付き。Dは脇役俳優だが、味のある俳優として最近引く手あまた。彼が出ると映画が面白くなる。Eはタミル語映画の、Fはマラヤーラム語映画のクセ者名優。Gはマラーティー語『裁き』(14)の監督で、新作は『The Disciple［弟子］』(20)。Hはタミル語『カーラ 黒い砦の闘い』(18)を、Iの女性監督もタミル語『ファイナル・ラウンド』(16)を撮っているが、どちらも気骨のある作品を作る。Jの二人組は『WAR ウォー!!』(19)等を担当した、今一番脂の乗った舞踊監督ペアである。

高倉嘉男

インド映画オールタイムベスト10

A 『ラガーン』(01)
B 『きっと、うまくいく』(09)
C 『神が結び合わせた二人』(08)
D 『Rang De Basanti〔愛国の色に染めろ〕』(06未)
E 『デーヴダース』(02)
F 『Jab We Met〔私たちが出会ったとき〕』(07未)
G 『恋する輪廻 オーム・シャンティ・オーム』(07)
H 『ロックスター』(12)
I 『デーヴ・D』(09)
J 『血の抗争』(12)

筆者は二〇〇一年から一三年までヒンディー語研究のためにデリーに住んでおり、勉強と趣味を兼ねて毎週映画館に通っていた。ちょうどインド映画が劇的に進化していた頃のヒンディー語映画の中から、思い出深いものを一〇本選んでみた。Aはインドに住み始めて最初に観たインド映画で、「インドではこのレベルの映画が毎週公開されるのか!」と驚いた記憶がある。Bは今でもインド映画の最高傑作だ。プレビューで観たため日本人で最初に観た自信がある。Cはインド製ロマンス映画の最高傑作だと信じて疑わない。多くは日本でも何らかの形で上映済みである。

注目しているインド映画人10人

A アヌラーグ・カシャップ(監督)
B イムティヤーズ・アリー(監督)
C ラーケーシュ・オームプラカーシュ・メヘラー(監督)
D ラージクマール・ヒラニ(監督)
E ナワーズッディーン・シッディーキー(男優)
F アーユシュマーン・クラーナー(男優)
G ラージクマール・ラーオ(男優)
H ブーミ・ペードネーカル(女優)
I アミト・トリヴェーディー(音楽監督)
J カンガナー・ラーナーウト(女優)

長年デリーに住んでいたこともあり、デリーの香りのする監督や作品が好きだ。A~Cはデリーを経てムンバイへ渡った監督たちの一部で、勝手に「デリー派監督」と呼んでおり、彼らの作品は必ず観たいと思わせられる。Dはインド娯楽映画界最高峰の監督で、今後も外せない。E~Hは技巧派の俳優たちで、彼らの出演する映画には何かあると期待してしまう。Iは少し聞いただけで作曲者が分かるような作家性のある音楽作りをしていて好きだ。Jは叩き上げの優れた女優なのだが、どちらかというと場外乱闘の方で注目している。

安宅直子

インド映画オールタイムベスト10

A 『シャンカラーバラナム〜魅惑のメロディ』(79/テルグ語)
B 『踊り子』(81/ウルドゥー語)
C 『Ananda Bhairavi〔喜悦のバイラヴィ〕』(83未/テルグ語、カンナダ語)
D 『Malaya Marutha〔山の涼風〕』(86未/カンナダ語)
E 『Bharatham〔舞踊〕』(91未/マラヤーラム語)
F 『Annamayya〔楽聖アンナマイヤ〕』(97未/テルグ語)
G 『Sangamam〔合流点〕』(99未/タミル語)
H 『Style〔スタイル〕』(06未/テルグ語)
I 『Jaatishwar〔前世の記憶〕』(14未/ベンガル語)
J 『Katyar Kaljat Ghusali〔心を貫く剣〕』(15未/マラーティー語)

パフォーミング・アートに従事する人間の生きざまを描く「芸道もの」から選んだ。よく「意味もなく歌い踊りだす」と揶揄されるインド映画だが、登場人物に歌い踊る必然性が備わるとなるとパワー倍増で、歌い倒し踊りまくるものとなり、裏で支える作曲家や歌手もふだん以上に気合いが入る。歌や踊りが繰り広げられると同時に、カーストの桎梏、世俗的な幸福の断念、芸術家同士のエゴの衝突などもドラマチックに描かれ、クライマックスは芸事対決と、インド映画の楽しみの原点が詰まっている。特にDとIはインドでしかありえない仰天ストーリー。

注目しているインド映画人10人

A マドゥパール(監督)
B ドゥニヤ・スーリ(監督)
C パワン・クマール(監督)
D シュリージト・ムカルジー(監督)
E ミシュキン(監督)
F パー・ランジット(監督・プロデューサー)
G モーハナクリシュナ・インドラガンティ(監督)
H サーイ・パッラヴィ(女優)
I サントーシュ・ナーラーヤナン(音楽監督)
J ミッキー・J・メイヤル(音楽監督)

Aはマラヤーラム語、BとCはカンナダ語、Dはベンガル語、EとFはタミル語、Gはテルグ語の、ニューウェーブ映像作家たち。『帝王カバーリ』(16)、『カーラ 黒い砦の闘い』(18)のFは、ダリト(不可触民)映画の旗手として特異な存在。Eはやはり低層の人々を主なテーマとしながら、情念と運命の絡まりや、極限の悲惨の中の崇高といったものを表現主義的な筆致で描く。Hは西ガーツ山地の部族民という特異なルーツをもつ女優。個性的美貌と迫力低音ボイスで活躍中。Iは現在のタミル語映画界でアニルドと並ぶトップ音楽監督。Jはタテノリが席巻するテルグ語映画音楽界の叙情派。

第2章

インド映画キーワード辞典

高倉嘉男

❀❀❀

世界最大の映画大国インドでは、
娯楽が多様化した現代においても、
映画は唯一無二の「娯楽の王様」として、
あらゆる娯楽の頂点に君臨し続けている。
そして、インド映画は、100年以上に
わたる歴史の中で、紆余曲折を経ながら、
独自の発展をしてきた。
映画中に挿入される歌や踊りはその
代表例であるし、強固なスターシステムが
健在なのも大きな特徴である。
また、映画は社会を映す鏡であることから、
多言語国家、多宗教国家としての
側面や独特で多様な文化も、
インド映画には如実に反映されている。
8つのキーワード——「地域」、「歌＆音楽」、
「踊り」、「映画監督」、「スター」、
「ジェンダー」、「カースト制度」、「宗教」
——からインド映画を読み解き、
その深い魅力に迫る。

【地域】言語ごとに製作が行われ切磋琢磨するダイナミズム

インドは多言語国家である。インド憲法で公用語扱いされている言語だけでも二三言語あり、全ての言語を数えると何百とある。映画がトーキー化されて以来、インド映画は言語ごとに製作されるようになり、インド各地に各言語の映画製作拠点ができた。興味深いのは、それぞれの地域で特色ある映画作りが行われ、各映画界にスターがおり、地元に強固なファン層を抱えていることである。

語族

ただ、インドが多言語国家といっても、実は「語族」という言語学の観点からインドの言語を分類すると、たった四つの語族にまとめることができる。北インドの言語のほとんどはインド・ヨーロッパ語族に属し、お互い親戚関係にある。この語族は、英語やドイツ語など、ヨーロッパ諸語とも遠い親戚にあたる。

その一方で南インドの言語はドラヴィダ語族と呼ばれ、北インドの言語とは全く系統が異なる。それ以外の語族は、シナ・チベット語族とオーストロアジア語族であるが、これらの話者は少数派である。

インドで映画が作られている言語は五〇ほどあるが、活発に映画作りが行われている言語となると、実際にはインド・ヨーロッパ語族とドラヴィダ語族の言語に限られる。さらに、年間製作本数の多さで上位一〇位を占めるのは毎年大体同じ顔ぶれだ。

ヒンディー語映画

二〇一九年のデータ[※1]によると、インド国内でもっとも年間製作本数が多い言語はヒンディー語で、その本数は三四五本である。過去にもヒンディー語映画が首位となることが多かった。

ヒンディー語はインドの連邦公用語であり、インドの人口の四割以上が第一言語として使用している。インドのほぼ全土で理解されるが、特に北インドから西インドにかけて話者が分布している。また、隣国パキスタンの国語ウルドゥー語と近縁関係にあり、パキスタン人もよくヒンディー語を理解する。ヒンディー語映画は海外でも積極的に上映されており、インド系移民を中心に楽しまれている。

ヒンディー語映画の製作拠点はマハーラーシュトラ州の州都ムンバイである。旧名の「ボンベイ」と「ハリウッド」をもじって、「ボリウッド」と呼ばれているのも、このヒンディー語映画産業である。逆に言えば、「ボリウッド」という言葉はインド映画産業全体を指さない。日本で多くの人が勘違いしている点である。

インド人の大多数が理解するヒンディー語を媒介言語としているだけあり、その市場はインド最大である。予算規模も最大で、潤沢な資金を投入した大予算型娯楽映画が持ち味だ。

ヒンディー語映画の特徴は、広範な観客に向けた映画作りだ。ヒンディー語を母語とする人々のみならず、インド全土、また、海外のインド系移民たちもターゲットにしているため、その内容は良くも悪くもユニバーサルである。逆に言えば、ローカル性が薄い傾向にある。使われる言語も、いかにも教科書的な標準ヒンディー語である場合があり、写実性に欠けることがある。それもそのはず、作っている側にも、ヒンディー語圏外からムンバイに移民してきた人々が多数いる。ムンバイ自体が、実はヒンディー語圏にある都市ではない。[※2]よって、満足にヒンディー語を話せない監督や俳優が映画に関わる機会も多い。

その恩恵として、ヒンディー語映画は概して外国人受けしやすい内容や味付けであ

※1 Ministry of Information and Broadcasting Annual Report 2019-20
https://mib.gov.in/sites/default/files/Annual%20Report%202019-20.pdf
※2 ムンバイはマハーラーシュトラ州の州都で、同州の主要言語はマラーティー語である。

る。インド映画といえば普通はヒンディー語映画が代表であり、インド映画の初心者にもっとも向いている。

ドラヴィダ諸語

ヒンディー語映画と並んで強大な勢力を誇っているのが、南インドで話されている言語による映画の数々だ。

南インドには五つの州があり、そこでは主に四つのドラヴィダ語族の言語が話されている。タミル語、テルグ語、カンナダ語、マラヤーラム語である。これらの言語でそれぞれ映画が盛んに作られており、年間製作本数も多い。二〇一九年のデータでは、順番に二一五本、二五七本、二八七本、二〇八本である。ヒンディー語を筆頭とし、これら四言語が、順位が入れ替わることはあれ、毎年インドの言語別製作本数トップ五に君臨している。近年ではカンナダ語映画の製作本数が急増したが、伝統的にはタミル語映画とテルグ語映画が、ヒンディー語映画と並んで、「インド映画の御三家」と呼ばれている。

タミル語映画

タミル語映画界の本拠地は、タミル・ナードゥ州の州都チェンナイである。チェンナイ市内のコーダンバーッカムが拠点であるため、「コリウッド」とも呼ばれる。

タミル・ナードゥ州は伝統的に、首都デリーを拠点とする中央政府やヒンディー語普及政策に反発してきた地域である。元々、古代から中世にかけて北インドの政権の支配下にはなかったし、タミル語文学はインドでもっとも古い歴史を持っている。

『ムトゥ　踊るマハラジャ』

そのような歴史や風土を反映し、タミル語映画からはタミル至上主義が根強く感じられる。そのタミル至上主義をよく体現しているのが、『ムトゥ 踊るマハラジャ』(95)の主演で、「スーパースター」の異名を持つ男優ラジニカーントの映画である。実はラジニカーントはタミル人でもタミル・ナードゥ州出身でもないのだが、彼が映画で演じる役柄や彼の口から出る台詞は、誰よりもタミルへの愛情と誇りで満ちている。

タミル人は冒険心や進取の気風にも富んでいる。スリランカ、マレーシア、シンガポールなど、ベンガル湾を囲む地域に多数のタミル人移民がいるし、インド人ITエンジニアにもタミル人が多い。それらの民族性を反映しているのだろう、タミル語映画界はコンピューターミュージックやCGなど、最新技術の取り込みにもっとも積極的であり続けた。

テルグ語映画

テルグ語が話されている地域は、アーンドラ・プラデーシュ州とテランガーナ州にまたがり、この二州がテルグ語映画の主な市場となる。しばしば「トリウッド」の愛称で呼ばれる。製作拠点はハイダラーバードである。ハイダラーバードは歴史的に南北インドの文化や人材の合流点であった。また、かつてここにはハイダラーバード藩王国という世界有数の財力をもった強大な王国があった。この地域は、世界最古のダイヤモンド鉱山があったことでも知られるし、現在はマイクロソフトの誘致に成功するなど、ＩＴハブとしての存在感も示している。

テルグ語映画では、タミル語映画と比較して、南北インドの文化の自然な共存が見られることが多い。それはハイダラーバードという街が持つ性格と無関係でないだろう。だが、テルグ語映画の精神的な支柱となっているのは沿海地域の農村地帯であり、都会的な映画作りが特色ではない。インド映画の中でもっとも徹底した娯楽主義を貫いており、特に暴力描写は極端だ。

カンナダ語映画

カンナダ語はカルナータカ州で話されている言語で、カンナダ語映画の拠点は同州の州都ベンガルール（旧名バンガロール）である。愛称の「サンダルウッド」は、同州の特産品である白檀の英語名に由来する。タミル語映画に似て地元主義の傾向が強く、道徳主義的な映画が好まれるのが特徴である。

マラヤーラム語映画

マラヤーラム語はケーララ州で話されており、州都ティルヴァナンタプラムや州内第二の都市コチを拠点にマラヤーラム語映画が作られている。愛称は「モリウッド」である。ケーララ州は伝統的に左翼政党の強い地域で、文学的で写実的な映画作りに定評がある。

その他の映画

他に、東インドの西ベンガル州で話されているベンガル語、マハーラーシュトラ州のマラーティー語、北インドのビハール州などで話されるヒンディー語の方言ボージプリー語、北西インドのパンジャーブ州で話されているパンジャービー語などが、映画製作が盛んな言語である。ベンガル語映画はコルカタ、マラーティー語映画とボージプリー語映画はムンバイ、パンジャービー語映画はアムリトサルとモーハーリーを拠点としている。

一時期、ムンバイを中心に、海外市場も見据えて、「ヒングリッシュ映画」と呼ばれる英語映画の製作も盛んとなったが、現在では下火となった。インド人は英語と現地語を混ぜてしゃべるので、台詞を英語のみに限定すると、どうしても迫真性がなくなる。現在では、自然に英語を交ぜつつも基本は現地語で話す台詞形式が一般化しており、英語のみのインド映画はほとんど見ない。

インド映画のダイナミズム

基本的には、各言語の映画産業が各地に独立して存在するが、相互に人材交流は盛んである。また、ある言語の映画界でヒットした作品が、他の言語でリメイクされるという例も非常に多い。近年では、大予算型映画の製作費回収を効果的に行うため、最初から多言語で製作され、インド全国で一斉に公開されることも増えてきた。例えば、超大作はヒンディー語、タミル語、テルグ語の三言語で同時製作・同時公開されるケースが少なくない。

詰まるところ、インド映画の最大の魅力とは、インド各地で多様な映画作りが行われ、それらが相互に影響を及ぼし合いながら切磋琢磨するダイナミズムにあると言っていいだろう。

【歌&音楽】長い伝統の中で培われたソング&ミュージックのシナジー効果

インド娯楽映画では、劇中にダンスシーンが差し挟まれることが常である。ダンスは音楽なしには成立せず、音楽はほぼ必ず歌詞を伴う。インドにおいて、歌と音楽と踊りと劇は本来切り離して考えるべきものではないが、ここでは便宜的に、インド映画の歌と音楽を中心に論じてみたい。

文化的背景

インドでは、映画が誕生する遥か以前から、歌と音楽と踊りと劇が一体化した総合的な舞台芸術が楽しまれていた。例えば、インド古典舞踊は、楽士による伴奏と歌手による歌唱を伴い、神話や伝承をなぞる演劇でもある。インド各地で祭礼の際などに演じられる民俗舞踊も、ほぼいずれも歌と音楽と踊りと劇が一体となっている。

インド人の中には伝統的に、物語が演じられる際には歌も音楽も踊りもセットという感覚があり、それが映画という近代的なメディアにまで受け継がれることになった。インドで国産映画の製作が始まった当初、題材は神話や伝承から取られた。当時は無声映画であったにも関わらず、映画には踊りが盛り込まれた。映画館には弁士に加えて楽団が控えており、上映時には彼らが歌と音楽を添えていたと伝えられている。

トーキー化は、その傾向に拍車を掛けた。初期のインド産トーキー映画には、一つの作品中に数十曲もの歌が入ったものも珍しくなかった。『Indrasabha［インドラ神の宴］』（32未）というインド映画黎明期の作品にいたっては、二一一分の上映時間の中になんと七〇曲以上の挿入歌があり、「世界一歌の多いミュージカル映画」としてギネスブックに登録されている。

『Indrasabha』

その後、映画は、カラー化、ワイドスクリーン化、マルチトラック化など、様々な技術革新を経て進化し、臨場感を増していくが、それらはインドにおいて、映画と歌舞の結びつきをさらに強固にする効果をもたらした。

ビジネス的背景

一方で、インドの映画ビジネスでは、映画音楽は、新作映画をプロモートするための大切な素材である。かつて、新作映画の公開が近づくと、その映画の歌曲を収めたレコード、カセットテープ、CDが必ずリリースされていた。それらの売上および音楽配給権は大切な収入源である上に、映画音楽のヒットが映画本体のヒットと連動することも重視された。その傾向は、ケーブルTVの普及を経て、YouTubeでの予告編配信が主流となった現在でも健在である。よって、映画音楽には積極的に予算がつぎ込まれる。映画のクレジットの中で、音楽監督の名前は、映画監督と肩を並べるほど重要だ。

インドの映画音楽は基本的に、いわゆる打ち込み系である。かつてはメロディー重視だったが、現在ではリズム重視となっており、これは世界のトレンドとも軌を一にしている。最近ではラップ調の曲も増えた。タブラー（打楽器）やシェヘナーイー（笛）など、インドの楽器を使ってインドらしさを出すことが多く、パンジャーブ地方の民俗音楽バングラーや、スーフィズム（イスラーム教神秘主義）の宗教音楽カッワーリーの楽曲もアクセントとして人気だ。もちろん、歌詞と映画の雰囲気に合わせて作曲される。

現代の一般的な娯楽映画には五〜一〇曲の挿入歌が入る。地域ごとに違いがあり、ヒンディー語映画での挿入歌が減少傾向にある一方、南インド映画ではまだ挿入歌が多い印象である。

シナジー効果

インド映画に歌と踊りが入る理由は、以上のように、文化的な背景とビジネス上の必要性から説明できるが、忘れてはならないのが、それらが作品の質を高めることに貢献している事実である。

概してインド映画の挿入歌は高度にストーリーと調和しており、傑作映画では必ず、歌詞がストーリーを引き立て、ストーリーがまた歌詞を引き立てるシナジー効果が見出される。台詞にならない、心の中だけの言葉が、時に力強いストレートな言葉で、時に巧みな比喩や掛詞を用いて、詩の形で相手と交信される。そしてそれぞれの連で表出された様々な感情が凝った脚韻によってまとめられる。現地語が分かる者だけの楽しみかもしれないが、インド映画を観ていると、主に歌詞によって、目頭を熱くさせられることが多々ある。

インド映画業界では分業制が確立しており、プロの詩人が作詞を担当する。そして、観客も歌詞を非常に重視して映画を観ている。インド映画は、ストーリーが本体なのではなく、挿入歌の歌詞が本体なのではないか、と思わされることもあるほどだ。インド映画を評価する上で、歌曲をどのように映像化し、ストーリーに組み込んでいるかは、最重要と言っていいポイントである。

中には、「景気づけに一発」という程度の、ナンセンスな歌詞のダンスシーンもないことはないのだが、その場合はダンスの方に力が注ぎ込まれる。

プレイバックシンガー

挿入歌が差し挟まれると、映像上は登場人物が歌っているように見えることが多い。しかし、実際に歌を歌っているのは九割以上、プロの歌手である。プレイバックシンガーと呼ばれるプロの歌手である。つまり、俳優たちは口パクである。これは観客も理解した上で楽しんでいる。インド映画業界においてプレイバックシンガーの数はそれほど多くなく、ある程度有名になると、「インド人なら誰でも聞き覚えのある声」になる。

かつてはインドにおいて歌を歌えることは俳優になるための必要条件の一つだった。しかし一九四七年のインド・パキスタン分離独立時に、何人かの歌える人気俳優がパキスタンに移住してしまい、人材が不足したために、やむなくプレイバックシンガーが歌を担当し、俳優は演技に専念するという体制が出来上がった。その体制が定着し、今でも続いている。時々、俳優自身が自分の歌声を披露することもあるが、プロモーションの一環という枠を出ない。あくまで歌を歌うのはプロの歌手である。

【踊り】インド文化に根差し、空想と現実が入り混じるダンス

劇中に差し挟まれるダンスシーンはインド娯楽映画の最大の特徴だが、批判の対象にもなりやすい。何の脈絡もなく突然ダンスシーンが挿入されるような印象を持たれがちで、インド映画の後進性と捉えられることもある。

ダンスシーンの典型例

インド映画にダンスシーンが唐突に差し挟まれるように感じるのは、おそらく急に場面が転換することがあるからであろう。例えば、ムンバイを舞台にしてストーリーが進行していたのに、男女が恋に落ちると、突然場面がスイスの雪山に飛び、そこで二人が狂おしい歌詞や甘い音楽と共に踊り出す。こんな展開がインド映画ではよくある。

『サーホー』のダンスシーン

もう一つユニークなのはバックダンサーの存在であろう。ダンスシーンになると、どこからともなくバックダンサーが現れ、センターに立つスターを引き立てて踊る。そしてダンスシーンが終わると何事もなかったかのように消え去る。

ダンスシーンの種類

インド映画の踊りは大きく二つに分けられる。一つは、歌詞主体の楽曲に添えられた踊り、もう一つは、踊りを見せるための踊りである。

歌詞主体の楽曲は、ストーリーとの調和を重視して作詞されており、歌詞をさらに魅力的に演出するために踊りが添えられる。とは言っても、ヒンディー語映画では、このタイプのダンスシーンで激しい踊りが踊られる例は減少している。男優と女優が男声パートと女声パートを互いに担当しながら口パクで歌を歌い合うか、ＢＧＭとして楽曲が流れ、映像ではストーリーが進行する。歌詞を前面に押し出すために、踊りは控えめな傾向にある。

ただし、歌詞が中心であるだけに、映像において詩的な飛躍が見られることもある。ムンバイに住む男女が出会って恋に落ちた瞬間、突然スイスの雪山にワープすることは現実世界ではあり得ないが、恋に落ちた男女が、愛の言葉をささやき合ううちに、周囲の雑音が聞こえなくなり、まるでスイスの雪山に二人きりでいるような感覚になったとしてもおかしくはない（少なくともインド人の脳裏では!）。インド映画のダンスシーンでは、空想と現実が入り乱れることが常である。

踊りに満ちたインド文化

もう一つのタイプのダンスシーンは、踊りを見せるための踊りだ。通常、多数のバックダンサーを伴い、豪華絢爛で、時にセクシーな踊りになる。このタイプのダン

スシーンを理解するには、インドにおいて踊りが非常に身近な存在であることを知る必要がある。

インド人が踊る機会としてもっとも身近なのは結婚式だ。花婿側の参列者や、彼らが花婿と共に花嫁を迎えに行くパレードは、「バーラート」と呼ばれる。パレードには金管バンドも同行し、参列者たちは楽隊の奏でる音楽に合わせて花婿の周囲で踊る。そして披露宴会場にはダンスフロアが設けられ、DJが最新のインド映画音楽を鳴らす。祝宴が興に乗ってくると、大人も子どももそこで踊り出す。インドでは踊りのない結婚式は考えられない。

伝統的には、インドの結婚式は何日間も続き、婚姻の儀式が完了するまでいくつもの細かい儀式を経る。その中には、「サンギート」と呼ばれる、歌と踊りの儀式も含まれる。それ以外にも、結婚式の一連の儀式には歌や踊りと相性のよいものがいくつもある。恋愛映画の終着点が結婚式であるパターンは多く、自然と歌と踊りが入ってくる。

また、インドには多くの宗教があり、それぞれの祭りが祝われる。祭りには踊りが付きものだ。多数派のヒンドゥー教のものだけを取り上げても、春のホーリー祭、秋のダシャハラー祭とディーワーリー祭が全国的に祝われる他、地域ごとに盛大に祝われる祭りがいくつもある。これらは全て踊りを伴ってカラフルに演出でき、スクリーン映えする。

インド各地には多数の古典舞踊があり、それぞれ師弟制度によって脈々と受け継がれている。時代劇の中で古典舞踊が登場する機会は多い。また、中世インドには、日本の芸者や舞妓のような、踊りを生業とする女性たちがおり、彼女たちの踊りは「ムジュラー」と呼ばれていた。現代でも、つい最近まで、酒を飲みながら踊る女性を見て楽しむダンスバーが存在した。インドの都市部ではディスコが盛況で、富裕層の若者を中心に週末ディスコで踊るのが娯楽の一つだ。若者向け映画にはよくディスコで踊る場面が登場する。さらに、映画業界を舞台にした映画であれば、歌と踊りを入れ込まざるを得ない。

このように、インドでは元々踊りが身近であり、しかも映画にダンスを入れ込むための強い理由となる豊富な文化的ストックがある。現実世界でも踊りを踊っているのだから、映画で踊りを取り入れないわけにはいかない。そして、優れた映画ならば、ダンスシーンはストーリーにうまく組み込まれており、全く邪魔には感じない。

コレオグラファー

もちろん、インド娯楽映画において、ダンスシーンは新作映画の予告編としての役割もあり、映画音楽と同様に、プロモーション上の必要性があって挿入される面もある。ダンスシーンの出来も映画本体の成功に大きく影響するため、非常に重視される。近年では、映画のダンスシーンがYouTubeの人気コンテンツになっていることも注目される。例えば、音楽配給会社TシリーズのYouTubeチャンネルは多数のダンスシーンを配信しているが、登録者数は一・六億人で世界一だ。

俳優やバックダンサーたちに振り付けをしているのは、ダンサーの頂点に立つ「コレオグラファー」と呼ばれる振付師たちである。優れたコレオグラファーの起用は映画の成功に不可欠であり、彼らの名前はクレジットの中で大きく扱われる。コレオグラファーから監督に転身する例が少なくないのは、業界内での彼らの地位の高さを示しているだろう。

【映画監督】スターシステムと大作主義の狭間にある監督の才能

インドの映画監督の実態

インドの映画産業は他国と異なり、基本的に家族経営企業とフリーランスの人材の集合体であり、映画製作や配給のプロセスも独特の手順を踏む。プロデューサー、監督、俳優などの別はあるが、映画の企画や製作において誰が実権を握るかはプロダクションや顔ぶれごとに異なり、多くの場合、男性スターが実質的な権限を握る。まずは誰かがナラティブ（ストーリー構想）を持ってきて、主演として想定する男性スターや関係者に口頭で聞かせる。男性スターが乗り気になると初めて企画が動き出し、プロデューサーがスターの名前を使って資金集めを始め、映画監督、音楽監督、振付師やヒロインその他のキャストが選定される。その際には、概して才能や適材適所よりも血縁や人脈が優先される。インド映画業界では基本的に物事は口頭で進み、契約書や脚本が用意されないこともあるとされる。

スター中心の映画作りが行われる上に、資金面でもスターへの依存度は上がっている。今ではスターもしくはその配偶者がプロダクションを立ち上げ、主演映画をプロデュースする流れが一般化している。先駆けは一九九九年設立のアーミル・カーン・プロダクションだが、現在では主要なスターは自分のプロダクションを持っており、主演映画が途切れないようにしている。ただでさえスターが強力な発言権を持つインドの映画業界において、スターに雇われた監督が自由に創作できる可能性は低い。

よって、インドの映画業界では多くの場合、監督は撮影現場の絶対権力者ではない。インド映画界において監督とスターの力関係を示す好例は、ヒンディー語映画界の大スター、サルマーン・カーン主演の大ヒット映画『ダバング 大胆不敵』（10）のシリーズだ。第一作の監督アビナウ・スィン・カシュヤップは続編の監督も望み、プロデューサーと契約を結んだが、サルマーン側の圧力によって強引に外され、サルマーンの弟アルバーズ・カーンが続編の監督となった。前作のプロデューサーも降板となり、アルバーズと妻のマライカーがプロデューサーに居座った。その結果、『ダバング』シリーズは完全にサルマーン一族の所有物となった。大スターの力は、監督はおろかプロデューサーをも越えるのである。

ただし、全てのプロデューサーが無力ではない。強力なプロデューサーもおり、時には監督よりもプロデューサーの個性の方が強く出てしまうこともある。

例えば、インド映画界最大の映画コングロマリットの一つ、ヤシュ・ラージ・フィルムズの会長兼社長アーディティヤ・チョープラーは、『DDLJ　勇者は花嫁を奪う』（95）などの監督としても知られるが、むしろプロデューサーとして非常に多作である。ヤシュ・ラージの映画はおしなべてファミリー向けエンターテインメントであり、どの監督が撮っても必ずヤシュ・ラージ印、つまりチョープラーの影がちらつく。同社は有望な若手監督と三本契約を結び、じっくり育てながら収益を上げる戦略を取っている。ヤシュ・ラージとの契約期間中、監督に創造的な自由が完全にはないことは想像に難くない。

スターが、プロデューサー業だけでは飽き足らず、自ら監督業に乗り出すこともある。近年では、アーミル・カーンが『Taare Zameen Par［地上の星たち］』（07未）を撮ったり、女優カンガナー・ラーナーウトが『マニカルニカ ジャーンシーの女王』（19）の共同監督になったりしている。だが、どちらの場合も、どこまで彼らが実際にメガホンを取ったのか、疑問視する声がある。どちらにしろ、スターはそこまで作品に介入するものだと捉えるべきであり、インド映画業界の監督の地位は推して知るべしである。

『DDLJ　勇者は花嫁を奪う』

血統主義のインド映画界において、映画関係者の一家に生まれる幸運にさえ恵まれれば、最初から力のある監督になり得るが、全ての者がそうではない。このような業界で何の背景も人脈もない人物が監督として身を立てようと思うと、並大抵の努力では立ちゆかない。それでも、何もないところから身を立て、助監督などを経て監督を任され、最終的には確固たる作家性を持った名監督に成長した者も少なくない。

作家性のある映画監督

出自はどうあれ、作品から個性がにじみ出る監督は各映画界に複数いる。例えば、『ボンベイ』（95）などを監督し、社会性と娯楽性の融合にいち早く成功したマニラトナム、ムンバイ・ノワールの旗手と呼ばれたラーム・ゴーパール・ヴァルマー、『血の抗争』（12）などを監督し、脚本重視の先進的映画で定評のあるアヌラーグ・カシャップなどが挙げられる。

彼らに共通するのは、ある程度成功すると、やはり自分のプロダクションを立ち上げ、映画のプロデュースと監督を同時にこなし始めることである。かつては娯楽映画と芸術映画の厳然たる区別があり、監督もどちらかの分野に属していたものだったが、今ではその境界はかなり曖昧となった。政府から助成金を獲得して映画を作り、国際映画祭での受賞を目指せば芸術映画の監督になれた時代と異なり、現代インドにおいては、どんな映画も必ず商業的な成功を求められる。よって、志ある監督にとって、資金調達の段階から自立して映画を作ることは、創造性を担保するために不可欠なことである。順調にヒット作を重ねていけば、いずれスターからラブコールが掛かり、スターをある程度制御できる大監督へと成長する。

そういう苦労を知っている監督は、若い監督の支援を惜しまない。例えば、前出の三名は師弟関係にある。マニラトナム監督がヴァルマー監督を育て、ヴァルマー監督がカシャップ監督の才能を伸ばした。カシャップ監督も若い才能に積極的に投資しており、そこから新世代の監督が生まれつつあるのは好ましいことである。

【スター】末は神様か政治家か、インドのスターシステムの功罪

スターシステム

インド映画界では現代でもスターシステムが健在である。特に男性スターが映画の企画から広報まで、全てのプロセスで絶大な権力を握っている。映画の中ではスターを引き立てることに全力が注がれ、ダンスシーンのバックダンサーはスターよりも背が低く色黒な者が選ばれる。スターのプロデューサー兼業も常態化し、「スターの、スターによる、スターのための映画」の量産体制が整備されている。スターの言動やファッションは、インドの一般庶民に多大な影響を及ぼすため、スターの動向は、ロケ情報から私生活まで、新聞やTVなどのメディアが逐一報道するし、商品やサービスの広告塔としても映画スターは企業の第一候補だ。インドにいると、日常生活が巨大なスターシステムに覆われているかのように感じる。ちなみに、インドにはTV俳優もいるが、ステータスでは映画俳優の方が格段に上である。

大スター

インド各地の映画界にはそれぞれスターがおり、熱狂的なファンを抱えている。その中でも飛び抜けた大スターは、神様のように崇拝されている。ヒンディー語映画界のアミターブ・バッチャンや3カーン、タミル語映画界のラジニカーントやカマルハーサン、テルグ語映画界のチランジーヴィ、カンナダ語映画界のラージクマール（故人）、マラヤーラム語映画界のマンムーティやモーハンラールなどが代表例だ。業界全体がたった一人の大スターに依存する体質になってしまうことも稀ではない。

アミターブ・バッチャン
『マダム・イン・ニューヨーク』

実際に神様になってしまった大スターもいる。コルカタにはアミターブ・バッチャンの寺院が建立され、熱心な信者によって祭祀が行われている。スターの誕生日には、自宅前にファンたちがお祝いのために大挙して集まり、スターが現れて手を振るのを心待ちにするが、それもまるで神事のようである。

スターへの道

スターはどのようにしてスターとなるのか。その道には大別して二つある。映画関係者の家系に生まれるか、それとも地道にのし上がるか、である。試しに二一世紀に活躍するヒンディー語映画界の代表的なスターたちの出自の統計を取ってみると、半数は俳優や映画監督などを親や親類に持つ。血筋や血縁、そして人脈を重視するインド映画界において、映画家系の血筋はスターになるために圧倒的に有利に働く。ヒンディー語映画界のカプール家のように、

インド映画黎明期から何世代にも渡って映画産業に関わってきた家系もあり、彼らは俗に「映画カースト」と呼ばれる。一方、残りの半数は、演劇学校、TV業界、モデル、ミスコン、オーディションなどのルートから映画スターにのし上がった。ヒンディー語映画界の3カーンのうち、アーミル・カーンとサルマーン・カーンは映画関係者を親に持つが、シャー・ルク・カーンだけは独力でスターの座を獲得した。

血筋を背景に鳴り物入りでデビューし、最初からスターとして脚光を浴びながらヒット作を積み重ねる者もいるが、血筋が必ず成功を約束するわけでもない。例えば、アミターブの息子アビシェーク・バッチャンは、二〇〇〇年のデビュー以来、最初のヒット作を飛ばすまでに、実に一七本もの失敗作を連発した。当然だが、スターの子どももスターになるためには努力が必要だ。それでも、一度スターとしての地位を確立してしまえば、その優位はなかなか揺るがない。そして、スター同士で結婚するなどし、その子どももスターへの道を歩む。こうして新たな映画カーストが形成されていく。

スターの政界入り

スターの中には、政界進出して、自身の人気を政治的なパワーに変換しようとする者もいる。スターはスクリーンの中で勧善懲悪のヒーローを演じることが多く、ファンは、スターが政治家になることで全ての問題を解決してくれると思い込んでしまう。南インド映画界でその傾向が顕著であり、政党を立ち上げてしまった大スターもいる。政治家としてもっとも成功した大スターは、テルグ語映画界の往年の名優N・T・ラーマ・ラーオ、通称NTRである。彼が一九八二年に創設したテルグ・デーシャム党は現在まで存続しており、NTRはアーンドラ・プラデーシュ州の州首相を三期務めた。タミル・ナードゥ州の州首相を六期務めた豪腕政治家ジャヤラリターも元々女優であった。とは言え、スターにとっても政界は一筋縄ではいかず、挫折を経験する者も少なくない。チランジーヴィは二〇〇八年に新政党を立ち上げ、州議会議員や上院議員になったが、政治家として成功したとは言いがたい。カマルハーサンは二〇一八年に政党を立ち上げたが、翌年の総選挙で大敗を喫した。

スターの社会貢献

政界進出しないまでも、スターの影響力を社会の改善に役立てようとするスターは多い。今や伝説となっているのは、アミターブによるポリオ撲滅である。インドではポリオが根絶されておらず、人々もワクチン接種に及び腰だった。そこでアミターブが二〇〇二年にポリオ撲滅キャンペーンのブランドアンバサダーとなり、TVCMでワクチン接種を呼びかけた。効果は抜群で、全国の母親が子どもを連れてワクチン接種キャンプに殺到した。二〇一四年、世界保健機関（WHO）はインドからポリオが撲滅されたと宣言した。アミターブは無償でこのキャンペーンに協力した。

どの映画界でもスターへの依存度はますます高まっている印象で、インドにおいてスターシステムは今後も続くだろう。だが、一人または少数の大スターに依存した異常なスターシステムは各地で改善もしくは解消されつつある。血統主義は根強く残り、ますます強固になっているようにも見えるが、新たな才能の流入は続いている。そして、スターの力を正しい方向に使おうとする者が増えていることも見逃してはならない。

#【ジェンダー】変わりゆくインド映画界の女性像とLGBT観

インド映画のジェンダー像

インド映画業界は伝統的に男性社会であり、そこで量産される映画は男性スターを中心に男性視点で作られ、家父長的な価値観を発信する。インド映画が体現する男性像は、インド神話のラーマとクリシュナに収斂すると指摘される。ラーマは理想の夫であり、力強く、頼りがいがあり、どんな苦難にも耐え、危機に陥った妻を助け出す。一方のクリシュナは理想の恋人であり、ハンサムかつキュートで、悪戯好きだが憎めず、女性の願望を叶えてくれる。インド映画の男性主人公は、ラーマ型か、クリシュナ型か、それとも両方を併せ持つかの三種類だと言える。

インド映画業界で男性スターが圧倒的な権力を持つのに対し、女優の地位は低い。男優と比べて報酬額が段違いに低く、全盛期の寿命が短い上に、役柄の類型も、良女型か悪女型しかないと言われる。良女型は、おしとやかで恥じらいがあり、従順かつ献身的で、自分よりも家族を優先し、主人公の妻になる資格を持つ、伝統的な女性である。ラーマの妻シーターにその源流を求めることができる。一方の悪女型は、自立はしているが自己中心的で、ずる賢く、性的に奔放で露出度が高く、男性を誘惑し、しばしば西洋かぶれの女性で、主人公の愛人にはなれても妻にはなり得ない。女性は男性より弱く劣っていなければならず、万一社会の規範に逆らおうものなら、厳しく罰せられる。

映画や映画業界のみならず、インド社会全体がこのようなジェンダー・バイアスに支配されている。男性は家族の女性メンバーを支える義務を持つ一方、女性の自立は抑制される。男性の性欲は制御不能とされる一方、女性は自身の性欲を抑え、男性を誘惑してはならない。インドで強姦事件が発生した場合、被害者の女性が服装や行動の面で「悪女型」ではなかったかが調べられ、そうであった場合は、被害者側に非があるとされることも少なくない。

だが、二一世紀に入り、インド映画業界のジェンダー事情はかなり変化した。特にヒンディー語映画界では、ファラー・カーンやゾーヤー・アクタルなど、ヒット映画を撮れる女性監督が台頭し、『女神は二度微笑む』(12)や『クイーン 旅立つわたしのハネムーン』(14)など、女性スター中心の映画が興行的に成功を収め、映画で描写される女性像についても、良女と悪女の中間に位置する、より生身の人間らしいキャラクターが模索されるようになった。その一方で、勝ち気な女性に振り回される弱気な男性主人公や、優しくて理解のある父親など、男性像が相対的にソフトになって来ている。男性が家庭で主夫となり、女性が稼ぎ頭となって外で働くという、男女の社会的役割の入れ替わりをしてジェンダーの問題点を鋭く指摘してみせた『キ&カ ～彼女と彼～』(16)の登場は象徴的だ。

インド映画とLGBT

LGBTに関してもインド映画はリベラ

ルな視点から映画作りをするようになっている。

　まず押さえておくべきなのは、同性愛はインドで長らく、最高刑が無期懲役の重い犯罪であったことだ。最高裁判所によって同性愛が合法化されたのは二〇一八年であり、それまでインドの同性愛者たちは潜在的な「犯罪者」として肩身の狭い生活を送ってきた。

　一方で、インドには伝統的に、「ヒジュラー」「キンナル」などと呼ばれる人々がいる。表向きは両性具有者のコミュニティーだが、実際には大半がトランスジェンダーである。映画では面白おかしく描かれることも多いのだが、『Shabnam Mausi〔シャブナムおばさん〕』（05未）や『ナヴァラサ』（05）など、ヒジュラーに真剣に向き合った作品もある。

　同性愛や同性愛者も、インド映画ではコミカルに描写されることが多い。だが、同性愛が刑事罰の対象である中、同性愛を主題にした映画をコンスタントに作り続け、同性愛者に対する偏見の解消に尽力してきたことも確かだ。『炎の二人』（96）は純粋なインド映画とは言えないが、インドの文脈で初めて真剣に同性愛を取り上げた記念碑的作品である。その後、『マンゴー・スフレ』（02）、『My Brother… Nikhil〔私の兄…ニキル〕』（05未）、『Dunno Y… Na Jaane Kyon〔なぜだか分からない〕』（10未）、『アリーガルの夜明け』（15）などの同性愛映画が続いている。

　しかしながら、これらの作品は全て娯楽映画の作りではなく、大衆への浸透は弱い。インドにおいて、同性愛に共感し、同性愛への理解を一般大衆に広めた初の娯楽映画として、同性愛者からも非常に高い評価を得ているのが、大ヒット映画『Dostana〔友情〕』（08未）だ。異性愛者の男性二人（アビシェーク・バッチャンとジョン・アブラハム）がゲイのふりをして美女（プリヤンカー・チョープラー）とルームシェアしようとするというコメディー映画である。同性愛映画としては一見肩透かしとなっているが、それは表層だけで、深層では、疑似ゲイの二人を通して巧みに同性愛者の辛さや喜び、そしてもっとも重要な、家族からの受容の瞬間が表現されている。しかも、ジョンの肉体美が強調され、主演男優二人のキスシーンが最後にあるなど、ゲイ向けのサービス満点だ。この映画がきっかけで家族にカミングアウトするインド人同性愛者が増えたと言われており、同性愛合法化への道筋を切り拓いた。

『Dostana』

　同性愛者の人材を排除してこなかったことを見ても、インド映画業界はリベラルだと言える。『Dostana』のプロデューサー、カラン・ジョーハル監督は、明言は避けているものの、一般にゲイとみなされており、自伝でもほぼ認めている。二〇一三年に死去したリトゥポルノ・ゴーシュ監督は、性的少数派であることをカミングアウトしていた。どちらもインド映画業界を代表する監督である。俳優にも、ボビー・ダーリンというトランスジェンダーがいる。

【カースト制度】インド社会に裂け目を作るダリト(不可触民)の描写の変遷

日本で一般に「カースト制度」と言った場合、バラモン、クシャトリヤ、バイシャ、シュードラの四階級から成る身分制度と理解されることが多い。それぞれ司祭階級、戦士階級、商人階級、労働階級であり、これらがこの順にピラミッド型のヒエラルキーを形成している、という理解である。この考え方は、インドで「ヴァルナ（色）」と呼ばれるものに近い。

だが、インドで一般に「カースト制度」と言った場合、より細かな職業に分類された「ジャーティ（生まれ）」を指す。ジャーティはよく、『世襲の職能集団かつ内婚集団』と簡潔に説明される。つまり、親の仕事や技能を子が継ぎ、同じ職業に従事する人々が連帯し合い、家業を一にする男女が結婚することで、ジャーティが構成される。ジャーティは、陶工、織工、皮革工、鉄工、農民、牛飼い、洗濯人、靴職人など、職業の数だけ存在し、ジャーティが組み合わさることでインド社会が構成される。ジャーティには職業上の利権保証かつ社会保障制度の側面もあり、ジャーティの枠内に留まる限り食いっぱぐれることはない。

インドにおいてカースト制度は現在でも存続している。インド憲法が禁止するのはカースト制度による「差別」のみであり、カースト制度そのものは、宗教、人種、性別、出生地などと並立して「存在するもの」として扱っている。現代インドでは、歴史上、カースト制度によって差別されてきた人々を、教育や就職の面で優遇する「留保制度[※1]」が採られており、その前提としてカースト制度の存在が公認されているのである。

憲法で禁止されているものの、残念ながらカースト差別も存在する。インド映画がカースト制度を取り上げる際、その問題意識はほぼ差別問題に集中する。時々、留保制度の拡大によって今度は高カーストの若者が不利な立場に立たされているという点も指摘されるのだが、やはり中心的な議題は、封建主義的な社会構造の中で虐げられてきた低カーストの人々、特にカースト制度の中でカースト外として位置づけられる人々の苦難である。彼らには、アウトカースト、アンタッチャブル、不可触民、ハリジャン、ダリト、指定カーストなど、複数の呼称がある。廃棄物、排泄物、清掃、屠殺、葬儀など、衛生的な汚れと宗教的な穢れに関する職業従事者が多く、凄惨な差別と抑圧と搾取にさらされてきた。

カースト差別を描いたインド映画

カースト制度を取り上げた映画の非常に早い例として『Achhut Kannya〔不可触民の娘〕』（36未）がある。バラモンの男性と不可触民の女性の恋愛物語だが、二人の結婚は成就しない。不可触民への差別は当然のものとして物語に組み込まれており、結婚できないことを当の本人たちが悲しむ様子も見られない。『Sujata〔スジャーター〕』（59未）では一歩進んで、バラモンの男性と不可触民の女性の結婚を実現させて見せた。だが、ここでも不可触民の女性は自らカーストの壁を越える努力はしておらず、バラモン一家の偶発的な改心によって結婚が成就した。

一九六九年以降始まったニューシネマ運動では、ヒンディー語映画『芽ばえ』（74）、カンナダ語映画『Chomana Dudi（チョーマーの太鼓）』（75未）、テルグ語映画『Oka Oori Katha（村の物語）』（77未）など、インド各地から低カーストや不可触民に対する差別について問題意識を持って切り込んだ作品が現れた。これらの映画の中では被抑圧民による反乱の兆しもほのめかされるのだが、基本的に彼らは、高カーストの人々に抑圧され搾取される存在として描写された。

インド映画新時代の到来を告げた『ラガーン』（01）では、メインストリームの娯楽映画に不可触民の男性カチュラが登場したことが画期的であった。だが、ここでも不可触民像に大きな変化はなく、カチュラは手に障害を抱えた清掃人カーストで、アーミル・カーン演じる主人公ブヴァンの強い意志がなければ村人たちから差別され続けたであろう弱い存在だった。

近年のインド映画で描かれる不可触民

以降も娯楽映画の中に不可触民が登場することが時々あり、その描写には徐々に変化が現れ始める。州議会選挙を巡る、政党同士の仁義なき政争を描いた『Raajneeti（政治）』（10未）では、不可触民の青年政治家が重要な役回りを演じた。留保制度や教育の商業化を題材にした『Aarakshan（留保制度）』（11未）では、高等教育を受けた現代的な不可触民の教師が登場した。『生と死と、その間にあるもの』（15）では、不可触民であるドーム（火葬業）カーストの男子大学生が高カーストの女性と恋に落ち、自身の出自を明かした上で、彼女と結婚するために、勉強に打ち込み経済的自立を目指す前向きな姿が描かれる。彼らはもはや抑圧された存在や、誰かに助けてもらう存在ではなく、自ら未来を切り拓く存在であった。また、『ファンドリー』（13）では、豚追いを生業とする不可触民の一家の少年ジャビヤーが、抑圧と搾取を甘受する父親の卑屈な生き方を潔しとせず、結末において自分を侮辱する高カースト者に反乱を起こす。

時代を追うごとに不可触民の描写は変わってきたが、不可触民の登場人物は、その出自に必ず何らかの意義を持たせられていた。だが、遂に『ニュートン』（17）に至って、不可触民は普通の存在として描かれる。この映画の主人公、新米役人のニュートンは、劇中で不可触民と明示されないものの、不可触民出身の政治家アンベードカルの絵など、いくつかの婉曲的な表象から、不可触民であることが暗示される。だからと言って彼が差別されるようなことはなく、また彼自身も出自を負い目にすることなく、ストーリーは別の主題を追いかけて進んでいく。『不可触民の娘』から八〇年を経て、遂に不可触民は映画においてインド社会の普通の一員となったのである。

『ニュートン』

※1 特定のコミュニティーに対して、議席、就職、教育機関などへの入学に際して優先枠を設ける制度。

【宗教】多様で寛容でありながら、時に争いも生み出すインド社会の精神

インドにおいて宗教は人々の日常生活や人生に密着した存在である。一般にインド人は信仰心が厚く、他の宗教に対しても寛容であり、多くの宗教が共存してきた。ただ、宗教を越えた結婚だけは今でも頑なにタブー視されている。

宗教的に寛容だと言えるインド社会ではあるが、宗教が政治と結びつくことで宗教・宗派間に対立が生まれ、暴動が起きることはある。宗教対立に起因する暴動を「コミュナル暴動」と呼ぶ。一九四七年の印パ分離独立も、ヒンドゥー教徒とイスラーム教徒の対立の帰結であった。その火種は今でもくすぶっており、イスラーム教徒のための新生国家パキスタンができたにもかかわらず、インド国内にイスラーム教徒が残り、全人口の一割以上を占めていることを面白く思わない人々は潜在的に多い。また、二〇一四年から中央政府の政権を担うインド人民党（ＢＪＰ）はヒンドゥー教至上主義を掲げる政党で、国内のイスラーム教徒や、イスラーム教を国教とするパキスタンには強硬姿勢で臨んでいる。

宗教的に寛容なインド映画業界

インドの映画業界はインド社会において、宗教に関してもっともリベラルな業界だと言っていい。インド映画業界にはその黎明期から、イスラーム教徒やゾロアスター教徒など、宗教的マイノリティーの人材が多数活躍していたことが大きく、異宗教間結婚すら珍しくない。イスラーム教徒であるシャー・ルク・カーンの妻はヒンドゥー教徒であるし、ヒンドゥー教徒であるリティク・ローシャンの元妻はイスラーム教徒である。多宗教の家庭環境で育った二世スターたちも多い。彼らは様々な宗教の祭事を等しく祝うし、役者として当然ではあるが、劇中でどんな宗教の役柄も演じる。イスラーム教徒の父とヒンドゥー教徒の母とキリスト教徒の継母を持つサルマーン・カーンは、自身の宗教について問われると、「私はインド人だ」「私は人間だ」と答えるが、これこそがインド映画業界全体の精神である。インド映画が宗教対立を煽ることは皆無と言ってよく、一貫して多元主義と宗教融和を訴え続けている。

インド映画の宗教性

インド映画を見ると、非常に宗教的だと感じることが多いだろう。例えば、映画の冒頭に神様の像が表示され、法螺貝を吹く音が鳴り響いたり、宗教賛歌が流れたりする。神話映画を別にしても、映画の中に神様が登場することは多いし、そうでなくても、登場人物が神様に祈ることで願いが叶い、全てが解決するというパターンはよくある。「ああ、神様！」「神様がお望みならば……」など、台詞の中に「神様」が出て来ない映画はないと言っても過言ではない。

神様からの啓示も、インド映画の演出には大事な要素だ。例えば、インド人の村人と支配者の英国人が年貢の免除を巡ってクリケットで試合をする時代劇スポーツ映画『ラガーン』（01）で、アーミル・カーン演じる主人公がデモとしてバットでボール

を思いきり打つと、そのボールが村の小高い丘にあるヒンドゥー教寺院の鐘を直撃して、鐘の音が村中に鳴り響く、というシーンがある。これは、神様からのお墨付きが得られたことを暗示する。インド人ならば、このシーンだけで、神様のご加護を得た村人チームが、英国人チームを最終的に打ち負かすことを確信するであろう。このような細かい宗教的モチーフは、インド映画の至る所に散りばめられている。

だからと言って、それは特定の宗教を排他的に称揚しているわけではない。特定の宗教への信仰を通して、全ての宗教への信仰を肯定している。「あらゆる宗教の根源はひとつ」とする考え方がインド文化の源流だからだ。しばしば、一人の主人公が複数の宗教を横断して信仰する様子も描かれる。『デリー6』(09)では、ヒンドゥー教徒の主人公がごく自然にヒンドゥー教寺院とイスラーム教モスクを往き来するし、『ラーンジャナー』(13)では、ヒンドゥー教徒の主人公が、イスラーム教聖者廟に参拝したりシク教寺院で奉仕活動をしたりする姿が描かれる。

インド映画が絶対にしないのは、宗教そのものを否定することだ。宇宙人の視点から宗教の在り方を問い直した『PK/ピーケイ』(14)にしても、人間が創造した神様や宗教は批判したが、この世界や生き物を創造した神様の存在は否定しなかった。

インド映画とコミュナル暴動

インド映画は宗教融和を訴えるために、過去のコミュナル暴動を取り上げることもある。冒頭に挙げた印パ分離独立時のコミュナル暴動を伴う混乱を扱った映画は、「パーティション(分離)映画」としてジャンル立てされるほど作られている。映画業界には、印パ分離独立時にパキスタン側から逃れてきた移民家系に属する人も多く、彼らは特に熱意を持ってパーティション映画を作る。このジャンルでは『Train to Pakistan〔パキスタンへの列車〕』(98未)がもっとも有名かつ真に迫っている。

一九八四年には、時の首相がシク教徒の護衛に暗殺されたことで反シク暴動が起き、デリーなどで多くのシク教徒が殺された。この事件も、『Amu〔アム〕』(05未)など、映画の題材になっている。ボンベイでは九二年末から九三年初めにかけてコミュナル暴動が断続的に発生し、ヒンドゥー教徒とイスラーム教徒の間で報復合戦が行われた。『ボンベイ』(95)がいち早く映画化した他、多数の映画で取り上げられている。

近年でもっとも映画化されているコミュナル暴動は、二〇〇二年のグジャラート暴動である。ヒンドゥー教徒によって多数のイスラーム教徒が殺された事件であったが、この暴動からは、ドキュメンタリー映画『ファイナル・ソリューション』(03)をはじめ、『Parzania〔天国〕』(05未)、『Firaaq〔別離〕』(08未)、『わが人生3つの失敗』(13)など、数々の名作が生まれている。

『ボンベイ』

第3章

インド映画通史

松岡環＋安宅直子

❀❀❀

21世紀も20年が過ぎた現在、
世界各国で100年を超す映画の歴史が
今日も更新を重ねている。
中でも製作本数世界一を誇るインドは、
書ききれないほど豊富な映画史を持つ。
トーキーの到来で多言語製作が始まり、
各言語の映画界が独自に発展したため、
ヨーロッパ全体の映画史に匹敵するほどの
膨大な歴史が存在するのだ。
本書では、
北インドと南インドとに分け、
分担して映画史を記述する形をとった。
さらに、人名、作品名などの基本情報も
なるべく多く盛り込むよう心がけた。
過去作品への言及が非常に多い
インド映画の鑑賞時に、
本章が役立つことを願う。

使用写真で©NFAIとあるものはNational Film Archive of India（国立インド映画史料館）提供

1896
~
1930

映画がインドにやってきた

松岡 環

［サイレント映画］

一八九五年末にパリでリュミエール兄弟が上映した「シネマトグラフ」は、現在の「映画」の原型となった。それまで、個々人が木箱の覗き穴から覗き見ていた動く写真（この方式は「キネトスコープ」と呼ばれる）が、初めてスクリーンに投影され、一度に多数の観客が鑑賞できるスタイルになったのである。

そのシネマトグラフがインドに伝わったのは、翌九六年七月のこと。ボンベイ（現ムンバイ）のホテルを会場として上映されたのだが、当時のインドはイギリス領であり、スエズ運河から紅海、アラビア海を経て、ヨーロッパの事物がもっとも迅速に到達する都市がボンベイだった。そのため、中国（九六年八月上海で上映）や日本（九七年一月大阪で上映）に先がけての、アジア最速の上映となったのである。

以後シネマトグラフ、つまり映画はインド各地に広まり、大英帝国インドの当時の首都カルカッタ（現コルカタ）や、南インドでのイギリス統治拠点マドラス（現チェンナイ）などで次々と上映された。そんな中、一九一〇年のクリスマス期に、『キリストの生涯』という映画を見たボンベイのドゥンディラージ・ゴーヴィンド・パールケー（通称ダーダーサーヘブ・パールケー）は、映画という新技術にすっかり魅了される。彼はその時、「西洋の神様キリストが映画になるのなら、インドの神様の話も映画にできるはずだ。クリシュナ神の映画を作ろう」と決心したという。

この時代のスターたち

✤プリトヴィーラージ・カプール✤（1906～72）

パンジャーブに生まれ、二八年にボンベイへ。サイレント数本に出演後、『Sikandar［アレキサンダー大王］』（41未）でスターとなる。分離独立後も大御所スターとして、『放浪者』（51／写真）や『偉大なるムガル帝国』（60）等に出演。息子ラージ、シャンミー、シャシも全員大スターという映画界セレブ家系を築く。特にラージは俳優・監督として映画界を牽引。現在はラージの孫たちが活躍中。

『ハリシュチャンドラ王』©NFAI

パールケーはすぐさまイギリスに渡って映画製作を学び、帰国後の一二年に、古代叙事詩「マハーバーラタ」の物語をもとにした『Raja Harishchandra［ハリシュチャンドラ王］』（13未）の映画化に着手する。家族や親族を総動員し、女優のなり手がなくて男性に女性役を演じさせた『ハリシュチャンドラ王』は、翌一三年五月に封切られて評判を呼ぶ。こうして、インド初の長編劇映画が誕生したのである。

なお、これに先んじて、『Pundalik［プンダリク］』という舞台劇を撮影した映画が一二年五月に公開されており、それを劇映画第一号とみなす人もいる。だが、『プンダリク』が舞台劇の撮影作品であり、尺が約二二分と短いことから、『ハリシュチャンドラ王』をインド劇映画第一号とするのが一般的である。

パールケーは美術出版や写真にも造詣が深く、おまけに手品師でもあったため、当初から映画に様々な工夫をこらした。『ハリシュチャンドラ王』撮影時からメイキング映像を撮っていたことには驚くほかないが、セットを作る様子や衣裳部屋、プリントをチェックするパールケーの姿などが記録映像に残されている。そのほか、自分の娘マンダーキニーに主人公のクリシュナ神を演じさせた『Kaliya Mardan［クリシュナの水蛇退治］』（19）では、二重写しや水中撮影もどきのトリックを使うなど、あれこれ工夫を試みて神話の世界をスクリーンに展開させた。

当時の映画は、パールシー演劇など人気大衆演劇から、演目や様式を取り入れて作られた。インドでは、どの演劇も音楽や舞踊を伴うのが普通で、パールシー演劇も同様だったため、その影響によりサイレント時代でも映画に歌舞シーンが登場する。例えば、クリシュナ神は笛が上手な神様として知られるが、『クリシュナの水蛇退治』ではクリシュナに笛を所望した女性たちが、彼の笛に合わせてスティック・ダンス（手に持った棒を相手の棒と打ち合わせる踊り）をするシーンが見られる。大衆演

❖マンダーキニー・パールケー❖

D・G・パールケーの娘で、父監督の三作品『Lanka Dahan［ランカー炎上］』（17未）、『Shri Krishna Janma［クリシュナの誕生］』（18未）、『クリシュナの水蛇退治』（19／写真）に出演。インド初の人気女優。

©NFAI

この時代の作品から

『クリシュナの水蛇退治』（19）

監督…D・G・パールケー

マンダーキニーが冒頭「ナヴァ・ラサ（九つの情感）」の表情をやってみせ、クリシュナに変身。最後に水蛇退治シーンが展開。

©NFAI

劇のスタイルを踏襲したことが、「歌い、踊るインド映画」の誕生につながり、トーキー化以降のインド映画に「ミュージカル」様式を定着させるのだ。

サイレント時代の映画は、描かれる内容から、「ミソロジカル（神話もの）」「ヒストリカル（歴史もの）」「デヴォーショナル（宗教もの）」「ソーシャル（社会派もの）」などに区分されるが、これは厳密な定義があるわけではない。人気の高かった「神話もの」は、二大古代叙事詩「ラーマーヤナ」と「マハーバーラタ」のエピソードや、ヒンドゥー教の神々に関する物語が多く、それまで伝統演劇やパールシー演劇、村芝居などで親しみ、また年長者や僧侶などから語られてきた物語が眼前に再現されるのは、観客には大きな楽しみだったに違いない。

サイレント映画の製作本数は、「80 Glorious Years of Indian Cinema（インド映画栄光の八〇年）」（94年）によると、一〇年代は一桁、二〇年代前半に倍々ゲームのよう

『亜細亜の光』(25)
監督：フランツ・オーステン
ヒマーンシュ・ラーイ
西洋人観光客に、老人が仏陀の生涯を語る。日本でも二六年に公開。

KEY WORD

「パールシー演劇」
インド映画のゆりかご

「パールシー」とは拝火教徒（ゾロアスター教徒）のインドでの名称である。イスラーム教徒の侵入により、8世紀頃イランを逃れた彼らはインドの西海岸に上陸。①インドの言語を話す、②婦女はインドの服装をする、という2つの条件のもと、定住を許された。そして、イラン中南部ファールス地方に由来する呼称で「パールシー」と呼ばれるようになる。

勤勉で商才に長けた彼らからは富裕者も多く生まれ、19世紀半ばに新しい大衆演劇が勃興すると、パトロンとして劇団を抱えるようになる。この演劇は、伝統劇に西洋演劇の要素を取り入れたもので、手の込んだ背景や大道具、さらに実際の木なども持ち込むリアルな舞台が話題となった。演目もインドの神話のほか、アラビアやペルシアの物語、シェークスピア劇などバラエティに富んでいて、「パールシー演劇」は大人気となる。

パールシー演劇の面影は、『ストリート・シンガー』(38)冒頭の芝居小屋シーンで見ることができるが、軽やかに役者が歌う歌が入り、大仰な身振りは踊りそのものだ。映画製作が始まると、劇の演目が映画化されることで俳優やスタッフが映画界へと流出していき、パールシー演劇は徐々に廃れていく。そして映画がトーキーになると、パールシー演劇は姿を消していくのである。（松岡環）

に増えてたちまち八〇本台になり、二八年には一一一本と三桁になる。そして三一年に二〇八本という最高本数を記録したあとは、一挙に減少して三五年以降はゼロとなる。三一年にトーキー映画が出現したためである。当初はほとんどが「神話もの」で、二〇年以降になって様々なジャンルの映画が出現し始め、それにより映画の人気がどんどん高まって、製作本数の増加にもつながっていった。

製作面だけでなく、映画興行面でも変化が現れ、映画館建設を手がける人物が出現した。ボンベイのエルフィンストーン劇団で働いていたジャムシェードジー・フラムジー・マダン、通称J・F・マダンは、一八八三年にカルカッタへと移る。それ以前に働いて儲けた金で、マダンはカルカッタで劇場を買い取り、さらに劇団も手に入れる。やがて映画興行を始めた彼は、一九〇七年にエルフィンストーン・ピクチャー・パレスを建設、カルカッタ初の映画館を誕生させた。続いて彼はマダン・シアターなども建設し、映画館チェーンを所有することになる。インド映画の製作が始まると、マダンも一九年に映画を製作、これがカルカッタで撮られた初の劇映画となった。こうしてマダンは、製作と興行の両方を支配する映画タイクーンとなるのである。

マダン自身は二三年に亡くなるが、彼の会社は三〇年代末まで映画館経営と映画製作を続けた。このように各地で映画館建設が始まったが、マドラスではもっと早く、一九〇〇年に中心街マウント・ロード（現アンナー・サライ）に、エレクトリック・シアターという映画館が誕生した。南インド初と言われるこの映画館は、一三年から映画上映を始めたとも言われ、歴史がはっきりしない。現在はマウント・ロード郵便局の敷地内に移設されて、郵趣部門のオフィス兼展示スペースとなっている。入り口の左には記念プレートがあり、旧エレクトリック・シアターであった

『A Throw of Dice［サイコロ賭博］』（30未）

監督：フランツ・オーステン

美女を争い、賭けをする二人の王。片方は邪悪な企みを抱いていた。ドイツ人監督オーステンは一〇年超インドに滞在、一七本の作品を撮り、インド映画の発展に寄与した。

©NFAI

参考作品

『Harishchandrachi Factory［ハリシュチャンドラの工場］』（09未）

監督：パレーシュ・モーカーシー

インド映画の父、パールケー（写真）が映画作りを思い立つ直前から、『ハリシュチャンドラ王』を完成させ、公開するまでを辿る伝記映画。リアルに描きながらもユーモアもたっぷり。

ことがわかると共に、しゃれた鉄扉や美しいステンドグラスから、往時を偲ぶことができる。

サイレント時代のインドでの映画鑑賞方法は、インサート字幕（シーンの途中に字だけの画面が挿入される）が中心だった。多言語が話されるインドでは、字幕画面には最低でも二言語が登場し、四言語が並ぶ字幕も珍しくなかった。また、弁士が登場して観客に説明したり、上映場面に即して楽器演奏が行われたりもした。

「Encyclopaedia of Indian Cinema（インド映画事典）」（99年）によると、サイレント映画は三四年までに一三〇一本が作られたが、プリントが現存しているのは二九本だけだという。三一年に到来したトーキーは、サイレント映画を短期間で駆逐してしまうのだ。だが、残されたサイレント映画からだけでも、当時の映画の力量は十分に感じ取れる。サウンドを得て、インドは世界一の映画大国へと疾走を始める。

Certificate No. 272 — granted by the
BOMBAY BOARD OF FILM CENSORS.
Title of film Raja Harishchandra.
Length of film 2944 — feet.
by Hindustan Cinema F. Co.
President of the Board.

『ハリシュチャンドラ王』検閲通過証
©NFAI

D.G.パールケー

「二大古代叙事詩と神話」
インド人のバックボーン

まず「マハーバーラタ（偉大なるバラタ族）」では、バラタ族中のクル族とパーンダヴァ族の争いが描かれる。最終決戦でパーンダヴァ五王子の一人アルジュナが親族相手の戦いに悩んだ時、クリシュナ神が現れ彼を諭す。このやり取りは「バガヴァッド・ギーター」と呼ばれ、ヒンドゥー教徒の人生指針となっている。

一方「ラーマーヤナ（ラーマ王子の旅）」は、魔王ラーヴァナにさらわれた妻シーターを、ラーマが猿の武将ハヌマーンらと共に助け出す、という場面がハイライトだ。ラーマはヴィシュヌ神の「アヴァタール（化身）」とされ、シーターと共に寺院に祭られることも多い。またハヌマーンも、『バジュランギおじさんと、小さな迷子』(15)に見られるように、多くの信奉者を有している。

ヒンドゥー教の神々の多くは多彩なエピソードを持ち、それらの映画化もかつてはよく見られた。人気が高いのはクリシュナ神で、ラーマと共にヴィシュヌ神の化身二大人気者と言える。また、シヴァ神やその息子の象神ガネーシャも、映画向きのビジュアルで人気が高い。

インド人はこれらのお話を熟知しているため、サイレント映画でも十分楽しめたわけだが、現在ではこういった作品は、テレビドラマやアニメ作品で人々に親しまれている。（松岡環）

しゃべる映画、歌う映画

松岡 環

〔北インド映画〕

インド映画にトーキーが到来したのは一九三一年。第一作はアルデーシール・イーラーニー監督のヒンディー語映画『Alam Ara［アーラム・アーラー］』（31未）で、「アーラム・アーラー（世界の美）」という名のヒロインが、数奇な運命を辿り王子と結ばれるこの物語は、パールシー演劇の演目を映画化したものだった。トーキーの到来は、インド映画に二つの大きな変化をもたらす。「ミュージカル」様式の完成と、多言語による各地での映画製作である。

初のトーキー映画『アーラム・アーラー』（31未）のズベイダー
©NFAI

『アーラム・アーラー』には一〇曲の歌が使われたが、その後作られた『Indrasabha［インドラ神の宴］』（32未）には約七〇曲が使われ、上映時間は二一一分にもなった。『インドラ神の宴』はもともと舞台劇として書かれたもので、ヒンドゥー教の神インドラの天宮を描くファンタジーだった。カルカッタで映画館チェーンを持つマダン・シアターズ製作のこの作品は、現在でも挿入歌の最多記録となっているが、七〇曲という多さはさすがに例外的で、やがて映画の歌の数は一〇曲前後に落ち着いていく。

当時の歌は俳優自身が歌ったため、誰もが歌に挑戦した。『Achhut Kanya［不可触民の娘］』（36未）では、デビューしたての

この時代のスターたち

❖ズベイダー❖（1911～88）
王族に生まれ、一二歳でデビュー。サイレント映画出演のあと初のトーキー映画『アーラム・アーラー』（上写真）に抜擢。映画は大ヒットし、以後出演作多数。亡くなる直前まで母親役などを演じ続けた。

❖デーヴィカー・ラーニー❖（1908～94）
裕福な家に誕生、イギリスで育つ。帰国後、俳優・監督のヒマーンシュ・ラーイと出会い、二九年に結婚。映画デビューは三三年で、『不可触民の娘』（36／写真）が代表作。四〇年のラーイ没後は再婚し引退。

©NFAI

アショーク・クマールも、サイレント時代から活躍していた女優デーヴィカー・ラーニーも、達者な歌声を聞かせている。だが、やがてコーラス曲や脇役の歌は別人が吹き替えるようになり、吹き替え歌手の比重が大きくなっていく。インドでは吹き替えを「プレイバック」、吹き替え歌手を「プレイバック・シンガー」と呼び始め、その呼称が現在に至るまで使われている。

また、古典音楽を学んだ歌い手が、俳優として活躍する場合もあった。男優では、『ストリート・シンガー』（38）のK・L・サイガルや、ベンガル出身のパンカジ・マリクらが歌手としても有名で、パンカジ・マリクはタゴールの作詞作曲によるタゴールソングも好んで歌い、人気者になった。女優では、子役として映画デビューし、歌も自身で歌ったヌール・ジャハーンが、成長と共に美貌と美声でもてはやされた。

一方多言語製作は、三一年にはヒンディー語二三本、ベンガル語四本、タミル語

K・L・サイガル（1904〜47）

幼時から音楽の研鑽を積み、カルカッタの映画会社から三二年にデビュー。『ストリート・シンガー』（38／写真）などで人気者になる。インド独立の直前に病没。

©NFAI

KEY WORD

「ボンベイ映画界形成の担い手たち」

未来の"ボリウッド"に向かって

ボンベイ、現ムンバイはマハーラーシュトラ州の州都で、土地の言語はヒンディー語ではなくマラーティー語である。インド映画の父パールケーも母語はマラーティー語で、最初期の映画人は現マハーラーシュトラ州と隣のグジャラート州の人が多かった。その後、19世紀に「ベンガル・ルネッサンス」と呼ばれる芸術勃興を体験したカルカッタ（現コルカタ）のベンガル人や、パンジャーブ地方など西北インドの出身者も流入し、ボンベイ映画界はこれらの人々により発展していく。

そしてトーキー化以降ヒンディー語映画が作られていくのだが、これは英語以外のインドの共通語としては、ヒンディー語の存在が大きかったことによる。ヒンディー語の話者はボンベイよりもう少し北東の地域の人々だが、北インドで広範囲に話されている言語であり、当時マハートマー・ガーンディーが「ヒンドゥスターニー語」という名称で共通語化を目指してもいた。こうしてローカルなマラーティー語映画も作りつつ、ボンベイはヒンディー語映画の都となっていく。

以後のヒンディー語映画の進化は、多くの観客を魅了し、ヒンディー語を全土に普及させる役目も果たす。ヒンディー語映画は国民統合の重責も担いながら、独立後"ボリウッド"へと発展していくのである。（松岡環）

一本の三言語、二八本だったものが、四〇年には八言語一七〇本、四七年の独立時には一一言語二八〇本に増加する。Central Board of Film Certification（CBFC／中央映画検定局）の最新データ（一九年度）によると、現在は三九言語で一九四三本となっている。インド映画の製作本数は、全国九箇所のCBFCで検定を行い、通過した数が集計される。毎年のデータは、CBFCを統括するMinistry of Information and Broadcasting（情報放送省）のHPでチェックできる。

言語別製作本数の数え方は、例えばヒンディー語で撮影された作品がのちにベンガル語に吹き替えられた場合はそれぞれ一本と数えるため、映画の本数は必然的に多くなる。時には、両方の言語で同時並行的に撮影を進める場合もあり、カルカッタがベースのP・C・バルアー（ボルヤ）監督作『Devdas［デーウダース］』（35未）は、ヒンディー語版ではK・L・サイガルが主人公デーウダースを、ベンガル語版ではバルアー監督自身がデーウダースを演じるという形で、二本が同時に作られた。

三〇年代はインドの独立運動や社会運動が高揚した時期で、それを反映して、社会問題や政治問題を描く作品も増え始めた。ヒンディー語映画では、カースト問題を盛り込んだ『不可触民の娘』や、女性の結婚持参財問題を描く『Duniya Na Mane［世間は認めない］』（37未）などが注目を集めた。前者はサイレント期から活躍するドイツ人監督フランツ・オーステンの、後者は二九年にプラバート・フィルムを設立したV・シャーンターラーム監督の作品である。

そんな中、きわめつけの娯楽作品も製作された。「フィアレス（恐れを知らぬ）・ナディア」と呼ばれる女優が主演するアクション映画である。「ナディア」はオーストラリアからダンス団の一員として公演に来たメアリー・エヴァンスで、彼女は映画会社ワーディヤー・ムービートーンと契約し、映画出演を始める。『Hunterwali［ム

この時代の作品から

『ストリート・シンガー』（38）
監督…パニ・マジュムダール
孤児だった男女は放浪の歌手となる。二人の夢は都会の舞台で歌うことだった。インド版『スター誕生』。サイガルの美声が聞ける。

©NFAI

『Achhut Kanya［不可触民の娘］』（36未）
監督…フランツ・オーステン
バラモン商人の息子と不可触民の踏切番の娘は幼なじみ。結婚できないと承知している二人だが、様々な事件が起こり……。父親同士が親友という設定が当時では画期的。

©NFAI

チを持った女」』（35未）で一躍人気者になった彼女は、『Miss Frontier Mail〔ミス急行フロンティア号〕』（36未）、『Diamond Queen〔ダイアモンド・クイーン〕』（40未）等に次々と出演。短パン姿で男と闘うなど、大胆なスタントの数々で観客の度肝を抜いた。

ナディアことメアリー・エヴァンスは、六一年にワーディヤー・ムービートーンの社長であり、監督でもあったホーミー・ワーディヤーと結婚し、インドで生涯を終える。ワーディヤー一族はパールシーで、他にもアルデーシール・イーラーニーら、ボンベイ映画界にはパールシーも多かった。もちろんヒンドゥー教徒やイスラーム教徒も多く、ほかにもクリスチャンなど、宗教の違う人々が一緒に働いていた。また、カルカッタからボンベイにやってくるベンガル人の映画関係者も増えていき、宗教も出身地も様々に異なる人たちが、のちの「ボリウッド」を形成し始めるのである。

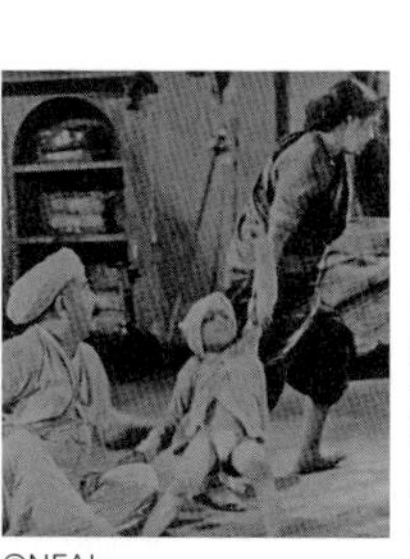

©NFAI

『Sant Tukaram〔聖人トゥカーラーム〕』（36未）
監督…V・G・ダームレー
F・シェイク
マラーター地方の一七世紀の聖人トゥカーラームの伝記映画。家庭人としての姿も描かれ、ユーモアもたっぷり。宗教賛歌が聞ける。

KEY WORD

「プレイバック方式」
芸術表現の専門化

吹き替えを「プレイバック」と称するのはインド独特だと思うが、出演者の歌の吹き替えは、どこの映画界でも行われている。60年代のハリウッド・ミュージカルでは、『ウエスト・サイド物語』のマリア（ナタリー・ウッド）の声がマーニ・ニクソンによって吹き替えられたのを筆頭に、クレジットされないだけで多くの歌声が別人のものだった。インドの場合、音源にもちゃんと歌い手の名前がクレジットされるのが、他国とは違うところである。

総じてインド人は音感がよく、俳優が歌う歌も結構聞ける。だが、専門の歌手の歌声を聞いてみると、やはり俳優たちには備わっていない歌唱力、表現力があり、実に心地よい。古典音楽を学んだ者だけが身につけられる、音楽理論に裏打ちされたスキルである。耳の肥えたインド人観客が、プロ歌手の歌を歓迎したのは当然だ。

しかし、インドのプレイバック・シンガーたちの歌を音源で聞いていると、ちゃんとラター・マンゲーシュカルの声、アーシャー・ボースレーの声に聞こえるのに、いざ画面で聞くと、演じている女優の声にしか聞こえないのはなぜだろう。演技、振り付け、撮影、編集等々が作り上げるインド映画の「ミュージカル」シーンの素晴らしさは、他人の歌声さえもスターに同化させてしまう、インド大魔術と言っても過言ではないのだ。（松岡環）

〔南インド映画〕

安宅 直子

南インドの映画史の本論に入る前に、言語の分布と、映画創始期の行政区分を見ておこう。現在の南インド五州にあたる地域では、タミル語、テルグ語、カンナダ語、マラヤーラム語の四大言語が主に話され、その他にトゥル語、コダグ語、ダキニー・ウルドゥー語などの少数言語がある。今日まで映画が産業として成り立っているのは右の四大言語である。行政的にはハイダラーバード、マイソール、コーチン、トラヴァンコールなどの藩王国があり、英国の保護下で藩王によって統治されていた。それら藩王国以外の広大な領域は、英国の直接統治下のマドラス管区で、その主都はマドラス（現タミル・ナードゥ州都チェンナイ）市であった。最先端のテクノロジーを使った映画という娯楽も、都市マドラスにおいて発展した。マドラス管区は、南インドの全ての言語領域をカバーしていたので、タミル語以外の各言語の映画産業もマドラス市に集まり、ここをハブとする状況は九〇年代初めまで続いた。つまりマドラス市は全ての南インド人にとっての「映画の都」だったのである。以降の記述がマドラス市とタミル語映画界に偏っているという印象を持たれる読者がいるかもしれないが、こうした背景があってのものなのである。

南インドでの初の劇映画はサイレント作品『Keechaka Vadham［キーチャカ殺し］』（17未）であった。トーキーとしてはタミル語の『Kalidas［カーリダース］』（31未）が最初で、テルグ語の『Bhakta Prahlada［帰依者プラフラーダ］』（32未）、カンナダ語の『Sati Sulochana［貞女スローチャナ］』（34未）、マラヤーラム語の『Balan［バーラン］』（38未）が続いた。トーキー初期の映画人は多くが大衆演劇出身者で、映画の題材もまたその演目から取り入れられ、神話を基にしたものが主流だった。

チェンナイのカジノ劇場
チェンナイの現役の映画館で最古のもののひとつ、一九四一年開業。

Photo by Naoko Ataka

1941〜1950

燃え上がる愛国心

［北インド映画］

松岡 環

一九四七年、イギリス領インドは、インドとパキスタンに分かれて独立を果たす。パキスタンはイスラーム教を国教とし、ムスリム（イスラーム教徒）が多い地域を自国領土にしたため、インドを挟んで東パキスタンと西パキスタンとに分かれることになった。国境線が決定すると、東西パキスタンとインドの国境地帯には、隣国へと移動しようとする人々が多数出現した。移動の過程で様々な感情が爆発し、イスラーム教徒とヒンドゥー教徒やシク教徒が対立する事件も多く発生、やがてそれは流血の惨事になっていく。この時の凄惨な記憶が、印パ両国が後々まで対立する原因になる。

分離独立も含めて、四〇年代はインドにとっても、インド映画界にとっても過酷な時代となった。第二次世界大戦にイギリスが参戦した影響や、国外にいるスバーシュ・チャンドラ・ボースのインド国民軍創設とその後の事故死、日本軍のインド空爆など、数々の事件がインドを襲った。独立に向けての各政党——国民会議派やムスリム連盟の動きも、人々の心を騒がせた。社会情勢の影響を受けて映画製作本数も一時減少したが、そんな中で人々に支持されたのが、愛国映画であった。

例えば、アショーク・クマール主演の『Kismet［運命］』（43未）は、スリである主人公が妹を養う舞台女優と恋仲になり、彼女を助けようとする話だが、劇中の舞台で歌われる「退け世界の人々よ、インドは我らのものだ」という歌は、観客に大いに歓迎さ

この時代のスターたち

✤M・G・ラーマチャンドラン✤
（1917〜87）

略称MGR。アクションと政治メッセージを看板に、人気スターとして多くの作品でヒーローを演じた。七七年、ファンクラブの強力な支援をバックに州首相に就任。在職中に病死し、葬儀には膨大な数の州民が集まった。MGR逝去の四年後に州首相となった女優ジャヤラリタは、彼の愛人だったと言われている。

『コートニース博士の不滅の生涯』のプレス。業界試写で配られるもので、ストーリーと歌の歌詞が掲載されている

れた。舞台にセットされた巨大なインド地図を背景に、兵士や女性たちによって歌われるこの歌のシーンは、「愛国心」を表象する時に今でもよく引用される。

また、西インドのプネーに大手映画会社プラバートを設立（跡地が現在の映画・TV研究所になっている）し、のちにはボンベイに移って別の映画会社を作ったV・シャーンタラームは、『コートニース博士の不滅の生涯』(46)を撮る。日中戦争さなかの三八年に、中国に派遣されたインド医療使節団を描いたもので、メンバー五人のうち、中国の石家荘で亡くなった医師コートニースが主人公だった。製作、監督、主演をこなすことも多かったシャーンタラームは、同じ様に一人三役で映画を作り始めたラージ・カプールと共に、ボンベイ映画界の核となっていく。

この時期のインド映画界に大きな影響を与えたのが、IPTA（インド人民劇場協会）である。四一年にバンガロールでの人民劇場創設から始まったこの運動は、四三年に全国的組織となり、進歩的な演劇人や演劇団体、音楽家、文化団体などが参加した。ボンベイやカルカッタの映画界で活躍する人々も多く、当時のリストには、ヒンディー語映画界の俳優プリトヴィーラージ・カプール、バルラージ・サーハニー、脚本家K・A・アッバース、ベンガル語映画界の監督リッティク・ゴトク、俳優ウトパル・ダット、さらに音楽家のラヴィ・シャンカル、サリル・チョウドリーらの名前も見える。

K・A・アッバースは『コートニース博士の不滅の生涯』の脚本家であり、のちにラージ・カプールの監督・主演作『放浪者』(51)や『詐欺師』(55)などの脚本も書いた人で、ラージ・カプール作品に社会的視点を持たせた立役者だった。IPTAの活動に刺激され、社会の様々な問題に目を向ける映画人も増加し、独立直後から五〇

ナルギス（1929~81）

四三年にデビュー。ラージ・カプールの相手役として多くの作品で共演。私生活でも妻子あるラージと関係があったが、『Mother India［インドの母］』(59未)で共演したスニール・ダットと結婚。国会議員にも選ばれた。息子はサンジャイ・ダット。

©NFAI

この時代の作品から

『コートニース博士の不滅の生涯』(46)

監督：V・シャーンタラーム

本文中にあるような物語なので、ほとんどの舞台が中国（もちろんセット）。中国人女性を演じたジャヤシュリーは細い目のメイクを施した。

『Kalpana［空想］』(48未)

監督：ウダイ・シャンカル

ラヴィ・シャンカルの兄で、舞踊劇団を主宰するウダイが、自らの思

年代にかけては、社会派の秀作が数多く生まれた。

四〇年代は、プレイバック方式が定着した時期でもあった。独立直前にK・L・サイガルが病死し、独立直後には歌姫であり、美人女優でもあったヌール・ジャハーンがパキスタンに移住してしまったため、ボンベイ映画界は危機に直面するが、それを救ったのが、次々とデビューしたプレイバック・シンガーたちだった。中でも、四二年に女優兼歌手としてデビューしたラター・マンゲーシュカルは、そのたぐいまれなる美声と古典音楽を学んだ歌唱力から人気が出て、最終的には歌手に専念する。四八年には妹のアーシャー・ボースレーもプレイバック・シンガーとしてデビューし、この女性歌手二人の歌声が九〇年代までインド映画界を席巻するのである。

男性のプレイバック・シンガーで、四一年にデビューしたムケーシュ、四四年にデビューしたムハンマド・ラフィーらも加わり、プレイバック方式は完全に定着した。

想を注ぎ込んだ作品。モダンかつ伝統を生かした舞踊が圧巻。

「マハートマー・ガーンディー」

インド独立運動の父

ガーンディーは、イギリス、アメリカ、インド合作映画『ガンジー』(82)が誕生するまで、インドの劇映画で描かれたことはなかった。警察署や裁判所などに掲げられた肖像写真としての登場はあったが、彼の個人生活に踏み込んだ作品はなかったのである。『ガンジー』以降、ガーンディーを主人公にしたり、彼を画面に登場させたりする作品が増えていく。

ガーンディーの伝記や、彼が歴史上の人物として登場する作品としては、シャーム・ベネガル監督作『The Making of Mahatma〔マハートマーの形成〕』(96未)や、息子との関係を描いた『ガンジー、わが父』(07)がある。その他、ガーンディー暗殺を追った『Hey Ram〔おお、神よ〕』(00未)や、サルダール・パテールの伝記映画『Sardar〔サルダール〕』(93未)にも、ガーンディーは登場する。

ユニークなのは「空想のガーンディー」が登場する作品で、『私はガンディーを殺していない』(05)は認知症になった元大学教授が、自分はガーンディー暗殺に関わったと思い込む話である。また、『きっと、うまくいく』(09)のラージクマール・ヒラニ監督作品『Lage Raho Munna Bhai〔その調子で、ムンナー兄貴〕』(06未)では、ヤクザの兄貴分の前にガーンディーが現れ、知恵を授ける。こうなってくると、もう神様である。(松岡環)

また、アショーク・クマールの弟キショール・クマールも四六年に俳優デビューし、コメディ映画で人気者になるが、同時にプレイバック・シンガーとしても活動を始める。この三人が、八〇年代まで、男性プレイバック・シンガーの黄金期を築く。ほかに、ベンガル語、ヒンディー語両映画で活躍した歌手ヘーマント・クマールやマンナー・デーもこの頃にデビュー、作曲家としても活躍した。二人は脇役の歌やBGMで流れる歌を担当したが、そこからも多くのヒット曲が生まれた。

独立した喜びの中にも、四七年の独立直後からカシミール地方の帰属を巡ってパキスタンと戦争状態になったり、四八年一月には独立運動の父と言われたマハートマー・ガーンディーが暗殺されたりと、不幸な出来事も続いた。だが、高揚感は五〇年代へと持続し、インドの映画界は大きくなっていくのである。

［南インド映画］

安宅 直子

この時代には、マドラス市に多くのスタジオが創設された。ここで言うスタジオとは、単なる撮影施設ではなく、同時代のハリウッドのものに近い、製作・配給・宣伝を自社でまかなう複合的な製作会社だった。四〇年代にはジェミニ、AVM、ヴィジャヤ・ヴォーヒニの有力スタジオが出揃った。マドラス市で製作されたテルグ語の神話映画『Bhookailas［地上の楽園］』（40末）は当時の状況を端的に示す作品で、製作者はタミル人、主演俳優はカンナダ人、監督はコーンカニー語話者、脚本家だけがテルグ語母語話者というものだった。こうした環境で製作される作品は、どの言語で作っても似たような見た目になってしまう問題があり、業界人や評論家などの間では、どのようにして作品に「ネイティヴィティ」（作品の背景として設定された土地の真正の風俗描写や空気感）を創出できるかが議論の種だった。

『灼熱の決闘』（48）
監督…S・S・ヴァーサン
王国の王子兄弟の争いを描く活劇大作。弟王子打倒のため、大太鼓に兵を隠して城内に運び込み、その上でたくさんの踊り子たちが踊るシーンは圧巻。タミル語映画でヒンディー語版も作られ、日本でも公開された。

第二次世界大戦末期には物資の欠乏から一時的に製作本数が落ちたが、一九四七年のインド独立によって息を吹き返した。トーキー初期に主流だった神話映画と並んで、「ソーシャル（現代劇）」と称された作品の製作本数が増え、建国の理想や社会改革への渇望がメッセージとして込められた。また、「フォークロア」と称される、コスチューム・プレイと剣戟ものアクションとを併せ持つ、娯楽性第一のジャンルも四〇年代末から盛んになった。分離独立の動乱の影響をあまり受けなかった南インドだが、北インドと同様に歌謡シーンにはプレイバック方式が定着した。

この時代の重要な映画人を一人挙げるならば、アメリカ人エリス・ダンガンであろう。三〇年代にカリフォルニアで映画製作を学んだ後に渡印し、三六年から五〇年までの間に一〇本以上のタミル語映画を監督した。彼は演出やメイクにまで最先端のハリウッドの技術を取り入れ、南インド映画の質的向上に多いに貢献した。

この時代の監督

エリス・ダンガン（1909～2001）

©S.Ramanathan

KEY WORD

「インド・パキスタン分離独立」

現在に至る対立の出発点

インドは、1947年8月15日に独立を宣言した。一方パキスタンは8月14日に独立を宣言、インドに1日先んじることを選んだ。このように、インドとパキスタン（以下「印パ」）が別々の国となって独立したことは、あとあとまで禍根を残すことになった。

本文中にも書いたとおり、独立時には流血事件が多数発生、また47年10月には、北端のカシミール地方の帰属を巡って印パは戦争状態に突入する。カシミールの住民はイスラーム教徒が多かったのだが、統治していた藩王がヒンドゥー教徒だったためインド帰属を選び、それが紛糾の元となった。戦闘は翌48年末まで続き、カシミールをインドが実効支配する形で停戦となる。

これが第一次印パ戦争で、その後もカシミールの帰属問題を巡って、65年に第二次印パ戦争が起きる。約2ヶ月間の戦いで停戦に至るが、カシミール問題は未だに解決を見ていない。また71年には、東パキスタンの独立闘争をインドが支援して介入し、パキスタンとの間で戦闘になった。この時はインドがパキスタンに圧勝、東パキスタンはバングラデシュとして71年12月16日に独立した。

その後も今日に至るまで、印パ間の緊張は解けていない。右派政党のモーディー政権下での解決は、不可能に近い。（松岡環）

理想に燃えた建国期

［北インド映画］

松岡 環

『詐欺師』のソング＆ダンスシーン
中央がラージ・カプール
©NFAI

一九四七年の独立直後の混乱を克服し、五〇年代に入ったインドは、自ら独立を勝ち取った高揚感溢れる中で国家建設に邁進する。五一年には第一次五カ年計画が開始され、ジャワーハルラール・ネルー首相を党首とする政権政党国民会議派は、五五年の大会で「社会主義型社会の建設」を決議した。同年、インドネシアのバンドゥンで開かれたアジア・アフリカ会議で、ネルー首相はインドネシアのスカルノ大統領、中国の周恩来首相らと共にリーダー的役割を果たす。このような高揚感は映画界にも波及し、理想主義や社会改革精神を謳う映画がいくつも生まれた。

その代表格が、ラージ・カプール製作・監督・主演による『放浪者』（51）と『詐欺師』（55）である。判事の息子に生まれながら、父の誤解で母と家を追い出され、貧困の中で悪に手を染める「アーワーラー（放浪者）」のラージ。大学を出て都会に来たものの、職が見つからず、善良な人間から人を騙す「四二〇氏（詐欺師。詐欺罪を規定する法律第四二〇条から）」に変身するラージ。ＩＰＴＡのＫ・Ａ・アッバースが脚本を担当したこの二作品により、ラージ・カプールは時代を体現するスターとなる。

この二作品は、格差や貧困等の社会矛盾を描きながらも、恋愛

この時代のスターたち

ディリープ・クマール（1922〜）

本名モハンマド・ユースフ・カーン。四四年デビュー。『Devdas［デーヴダース］』（55未）、『偉大なるムガル帝国』（60／写真）等大作に出演。

©NFAI

デーウ・アーナンド（1923〜2011）

粋な二枚目で人気者の俳優兼監督。兄と弟も監督で、彼らの作品やグル・ダットの初期作品に主演。

©NFAI

シーンやミュージカル・シーンがいくつも挿入された、娯楽性にも富んだ作品だった。『放浪者』の「俺は放浪者」、『詐欺師』の「僕の靴は日本製」「恋が芽生えた」を始めとする挿入歌の数々は、今に至るまで人々に愛唱されている。また、この二作品は当時のソ連や中国でも大歓迎され、ラージ・カプールは特にソ連で人気者となった。相手役の女優ナルギスもまた、この二作品でインドを代表する女優となる。

同様に、社会問題に目を向けた作品を世に出した監督としては、『2エーカーの土地』（53）や『Sujata〔スジャーター〕』（59未）などのビマル・ローイ監督がいる。またV・シャーンターラーム監督も、囚人の更生をテーマにした『ふたつの目、12本の手』（57）など、社会派の娯楽作を作った。

五〇年代は、インドの映画技術が進歩を遂げた時代でもあった。五二年には、初のカラー作品『アーン』がマハブーブ・カーン監督によって完成した。ディリー

©NFAI

❧マドゥバーラー❧（1933〜66）
五〇年代のトップ・ヒロイン。グル・ダット監督作『55年夫妻』（55／写真）や『偉大なるムガル帝国』（60）で印象に残るヒロインを演じた。

KEY WORD

「インドの神話映画」
スクリーンで御開帳する神々

インド初の国産映画『Raja Harishchandra〔ハリシュチャンドラ王〕』（13未）は、「マハーバーラタ」などに記述のあるエピソードに基づいたもので、当時のマラーティー語地域の大衆演劇で好まれていた演目のひとつでもあった。以降、トーキー化を経て、1930年代の終盤まで、神話映画は全インド的に盛んなジャンルだった。ヒンディー語映画では40年代には下火になったが、グジャラーティー語、タミル語、テルグ語などの映画ではその後も人気ジャンルであり続けた。特にテルグ語映画では、21世紀に入ってからも、人気俳優を配して大型予算を投じた作品が時に現れ、ヒットすることもある。神話が題材といっても、必ずしも厳かなものばかりではなく、世俗のコメディーを天界に移し替えたようなものもある。キンキラ装束の神々の姿にはキッチュと荘厳とが混じり合う。神話映画に近いジャンルに、実在のバクタ（帰依者）を主人公にした、バクティと呼ばれる聖者伝もある。ヒンドゥー教の聖者には、讃歌を通じて信仰を広めた人々が多かったため、バクティ映画もまた通常よりも多めの楽曲で彩られる。70年代からは、神々が現代のインドに降り立ち、世の人々と交流する、現代風神話ファンタジーも生まれた。『Yamagola〔冥界大混乱〕』（77未）などが代表例である。（安宅直子）

プ・クマール演じる若き農民が活躍するこの映画は、短縮編集版が日本でも公開された。マハブーブ・カーン監督は、五九年には農村に生きる強靭な母親を描く『Mother India［インドの母］』（59未）も撮っており、主演したナルギスはカルロヴィ・ヴァリ国際映画祭の主演女優賞ほか、多くの賞を受賞した。

そして五九年には、初のシネマスコープ（日本語の略称は「シネスコ」）作品『紙の花』が生まれる。従来の「スタンダード」と呼ばれる横四対縦三の画面に対し、「シネスコ」は一二対五と、ぐんと横長だった。『紙の花』は、主演もこなしたグル・ダット監督の実人生をなぞるような女優と監督の恋物語だが、シネスコ画面を巧みに生かしたグル・ダット監督のカメラワークは新鮮で、以後インド映画はほとんどがシネスコになっていく。カラー化と大画面化は、インド映画の娯楽性をさらに高めた。

一方、東インドのベンガル語映画界では、サタジット・レイ監督がデビュー作『大地のうた』（55）を完成させていた。ビブティブション・ボンドパッダエの大河小説を映画化したこの作品は、カンヌ国際映画祭でベスト・ヒューマン・ドキュメント賞を受賞し、国際的に注目される。貧しいバラモン一家の、幼い息子オプーとその姉ドゥルガの日々を、ベンガル農村を背景にみずみずしく描くこのモノクロ作品は、世界の目、特に欧米の人々の目をインド映画に向けさせるきっかけとなった。続いてレイ監督は、オプーの成長を追う『大河のうた』（56）と『大樹のうた』（59）を撮るが、これらは「オプー三部作」と呼ばれて、日本でも多くのファンを獲得した。

さらにベンガル語映画には、リッティク・ゴトク監督が登場する。デビュー作『Nagarik［市民］』（53未）に続き、タクシー運転手の車への偏愛を描く『非機械的』（58）で、彼はベンガルのシネフィルたちから強い支持を集める。他にも『雲のかげ星宿る』（60）や『黄金の河』（62）など、個性的な八作品を監督したが、国際的な賞

この時代の作品から

©NFAI

『渇き』（57）
監督：グル・ダット
カルカッタを舞台に、売れない詩人と娼婦が心を通わせ合う。

©NFAI

『Mother India［インドの母］』（59未）
監督：マハブーブ・カーン
二人の息子を育てる農民の寡婦。だが下の息子は盗賊になり……。

とは無縁のまま七六年に亡くなった。彼の作品が評価されるのはその死後である。

レイ監督やゴトク監督作品のような歌も踊りも入らない映画、娯楽映画ではない作品は、その後「アート・フィルム（芸術映画）」と呼ばれるようになり、地元での上映のほかは、五二年から始まったインド国際映画祭などの映画祭の場で上映されることになる。インド国際映画祭は情報放送省の主催だが、同省管轄の中央映画検閲局（八三年に中央映画検定局と改称）も五二年に発足し、インド映画と輸入映画の全作品がチェックを受けることになる。さらに五四年には、インド国内映画祭も始まり、国家映画賞が授与されるなど、映画振興政策が推進されていく。

製作本数は、五〇年代が二〇〇本台、続く六〇年代が三〇〇本台、七〇年代前半が四〇〇本台と推移し、その後急速に増加するが、その発展の基礎となったのが、五〇年代の技術革新と映画振興政策だったのである。

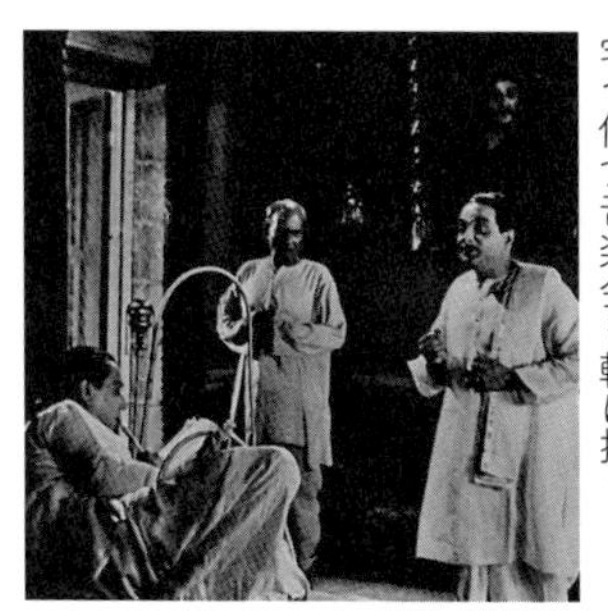

『音楽ホール』（58）
監督…サタジット・レイ
一九二〇年代のベンガル地方で、地主が没落していくさまを、自宅で催す音楽会を軸に描く。

KEY WORD

「アート・フィルムの誕生」
育んだ映画祭とシネクラブ

サタジット・レイは当初広告会社に勤務していたが、1950年に派遣されたロンドンで、欧米の秀作映画に触れる。イタリア映画『自転車泥棒』(48)など100本近い作品を見て影響を受けたレイは、インド的な歌や踊りの入る映画ではなく、欧米作品のような映画を撮ることを目指す。

また、52年に初開催されたインド国際映画祭では、イタリアのネオレアリズモ作品が特集上映された。ボンベイ、マドラス、デリー、カルカッタ、トリヴァンドラムで順次開催されたこの映画祭では、『自転車泥棒』、『無防備都市』(45)や『ミラノの奇跡』(51)などが上映され、映画関係者や若者たちに影響を与えた。

さらにシネクラブ運動（映画を借りて自主上映する運動）が、商業上映以外の作品を見る機会を各地の映画好きに提供した。外国映画は各国文化機関から借り出したり、64年にできたインド映画史料館から収蔵作品を借り出したりして、シネクラブ運動は続けられた。

こうしてレイに続き、従来のインド映画とは違う作品を作る監督が少しずつ登場する。彼らの作品は「アート・フィルム（芸術映画）」と呼ばれ、それ以外の「コマーシャル・フィルム（商業映画）」、「フォーミュラー・フィルム（定型映画）」等と呼ばれる娯楽映画とは、区別されるようになる。（松岡環）

［南インド映画］

安宅 直子

五〇年代のタミル語映画界は特異な政治の季節を迎えた。三〇年代から起こったドラヴィダ運動は、ドラヴィダ進歩連盟（DMK）という政党の結成を経て、広範な支持を得た。その理念は、反バラモン、反ヒンディー語、反ヒンドゥー教をベースに、ドラヴィダ人としての民族自決を目指すというものだったが、実態はタミル民族主義で、南インドの他の言語圏は同調しなかった。DMKは映画を通じた宣伝を効果的に行い、「DMK映画」と呼ばれる作品がタミル語映画の主流となった。

南インド全域では、一九五六年の州再編のインパクトが巨大で、四七年のインド独立よりも映画界に及ぼした影響は決定的だった。独立時点でマドラス管区と幾つかの旧藩王国から成っていた南インドは、複数の言語の混在する領域だった。ここに言語別の線引きがなされ、タミル語を主要言語とするマドラス州（現タミル・ナードゥ州）、テルグ語のアーンドラ・プラデーシュ州（今日のテランガーナ州も含む）、カンナダ語のマイソール州（現カルナータカ州）、マラヤーラム語のケーララ州に分かれた。そしてマドラス（現チェンナイ）市はマドラス州の州都となった。言語領域が地方自治の政治単位と重なったことにより、多くの人々のアイデンティティの中心に母語が埋め込まれ、覚醒した。例えば、インド人やヒンドゥー教徒である前に、自分はタミル人であると認識する人が多く生まれたのだ。これにより、母語を巧みに操る俳優が、民族の象徴的指導者としてカリスマの地位を得る現象への道が開かれた。話者人口の規模から、北インドではヒンディー語民族主義は起こらなかった。南インド各州の人口規模、三〇年代のトーキー化の後のこの時点での言語州の成立というタイミングが、言語に基づく民族主義と映画との結びつきを生んだのだ。

この時代の作品から

『Andha Naal［あの日］』（54未）
監督…S・バーラチャンダル
日本軍のマドラス空爆を背景にしたスリラー。『羅生門』（50）から着想を得た。タミル語。

『Maya Bazar［マーヤー・バザール］』（57未）
監督…K・V・レッディ
「マハーバーラタ」の地方的バリエーション。オールスター競演のテルグ語の神話映画。

『Bedara Kannappa［狩人カンナッパ］』（54未）
監督…H・L・N・シンハ
シヴァ神に自らの目を捧げた熱烈な帰依者の物語。ラージクマールのデビュー作。カンナダ語。

『Neelakuyil［青い郭公］』（54未）
監督…P・バースカラン、ラーム・カーリヤーット
被差別カーストの女性と恋仲になった、高位カーストの男のエゴイズム。マラヤーラム語。

カラー化とシネスコ化で発展する映画産業

松岡 環

［北インド映画］

六〇年代のインドは中国との国境紛争から始まり、一九六四年のネルー首相逝去や六五年の第二次印パ戦争もあったが、六六年にネルーの娘インディラー・ガーンディーが首相に就任してからは、世情が比較的安定する。インディラー・ガーンディー政権は後に強権政治となって国民生活に影を落とすが、それ以前の六〇年代、発展に向かう祖国を背景に、インド映画は庶民の最大の娯楽として進化していく。

カラー化から一〇年、インド映画では海外ロケが盛んに行われるようになった。その草分けが、ラージ・カプール監督・主演作『Sangam［合流点］』（64未）である。一人の女性を巡る男性二人の恋と友情を描いた本作には、ヨーロッパ・ロケが登場し、ローマのトレビの泉やパリのエッフェル塔、スイスの雪景色などが観客を楽しませた。モノクロ作品でも、シンガポール・ロケを多用した『Singapore［シンガポール］』（60未）などの例があるが、カラーで映し出される外国風景の美しさは格別だった。

また、六四年の東京オリンピック後の日本にロケした『Love in Tokyo［東京の恋］』（66未）では、東京タワーやモノレール、銀座の夜景など、先進国日本のイメージが提示されると同時に、京都や安芸の宮島、そして広島の原爆死没者慰霊碑も画面に登場した。日本の原爆被害を扱った作品としては、他にも『Aman［平和］』（67未）があり、こちらはインド人医師が原爆症患者を助けようと日本にやってくる、

この時代のスターたち

ダルメーンドル（1935〜）
パンジャーブ州出身。マッチョさが売り物だが、文芸作品も似合った。妻はヘーマー・マーリニー。

Photo by R.T. Chawra

ラージェーシュ・カンナー（1942〜2012）
一〇六本に主演したこの時代のスーパースター。甘いマスクとスマートな振る舞いで人気者に。

©NFAI

『Sara Aakash［天空］』(69未)
結婚してもなかなか心を通わせられない若い二人の物語
©NFAI

という話で、やはり日本各地でロケが行われた。外国での大規模なロケができるぐらい、インド映画界は資金力を蓄えてきたのである。

大型作品が作られるようになったことも、その表れである。壮大な時代劇『偉大なるムガル帝国』(60)は、アクバル大帝とその息子サリームが踊り子アナールカリーを巡って争う物語で、戦闘や王宮の場面など、製作費のかかったシーンが続出する。この作品は当初パートカラーとして、一部のソング&ダンスシーンのみがカラーで撮られたのだが、二一世紀になって、デジタル処理で全編カラーに生まれ変わった。

六〇年代、ヒンディー語映画界では華やかなスターが次々と誕生し、豪華な作品の中で輝きを見せていく。男優では、ラージ・カプールの弟シャンミー・カプールが、ダンスの巧みさから「インドのエルヴィス・プレスリー」と呼ばれて人気者になり、もう一人の弟シャシ・カプールもデビューする。ほかにも、映画雑誌のタレント・コンテスト出身のダルメーンドルや、甘い二枚目のラージェーシュ・カンナーらがデビュー、ラージェーシュ・カンナーは『Aradhana［祈り］』(69未)でトップ男優の座に駆け上がった。

『祈り』の相手役はシャルミラー・タゴールで、サタジット・レイ監督のオプー三部作の一つ『大樹のうた』(59)でデビューした女優である。ベンガル語映画界からヒンディー語映画界に移ったシャルミラー・タゴールは、一作目の『Kashmir Ki Kali［カシミールのつぼみ］』(64未)からたちまち人気女優となる。

同じく、他言語の映画界からヒンディー語映画界に移った人気女優には、『合流点』のヴァイジャヤンティマーラーがいる。彼女は四九年にタミル語作品でデビューし、五〇年代以降はヒンディー語映画を主としつつ、南インド映画にも出演した。彼女のあと、タミル語映画女優がヒンディー語映画に進出する流れができ、古典舞踊手

ミーナークマーリー(1933~72)

子役で映画界に入り、五〇年代にはヒロインに。悲劇のヒロインがうまく『旦那様と奥様と召使い』(62)は絶品。詩も書く才女だが(左は彼女の詩集)、酒害による肝硬変で早世した。

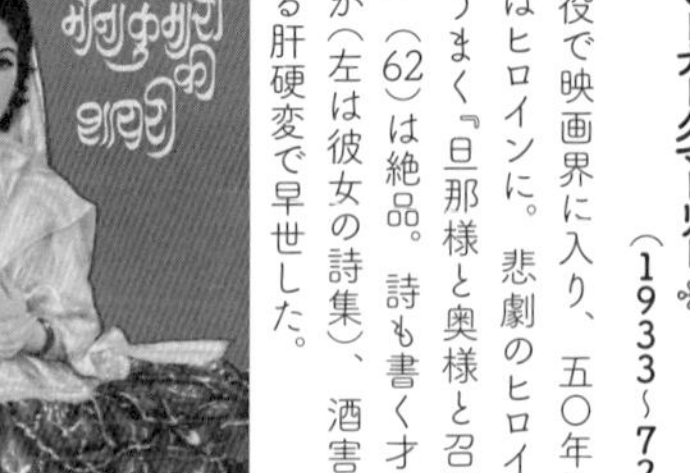

この時代の作品から

『Guide［ガイド］』(65未)

監督：ヴィジャイ・アーナンド

R.K.ナーラーヤンの人気英語小説の映画化。偶然から聖者として崇められるガイドの生きざまを描く。

©NFAI

ヘーマー・マーリニーは、『Sapno Ka Saudagar［夢の商人］』（68未）でラージ・カプールの相手役に抜擢される。この映画にちなんで「ドリーム・ガール」と呼ばれたヘーマー・マーリニーは七〇年代のトップ女優となり、さらにはレーカーらが続く。

六〇年代の終わり頃には、ほとんどの作品がカラーとなったが、アート・フィルムは低予算のためモノクロで撮られることが多かった。ベンガル語映画界ではサタジット・レイ、リッティク・ゴトク両監督のほか、ムリナール・センが五五年に監督デビューし、ほぼ毎年作品を世に出していく。また、ヒンディー語映画界からも、当時の文学運動「並行文学」の作品を原作に、マニ・コウル監督の『Us Ki Roti［弁当］』（69未）やバース・チャテルジー監督の『Sara Aakash［天空］』（69未）などが生まれ、「並行文学」のネーミングを借りて「パラレル・シネマ」と呼ばれるようになる。

この動きが七〇年代にインディアン・ニューシネマが生まれる下地となるが、

『Love in Tokyo［東京の恋］』（66未）
監督：プラモード・チャクラヴァルティー
兄の遺児を引き取りに東京に来た青年と、嫌な婚約者から逃げてきた娘とが恋に落ちる。日本のシーンは文化摩擦要素がいっぱい。

KEY WORD

「ビナーカー・ギートマーラー」
ラジオが生み出す流行歌

インドでは、映画音楽が即、流行歌、ヒット曲となる。今世紀に入ってからポップスも聴かれるようになったが、それ以前の流行歌と言えば映画音楽だった。

70年代までは、人々はLP盤やEP盤のレコードを買い、ポータブル・プレーヤーにかけて聞いていた。その後カセットテープが出現、ラジカセが流行した。カセットテープがCDになったのも束の間、やがてダウンロード方式になって、音源はすべてスマホの中、というのが昨今である。

これらの音楽ソフトと共に、いつの時代も映画音楽を流していたのがラジオである。面白いことに、独立後間もない頃からインド人の耳と心を捉えたのは、ラジオ・セイロンというスリランカの放送局だった。1952年から始まったインド映画音楽番組「Binaca Geet Mala」（「ビナーカー」は歯磨きのブランド名、「ギートマーラー」は「歌の花束」）は、88年までインド映画音楽をランキング形式で流し、インドでも大人気となった。

ランキングは、インドでのレコード売り上げと、リスナーからの葉書に基づいて決めたという。ラジオ・セイロンのあと、89年から93年まではインド国営放送が番組を引き継いで続けた。英語版ウィキペディア「Binaca Geet Mala」には、53～93年のトップ曲一覧が出ていて懐かしい。（松岡環）

政府の映画振興政策で六〇年に設立された映画金融公社（八〇年に映画振興公社／National Film Development Corporation＝NFDCと改称）も、ニューシネマ誕生の大きな助けになる。製作資金をローンで貸し与えたり、海外配給権とのバーターで資金を提供したりと、NFDCはアート・フィルム系作品の後ろ盾となっていく。

またボンベイに近い学園都市プネーには、六一年に映画研究所（のちに映画・TV研究所）が、六四年にはインド映画史料館（National Film Archive of India＝NFAI）が設立された。映画研究所は監督、撮影、編集等のスタッフや俳優を三年コースで養成する、いわば映画大学である。俳優コースは、女優シャバーナー・アーズミーや男優ナシールッディーン・シャーらニューシネマを担う俳優を輩出したあと一時中断するが、現在はまた復活している。

〔南インド映画〕

安宅 直子

南インド映画史上で初めてスーパースターと呼ばれることになる俳優たちの多くが、五〇年代に頭角を現し始め、六〇年代に人気絶頂となった。男優では、タミル語映画でMGR、シヴァージ・ガネーサン、テルグ語でNTR、アッキネーニ・ナーゲーシュワラ・ラーオ（通称ANR）、カンナダ語でラージクマール、マラヤーラム語でプレーム・ナジールなど。言語圏をまたいで活躍する傾向があった女優では、バーヌマティ、サーヴィトリ、ジャヤラリター、B・サロージャー・デーヴィーなど。いずれの映画界でも名優が綺羅星のようにひしめく活況となり、タミル語とテルグ語映画においては、五〇年代末から六〇年代を黄金期と形容することが多い。

ソーシャル（現代劇）、神話、フォークロアの三つのジャンルから名作が生まれたが、特にソーシャルの伸張が著しく、その内容も、かつての啓蒙主義的な生真面目

『パーキーザ 心美しき人』（72）
監督：カマール・アムローヒー
五六年に撮影開始後一時中断、一〇年以上後に再開されて七二年に完成。二代にわたる娼婦と良家の息子との恋を描く。封切り直後、主演のミーナークマーリーが逝去。

『パーキーザ』インド版プレスより

この時代の作品から

『Aayirathil Oruvan［千人に一人の男］』（65未）
監督：B・R・パントゥル
タミル語のフォークロアの代表作。遠流の刑に処された主人公の冒険譚。王女との恋と革命。

『Narthanasala［舞踊場］』（63未）
監督：カマラーカラ・カーメーシュワラ・ラーオ
「マハーバーラタ」の「ヴィラータ王の

さから脱して、ダンス、コメディー、アクションなどを備え、娯楽性が高まった。
業界の構造としては、製作や宣伝も行う丸抱え方式のスタジオが徐々に減少し、六〇年代末にほぼ消滅する。これ以降に成立するスタジオは、基本的には撮影施設である。古典的なスタジオ時代から、個々のスターたちが覇を競いあう時代への移り変わりの中で、それまで相対的に高かった女優の地位は徐々に低下していった。対照的にヒーロー俳優の力は増大し、企画・脚本先行でそれにふさわしい演じ手を選ぶというモデルから、ヒーロー俳優が一定期間ごとに新作を送り出すために、その意を満たす監督や脚本家が選ばれるという逆転現象が生じた。

ヒンディー語映画界からはやや遅れて、南インドでもカラー化が始まったが、それは極めてゆっくりした歩みで、オールカラー、パートカラー、モノクロの混在が続き、七〇年代に入りやっとオールカラーが常態化した。

巻」の映画化。ダンスが豪華なテルグ語の神話映画。

『Belli Moda［銀の雲］』(67未)

監督：プッタンナ・カナガール

資産家の娘と、その財産を目あてに婚約者となった男の関係のもつれ。カンナダ語。

『えび』(65)

監督：ラーム・カーリヤーット

因習的な漁村に暮らす女性とその夫、彼女に恋焦がれる仲買人の男の三角関係。マラヤーラム語。

「文学者とインド映画」
原作提供から脚本、作詞まで

ナンディター・ダース監督作『マントー』(18)に描かれたように、独立前からインド映画と文学者の縁は深かった。この映画の主人公サアーダット・ハサン・マントーのように、原作者や脚本家、時には作詞家として、インドでは多くの文学者が映画に関わってきた。

本文中に述べたように、「パラレル・シネマ」の作品は、「並行文学」の作家たちの小説を映画化したものである。マニ・コゥル監督作『Us Ki Roti［弁当］』(69未)はモーハン・ラーケーシュの、邦訳もある短編が原作だが、劇作家でもあるモーハン・ラーケーシュは、マニ・コゥルが書き上げた脚本の台詞を書く仕事もしたようだ。ヒンディー語映画では、「脚本」と「台詞」という二つのクレジットが別々に出ることが多く、プロットを書く人と会話を書く人は別であることがよくある。

バース・チャテルジー監督作『Sara Aakash［天空］』(69未)は、原作が大御所のラージェーンドラ・ヤーダウで、脚本がバース・チャテルジー、そして台詞のクレジットはカムレーシュワルとなっている。カムレーシュワルも映画との関わりが深い作家で、資料によると75本の作品に関係したという。歌の歌詞は詩人たちが作詞することが多く、「作詩」の方がピッタリの美しい歌詞は、のちのちまで人々に愛唱された。(松岡環)

1971〜1980

南インド映画の成長で世界一の映画大国に

松岡 環

［北インド映画］

七〇年代、インド映画の製作本数は一気に増加する。一九七〇年に三九七本だったのが、七一年には四三一本、七六年には五〇七本、七八年には六一二本と増えて、翌七九年には七〇七本と、短期間で倍近くに増えるのである。ヒンディー語映画も製作本数を増やしたのだが、南インドのタミル語とテルグ語の映画が、一〇年間で倍かそれ以上の作品を生み出すようになったのだ。南インド諸言語の映画については［南インド映画］部分を参照してもらいたいが、ヒンディー語映画もカラー＆シネスコ作品が定着し、豪華な大型娯楽作品を量産する時代に入った。

七〇年代前半の特筆すべき出来事は、アミターブ・バッチャンの登場である。デビュー当初は「詩人バッチャン・ジーの息子」という触れ込みで、文芸作品などに出ていたのだが、『Zanjeer［鎖］』（73未）と『Deewar［壁］』（75未）の辛口のヒーロー役で、一気にブレイクする。そのヒーロー像は、少し前に世界的に流行した「怒れる若者たち」になぞらえて、「Angry Young Man」と表現された。それまでの甘いマスクのヒーローたちとは一線を画す、社会への怒りを秘めた彼のキャラは、労働争議やデモが頻発したこの時代の雰囲気にピッタリだった。

アミターブ・バッチャンの人気は、七〇ミリの娯楽大作『炎』（75）で不動のものになる。ハリウッド映画『荒野の七人』（60）（原典は黒澤明監督の『七人の侍』（54））を

この時代のスターたち

✤アミターブ・バッチャン✤（1942〜）
デビューはムリナール・セーン監督作のナレーター。以来約五〇年間に二〇〇本以上に出演、ボリウッドのレジェンド的存在。

Photo by T. Matsuoka

✤リシ・カプール✤（1952〜2020）
ラージ・カプールの次男で、父の監督作でデビュー。甘いマスクとダンスでアイドル的スターに。

Photo by R.T.Chawla

インドに移し替え、アミターブとダルメーンドルの「二人の侍」に、相手役のヘーマー・マーリニーとジャヤー・バードゥリー（七三年にアミターブと結婚した演技派女優）、そして村長役のサンジーヴ・クマールという五大スターを使った本作は、観客から熱狂的支持を受け、その後何年間もロングランした。これにより、映画界にマルチスター（オールスターキャスト）映画ブームが巻き起こるのである。

マルチスター映画のような、娯楽大作を生み出せる凄腕の監督たちが揃っていたことも、この時代を華やかにした。『アマル・アクバル・アントニー』（77）などのマンモーハン・デーサーイーを筆頭に、『Kabhi Kabhie［時として］』（76未）や『黒いダイヤ』（79）などのヤシュ・チョープラー、『Muqaddar Ka Sikandar［運命の帝王］』（78未）などのプラカーシュ・メーヘラーらが競って大スターたちを起用し、あの手この手の複数ヒーロー物語を生み出していった。

©"Filmnews"Anandan

♣シヴァージ・ガネーサン♣（1928～2001）

五二年にデビュー、表情の豊かさと声の良さでたちまち人気者に。歴史劇や神話劇で本領を発揮したが、現代劇でも『第一の敬意』（85）など多くの代表作がある。三〇〇本超の作品に出演した。

KEY WORD

「マルチスター映画」
オールスターキャスト映画の興亡

マルチスター映画はなぜ生まれたか。一つにはこの時代、主役を張れる男性スターが揃ったことが挙げられる。ラージェーシュ・カンナー、ダルメーンドル、アミターブ・バッチャン、ヴィノード・カンナー、シャシ・カプール、シャトルガン・シンハー、サンジーヴ・クマール、リシ・カプールなど、少し年齢の違うそれぞれに個性的な男優たちがいて、彼らが共演することによって映画の面白さが何倍にもなったのである。

また、複数のヒーローとその相手役の女優たちにギャラが払えるだけの資金力が製作者にあったことも、大型映画を実現させた要因だ。インドの場合、映画製作はプロデューサー・システムで、プロデューサーがスタッフもキャストもバラバラに雇うシステムとなっている。一番高額なのがスターのギャラで、中でも男性のトップスターは高い。それを複数起用しても儲かるだけのヒットぶりだったのが、マルチスター映画だったとも言える。

あとは本文中にも書いたように、大型映画をこなせる豪腕監督が揃っていたことだが、ヒーローを複数擁する作品は、役柄設定がどうしても兄弟か友人同士に限られてきてしまう。80年代に入るとストーリーがマンネリ化し、マルチスター映画はだんだんと飽きられて、姿を消していくのである。（松岡環）

『芽ばえ』(74)
召使い夫婦の妻（シャバーナー・アーズミー）と地主の息子（アナント・ナーグ）

その一方で、「スモーリーズ」と呼ばれる作品群も登場した。「小品佳作主義」とでも呼べばいいか、低予算で大スターは出演しないものの、心の琴線に触れるようなストーリーが展開する作品群である。六〇年代から文芸作品などを撮ってきた監督たちが、就職や家捜しなどの現実的なテーマで作るようになったもので、バース・チャテルジー監督の『Rajnigandha［ラジュニーガンダーの花］』(74未)や『Chitchor［心盗人］』(76未)、ビームセーン監督の『ままごとの家』(77)などがヒットした。主演男優はアモール・パーレーカルが多く、彼は良質な低予算映画の顔となる。

そして、アート・フィルムは「ニューシネマ」と呼び名を変え、大転換を遂げる。七四年、シャーム・ベネガル監督がカースト制、地主制の矛盾を突く作品『芽ばえ』(74)を世に出したのだが、これが劇場公開されたことで一気に市民権を得るのである。カラー作品であり、不倫などの娯楽的な要素も盛り込んだ『芽ばえ』は、主演したシャバーナー・アーズミーのみずみずしい演技もあって、大きな話題となった。

シャーム・ベネガルは続いて、地主の村落支配構造を暴く『夜の終り』(75)や、被差別カーストを助けて牛乳共同組合を作ろうとする医師の話『攪拌』(76)などを世に出していく。シャバーナー・アーズミーとスミター・パーティルがベネガル作品の二大ヒロインであったが、彼女たちは娯楽映画界にも迎えられて人気スターとなる。男優では、ギリーシュ・カルナード、ナシールッディーン・シャー、オーム・プリーらが同様に、娯楽映画でも名優ぶりを発揮した。

ニューシネマは八〇年代半ばにかけて盛り上がりを見せ、西及び北インドではゴーヴィンド・ニハラーニー、ケータン・メーヘター、サイード・ミルザーら、ベンガル語映画ではアパルナ・セーン、ゴータム・ゴース、ブッダデーブ・ダスグプタら、北東インドではジャヌー・バルア、南インドではアラヴィンダン、アドゥー

この時代の作品から

『炎』(75)
監督：ラメーシュ・シッピー
本文で紹介した通り、インド映画ベスト中のベスト。台詞が最高。

『アマル・アクバル・アントニー』(77)
監督：マンモーハン・デーサーイー
親とはぐれ、異なる宗教の人に助けられた三兄弟が成長後に再会。

ル・ゴーパーラクリシュナン、ギリーシュ・カーサラヴァッリといった監督たちが世に知られていく。また、すでにベテランと言ってもいいムリナール・セーン監督は、七〇年代に入ると社会に鋭い目を向けた作品を撮り始め、『Chorus［コーラス］』（74未）はモスクワ国際映画祭で、『Oka Oori Katha［村の物語］』（77未）はカルロヴィ・ヴァリ国際映画祭で受賞する。世界で評価され始めたインドのニューシネマは、大きな潮流となるのである。

ニューシネマの作品は映画祭上映のほか、インド国営テレビ「ドゥールダルシャン（略称DD）」でも放映された。七〇年代のテレビ放送はまだモノクロで、受像器を所有している人も非常に限られたが、八二年にはカラー化し、税金も安くなって中流家庭への普及が始まる。さらに、七〇年代に登場したビデオは、八〇年代には国内でも普及していく。新メディアの攻勢開始前の、映画隆盛が七〇年代だった。

『サーカス』（78）
監督：アラヴィンダン
アラヴィンダン監督作は『魔法使いのおじいさん』（79）が有名だが、本作も秀作。村にサーカスが来て去るまでの物語。

KEY WORD

「映画と政治　三者三様」
MGR、NTR、ラージクマール

タミル語映画のスターM・G・ラーマチャンドラン（1917～87、通称MGR）はセイロン（現スリランカ）生まれのケーララ人だった。下積みを経て50年代末からスターとなり、民族主義政党ドラヴィダ進歩連盟の広告塔として政治的メッセージを織り込んだファンタジー映画に出演した。1972年に独自政党アンナー・ドラヴィダ進歩連盟を立ち上げ、77年から87年までタミル・ナードゥ州首相を務めた。

テルグ語映画のスターN・T・ラーマ・ラーオ（1923～96、通称NTR）はやはり50年代末からスターとなったが、俳優としてのキャリアに政治的な色彩はほぼなかった。82年に青天の霹靂（へきれき）のように独自政党テルグ・デーシャム党を結成し、83～95年の間、途中の下野を挟みつつアーンドラ・プラデーシュ州首相を3期に渡って務めた。

カンナダ語映画のスター、ラージクマール（1929～2006）は無数のファンから請われても選挙政治の世界には終生入らなかった。しかし82年にカルナータカ州を揺るがしたゴーカーク運動（義務教育の言語を巡って噴出したカルナータカ民族主義）では、当初文化人サークル内だけの細々としたキャンペーンだったものを、その参入により一気に大衆運動にまで押し上げた。彼らに共通するのは言語と民族の守護者のイメージだった。（安宅直子）

［南インド映画］

安宅 直子

七〇年代には、ヒーロー俳優の絶対化、つまりスターシステムが完成した。タミル語映画のトップスターMGRは政界に転じ州首相となった。

映画のジャンルではソーシャル（現代劇）が圧倒的となり、映画的表現もいっそう賑やかさを増していった。例を挙げれば、ダンスの重要性が増し、歌詞よりもビートに重きがおかれるようになった。また、本筋とはあまり関係なく、踊り専門の女優がセクシーに踊るキャバレー・シーンが増加した。フォークロア作品は周辺的となったが、アメリカのウエスタンをなぞった「西部劇もの」のような変種も生まれた。

アートは特にカンナダ語映画とマラヤーラム語映画で盛んで、前者からはギリーシュ・カールナード、後者からはアドゥール・ゴーパーラクリシュナンやアラヴィンダンなどの監督が登場した。アート・フィルムと商業映画の中間にある「ミドル・シネマ」と括られる作品を生む映像作家も出現した。カンナダ語で非スター主義・女性中心の作品を多く作ったプッタンナ・カナガール、マラヤーラム語で静けさを湛えた文芸的作品を手掛けたパドマラージャンやバラタンなどである。伝統的にアート・フィルムが振るわないタミル語映画でも、J・マヘーンドランがオフビート作品を送り出した。商業映画の世界では、K・バーラチャンダルとバーラティラージャーという二人の監督が新風を吹き込み、特に後者の手掛けた、農村が舞台のリアリスティックなメロドラマは「ヴィレッジ・シネマ」と呼ばれ、以降も続いた。

この時代に登場したスターは、タミル語映画でラジニカーントとカマルハーサン。テルグ語映画では六〇年代にデビューしたクリシュナとショーバン・バーブがトップを争った。女優ではシュリーデーヴィーが子役からヒロインに転じた。

この時代の作品から

『Uthiripookkal［散らされた花］』（79未）
監督…J・マヘーンドラン
エゴイズムにこり固まり、家族に対して暴君としてふるまう男の、転落の物語。タミル語。

『Alluri Sitarama Raju［アッルーリ・シーターラーマ・ラージュ］』（74未）
監督…V・ラーマチャンドラ・ラーオ
二〇世紀前半に、部族民を率いて英国軍と戦って敗れた、実在の英雄の物語。テルグ語。

『Bangaarada Manushya［黄金の人］』（72未）
監督…シッダリンガイヤ
身勝手な成員のせいで崩壊の淵にある名家を立て直そうと、都会から戻った男の苦悩。カンナダ語。

『Sarapancharam［矢の鎚］』（79未）
監督…ハリハラン
「チャタレイ夫人の恋人」に着想を得て、女性の性的欲望を描いた問題作。マラヤーラム語。

1981〜1990

「ボリウッド」の誕生

松岡 環

［北インド映画］

八〇年代に入ると、前述したように、マルチスター映画はマンネリ化して精彩を欠くようになり、八〇年代中盤すぎにはほぼ姿を消す。これにはもう一つ原因があって、アミターブ・バッチャンの動向が関係してくる。

七〇年代から八〇年代半ばまで、映画に出まくって多くの作品をヒットさせてきたアミターブの人気ぶりは、「ワン・マン・インダストリー」と揶揄されたほどだった。インド映画界は彼一人で持っている、というわけである。ところがマルチスター映画『Coolie［クーリー］』（83未）撮影中の一九八二年七月、アクションシーンでアミターブは鉄製テーブルを腹にぶつけ、瀕死の重傷を負う。幸い長期入院の末回復し、八三年一月から撮影に復帰したが、その間インド中の人々が彼の回復を祈ったのだった。

だが、八四年、シク教徒の独立運動が総本山の黄金寺院立てこもり事件に発展、それを弾圧したインディラー・ガーンディー首相は同年一〇月末に暗殺される。その後、長男のラージーヴ・ガーンディーが後を継いで首相に就任すると、直後に行われた総選挙にアミターブは立候補する。アミターブとラージーヴは昔からの親友で、彼を支えたい、というのが出馬理由だった。当選したアミターブは国会議員になったが、スイスに隠し資産を持っていたことが発覚し、八七年に議員を辞職する。

こうしてアミターブはトップスターの座からすべり落ち、代わって人気者になったの

この時代のスターたち

❖アニル・カプール❖（1956〜）
八〇年テルグ語映画でデビュー。ヒンディー語映画では八四年に主役デビューし、以来主演作多数。

Photo by R.T. Chawla

❖ジャッキー・シュロフ❖（1957〜）
八二年にデビュー。九〇年代末からは渋い脇役として活躍し、『サーホー』（19）等に出演。息子タイガー・シュロフも俳優。

Photo by R.T. Chawla

『チャーンドニー』(89未)
シュリーデーヴィーとリシ・カプール
©NFAI

が、アクション・ヒーローのジャッキー・シュロフとアニル・カプールだった。ジャッキー・シュロフはデビュー二作目の『Hero［ヒーロー］』（83未）が大ヒット、役名から「ジャッキー・ダーダー（兄貴）」と親しまれる。一方アニル・カプールは、初主演作『Woh Saat Din［あの七日間］』（83未）からコンスタントにヒットを出していたが、八七年の『Mr.インディア』がスーパーヒットとなって人気を不動のものにする。

そして、この二人よりも人気者になっていくのが、『Mr.インディア』のヒロインを演じたシュリーデーヴィーだった。六七年にタミル語映画の子役でデビューしたシュリーデーヴィーは、『Sigappu Rojakkal［赤いバラ］』（78未）などで人気女優になったあと、八三年からヒンディー語映画界で活躍を始める。ベテラン男優ジテーンドルと組んだ『Himmatwala［勇気ある者］』（83未）と『Tohfa［贈り物］』（84未）は、いずれもその年の興収トップとなり、ジテーンドル人気を復活させる波及効果まで及ぼす。

そして『Mr.インディア』でトップ女優となると、『Chandni［チャーンドニー］』（89未）、『どたばたツインズ』（89）、『Lamhe［ひととき］』（91未）など、作品を次々ヒットさせていくのである。先のアミターブになぞらえて、「ワン・ウーマン・インダストリー」という呼び方さえ登場したほどだった。また、シュリーデーヴィーと相前後して、タミル語映画のトップ男優カマルハーサンとラジニカーントも、ヒンディー語映画界でデビューする。

こう書いていくと、映画界は隆盛だったように思われるが、その実、特にヒンディー語映画界は青息吐息だった。というのも、八〇年代になるとビデオがどっと出回り、バザールの関係ない店までレンタルビデオ店に早変わりする、という状況が各地で起きていたからだ。例えば、薬屋などが店の一画の棚にビデオを並べて貸し出しを始め、テレビしかない家にはビデオデッキも貸し出したりし始めたのであ

❖マードゥリー・ディークシト❖（1967～）

八四年デビュー。舞踊の上手さには定評があり、多くの映画でヒロインを務める。結婚後も活躍中。

Photo by R.T. Chawla

この時代の作品から

『Mr.インディア』（87）

監督…シェーカル・カプール

亡き父の発明で透明人間となり、悪と戦うMr.インディアが主人公。

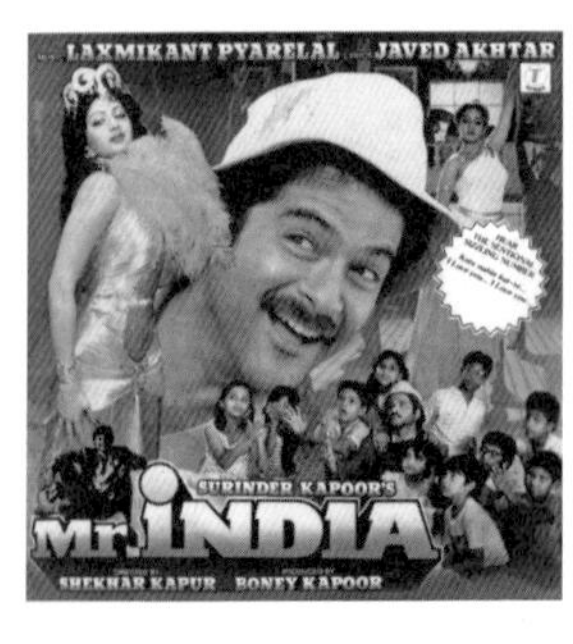

る。だが、並んでいるのは不法にダビングされたビデオに他ならず、海賊版問題がその頃「ボリウッド」と呼ばれ始めていたヒンディー語映画界を直撃した。

映画館の客足にも影響が出たため、それならばセックスとバイオレンスを入れ込んだ映画を映画館で上映すれば客足が戻るかも知れない、と考えた製作者たちは刺激の強い作品を作り始め、ファミリー層の足はますます映画館から遠のいた。もちろんセックスとバイオレンスと言っても、政府が「検定」と称して実施する検閲は基準が厳しく、欧米作品から見ると他愛のないものなのだが、それによって映画界全体が荒れた雰囲気になっていったのである。

この傾向を代表する監督としては、N・チャンドラが挙げられる。ボンベイ下町の鬱屈した若者たちが主人公の監督デビュー作『Ankush［制御］』（86未）では、レイプや殺人シーンなどが登場し、レイティングがアダルト指定「A」になった。続く第二作

『チョウランギー通り36番地』（81）
監督：アパルナ・セーン
ベンガル語映画の名女優アパルナ・セーンの監督第一作。アングロ・インディアンの老女が主人公。

KEY WORD

「カットアウト」
屹立する銀幕の神々

「カットアウト」とは人の形に切り出し（cutout）をした看板のこと。世界中で見られるが、映画の封切を祝して屋外に設置され、しばしば手描きで、途方もない高さに作られるのが南インドのカットアウトだ。描かれるのはほとんどが主演男優。その発祥は定かではないが、『灼熱の決闘』（48）の製作・監督のS・S・ヴァーサンが宣伝用に作ったカットアウトの巨大さがボンベイやカルカッタの観客の度肝を抜いたという話が残っている。これまでの最高記録は、スーリヤ主演『NGK』（19）の215フィート（約65メートル）とされている。熱心なファンは映画封切の日に、このカットアウトに巨大な花輪をかけ、神像にするのと同じ作法で天辺から牛乳をかける灌頂（かんちょう）儀礼を行う。しかし、看板の落下による痛ましい事故が起きたのを機に、タミル・ナードゥ州高裁は2017年にこうした看板類を禁止する命令を出し、政府に立法化を急かしている。（安宅直子）

も「A」で、彼の作品が人気を得たのは、「A」の付かない『Tezaab〔劇薬〕』(88未)からだった。この作品はアニル・カプールとデビュー間もないマードゥリー・ディークシトが主演し、彼女が歌い踊った「Ek Do Teen(一、二、三)」の歌が大ヒットした。

この歌を歌っていたのはプレイバックシンガーのアルカー・ヤーグニクで、八〇年にデビューした彼女は、この歌のヒットで大ブレイクする。以後、ラター・マンゲーシュカルに代わって彼女がヒロインの声を吹き替えるようになり、男性歌手もウディト・ナーラーヤンがデビューして、プレイバック・シンガーも世代交代が進む。

また、八〇年代末には、コラムにまとめたように国営放送テレビで古代叙事詩の連続ドラマ「ラーマーヤナ」と「マハーバーラタ」が絶大な人気を得た。だが九〇年代、映画界はビデオとテレビの攻勢を退け、さらなる隆盛期を迎えるのである。

〔南インド映画〕

安宅 直子

八〇年代には「怒れる若者」を描く作品が、実際に若い演じ手たちによって演じられるようになった。タミル語映画ではラジニカーントとカマルハーサン、マラヤーラム語ではモーハンラールとマンムーティ、カンナダ語ではヴィシュヌヴァルダンとアンバリーシュと、それぞれの言語圏は二大スターを中心に展開した。女優ではスハーシニ、ジャヤプラダー、レーヴァティ、ヴィジャヤシャーンティが活躍した。カンナダ語の才能ある監督・俳優だったシャンカル・ナーグは事故で夭折した。

テルグ語映画ではチランジーヴィが、エネルギッシュなダンスとアクションによって頂点に立った。彼が牽引する、復讐を基調とするバイオレンス・アクションが様式として完成し、「マス(大衆)映画」(mass film)と呼ばれるようになった。一方で、『シャンカラーバラナム～魅惑のメロディ』(79)のヒットにより、伝統芸能

テレビドラマ「ラーマーヤナ」

この時代の作品から

『第一の敬意』(85)
監督…バーラティラージャー
愛のない家庭で暮らす村の有力者の男が、被差別カーストの若い女性と心を通わせる。タミル語。

『Khaidi〔囚人〕』(83未)
監督…A・コーダンダラーミ・レッディ
名家の娘と恋仲になった主人公が、その父の悪辣な大地主兼金

を取り入れた文芸調作品も作られるようになり、対比的に「クラス（高級）映画」（class film）と称され、同作を監督したK・ヴィシュワナートはその第一人者となった。また、暴力革命も辞さない極左のイデオロギーを物語化した作品群が現れ、「赤色映画」（erra cinema）と呼ばれ、今日まで続いている。

タミル語映画界からはマニラトナム（P.177）が登場し、最先端の若者の世界を描く監督として注目された。活気ある若者の世界がもてはやされるのと同時に、田舎を舞台にして失われた封建的秩序を懐かしむかのような作品も登場した。八〇年代前半にはK・バーラチャンダル監督の『お水よお水』（81）のように政治腐敗に真正面から切り込んだ作品も現れたが、政界からの圧力を受け、後に続く芽が摘まれた。

マラヤーラム語映画界では、アート・フィルムや文芸的な娯楽映画が多く生みだされる一方で、低予算のソフト・ポルノ映画も盛んに製作されるようになった。

貸しと戦う。テルグ語。

『Accident［アクシデント］』（85未）
監督…シャンカル・ナーグ
政治家の甘やかされた息子が起こした重大犯罪。それを追うジャーナリストの執念。カンナダ語。

『Thoovanathumbikal［雨に濡れた蝶たち］』（87未）
監督…パドマラージャン
地主階級だが生活に追われる若い主人公が、二人の女性の間で揺れ動く。マラヤーラム語。

「大人気のテレビ神話ドラマ」
「ラーマーヤナ」と「マハーバーラタ」

インドのテレビは、90年代半ばまで国営放送しかなかった。1982年にニューデリーで開催されたアジア大会に向けて放送がカラー化され、テレビ受像器に課せられる税金も引き下げられて、やっと各家庭への普及が始まる。

その後80年代末に大ブームになったのが、二大古代叙事詩の長編ドラマである。まず87年に「Ramayan［ラーマーヤナ］」が始まる。p.137のコラムでも述べたように、ラーマ王子が妻シーター姫を魔王ラーヴァナから取り戻す話で、ラーマは神としても崇められている。ドラマが始まると、テレビの前で祈りを捧げる人が続出し、放送のある日曜午前は街から人影が消える、とまで言われるヒットとなった。

エピソードを延ばしに延ばして、約1年半続いたこの作品の後を受けた「Mahabharata［マハーバーラタ］」（88）も、視聴者を虜にした。これも前述のコラムで筋を説明したが、この物語は登場人物も多い上に、様々な枝葉のエピソードを含んでいて、最後の戦いまでの間に実に多くの見せ場がある。88年から約1年9ヶ月続いたこのドラマも、大ヒットとなった。

仕掛け人はいずれも映画界の大物プロデューサーで、二大古代叙事詩が現在でも人々を惹きつけることを示した。以後両作品はいろんな言語で、実写版やアニメ版など、何度もテレビドラマ化されている。（松岡環）

1991〜2000

経済発展と共に変化するインド映画

松岡 環

［北インド映画］

九〇年代のボリウッド映画の隆盛は、八〇年代末から始まったと言える。まず、一九八八年に『Qayamat Se Qayamat Tak［破滅から破滅まで］』（88未）という、恋愛映画の定番「ロミオとジュリエット」の翻案作品がヒットする。そして翌年には、初々しい恋物語『Maine Pyar Kiya［私は愛を知った］』（89未）が大ヒットするのである。どちらも八〇年代作品を見慣れた目には非常に新鮮に映る、純愛映画だった。

この二作から新たなスターが生まれる。『破滅から破滅まで』のアーミル・カーンと、『私は愛を知った』のサルマーン・カーンである。アーミルは父と伯父が映画監督兼製作者だった。サルマーンの父は、『Deewar［壁］』（75）、『炎』（75）などヒット作の共同脚本を手がけた人気脚本家だった。二人がスターダムへと駆け上がっていくのを見て、以後カリシュマー・カプール、アジャイ・デーウガン、カージョル、サイフ・アリー・カーン、ラーニー・ムケルジーら二世、三世スターが続々と誕生する。

さらに九二年には、珍しくテレビ出身の俳優シャー・ルク・カーンが映画デビューを果たす。当時テレビは映画より格下に見られていて、テレビ俳優から映画俳優になった例は、脇役を除いては皆無だった。そのせいか、シャー・ルクもデビュー直後に二、三本、『アシュラ』（93）のようなアンチヒーローを演じさせられた作品があった。だが、それすらもヒット作にしてしまう魅力と運が彼にはあり、や

この時代のスターたち

✤カージョル✤（1974〜）
母は七〇年代人気女優、父は監督。シャー・ルクとのコンビで人気に。夫はアジャイ・デーウガン。

Photo by R.T. Chawla

✤ラーニー・ムケルジー✤（1978〜）
父はベンガル人監督。ハスキーな声が特徴の演技巧者。夫は監督A・チョープラーで出産後も活躍中。

Photo by R.T. Chawla

がてサラブレッドのアーミル、サルマーンと共に「三人のカーン」と呼ばれるようになる。その三人のトップ体制が、四半世紀超にわたって続くとは、この時誰も予想していなかっただろう。

また九〇年代には、世界的ミスコンテストにインド人優勝者が続出し、そこから映画界に入るケースも出てきた。九四年ミス・ワールドのアイシュワリヤー・ラーイ、同年のミス・ユニバースのスシュミター・セーン、少しあとだが、二〇〇〇年にはプリヤンカー・チョープラーとラーラー・ダッターなど、いずれも映画界入りしてトップ女優となる。国内のミスコン出身者も入れると結構な数に上るが、モデルから映画界入りする男女が増えたのも九〇年代の特徴で、それにはインドの経済発展が影響している。

九一年、インドの国民会議派政権は、経済政策の転換を決意する。ナラシンハ・

✤アイシュワリヤー・ラーイ✤（1973〜）
絶世の美女。『ミモラ 心のままに』（99）『ジーンズ 世界は2人のために』（98）等日本公開作も多い。アミターブの息子アビシェークと結婚。

Photo by R.T. Chawla

KEY WORD

「3人のカーン」
30年間トップを守る俳優トリオ

Photo by R.T. Chawla

アーミル（左）、サルマーン（中）、シャー・ルク（右）は、デビュー時期が異なるが生年は同じ、1965年である。アーミルとシャー・ルクは既婚者で、サルマーンは今も独身だ。

3人とも、90年代はそれぞれ核となる映画会社があり、アーミルは伯父ナーシル・フセインの会社で従兄マンスール・カーン監督の『破滅から破滅まで』（88未）でデビューした。

サルマーンは老舗ラージャシュリー社との関係が深く、『私は愛を知った』（89未）に始まり、『Hum Aapke Hain Koun..! ［私はあなたの何?］』（94未）など、現社長のスーラジ・バルジャーティヤー監督作で人気が出た。

またシャー・ルクは、ヤシュ・ラージ・フィルムズ現社長で、『DDLJ 勇者は花嫁を奪う』（95）のアーディティヤ・チョープラー監督、そしてこの映画出演後に監督となった『何かが起きてる』（98）のカラン・ジョーハル監督と相性がよく、両監督の作品に数多く主演している。

後に3人はそれぞれ自身の映画会社を作り、マルチな映画人となっていく。それが、俳優生命や人気を長く保っている秘訣なのかも知れない。（松岡環）

『ボンベイ』(95)
イスラーム教徒のシャイラー（マニーシャー・コイララ）とヒンドゥー教徒のセーカル（アラヴィンドスワーミ）

ラーオ首相と蔵相のマンモーハン・シンは、投資や産業、輸入等の事業に関する政府の許可制を廃止し、外国企業の参入を容易にした。これによりインド経済は、IT、自動車、バイオなどの産業を軸に、めざましい発展を遂げていく。やがて各地にショッピングモールが誕生し、人々は消費生活を楽しむようになって広告需要も大きくなり、モデルの数も増えたことから、映画界入りする人も出てきたのである。モデル出身組には、アクシャイ・クマール、プリーティ・ジンターらがいる。

ショッピングモールの誕生は、シネマコンプレックス（シネコン。インドではマルチプレックスと呼ぶ）の増加も促した。最初の欧米型シネコンがニューデリーに誕生したのは九七年。プリヤーという映画館とオーストラリアのシネコン・チェーン、ヴィレッジ・ロードショーとの提携による、プリヤー・ヴィレッジ・ロードショー（PVR）という映画館だった。その後PVRを始め、INOX、IMAXなどのシネコンチェーンが全国に展開していき、今では中小都市はほぼ飽和状態にある。これまであった一棟建ての映画館は、シネコンに変身したり、ショッピングモールに生まれ変わったりした。

そんな経済発展の道を突き進んだ九〇年代だったが、政治的には不安定な時代でもあった。国民会議派のラージーヴ・ガーンディー首相は八九年末に退陣し、九〇年代は急成長した右翼政党インド人民党と国民会議派とが対立する時代となった。インド人民党の伸張には、九二年に起きた「ラーマーヤナ」の聖地アヨーディヤに建つモスク打ち壊しと、それに続くヒンドゥー教徒とイスラーム教徒の争いが絡んでいる。九三年にはボンベイで爆破事件が起こり、多くの人が犠牲になった。

この事件は、マニラトナム監督作『ボンベイ』（95）に詳しく描かれたので、日本でも知られているかと思う。爆破事件の黒幕はボンベイのマフィアで、当時のマ

この時代の作品から

『Hum Aapke Hain Koun..!［私はあなたの何?］』（94未）
監督：スーラジ・バルジャーティヤー
結婚式記録ビデオと陰口を叩かれた作品で、あるカップルが結婚するまでの過程と、彼らの妹と弟が恋に落ちる話をゆったりと描く。

『DDLJ 勇者は花嫁を奪う』（95）
監督：アーディティヤ・チョープラー
シャー・ルクとカージョル演ずる恋人たちが強い印象を与え、真似が流行。カルト的作品となった。

フィアの影響力は、最近の映画『SANJU／サンジュ』（18）にも描かれている。繁栄する映画界の裏では、暗雲も渦巻いていたのである。

マニラトナムはタミル語映画の監督だが、九二年の作品『ロージャー』がカシミール問題を背景にしていることから、ヒンディー語に吹き替えて北インドでも公開したところ、大ヒットとなった。それまで、南インド諸言語の映画が北インドで公開された例はほとんどなかったが、A・R・ラフマーンの音楽も観客を魅了し、以後マニラトナム作品は北インドもマーケットにするようになった。その後の作品では、『ボンベイ』（95）は主演女優にボリウッドからマニーシャー・コイララを起用、また『ディル・セ 心から』（98）は、シャー・ルク・カーン、マニーシャー・コイララ、プリーティ・ジンターを主演にヒンディー語映画として撮るなど、南北映画の垣根はさらに低くなっていく。

Dilwale Dulhania Le Jayenge

『DDLJ　勇者は花嫁を奪う』ロビーカード

KEY WORD

「衛星放送テレビの時代」

インドではテレビは映画と共存共栄

インドに衛星放送が入ってきたのは偶然の結果だった。1991年に始まった香港STAR TVの電波がスピルオーバーして、インドでも見られたのである。当初は関心を引かなかったが、93年のボンベイ爆破事件でインド国営放送テレビが報道を極力抑えたのに対し、STAR内のBBCは事実を伝え、注目された。インドの視聴者増に気づいたSTAR TVは、新たに南アジア向け電波帯を設定、英語での放送を始めた。やがてインドのZeeTVがヒンディー語放送に参入、またたく間にチャンネル数が増加する。

アンテナを設置し、受信した映像をケーブル配信する設備は個人でも設置できるため、すぐインド中に広がり、安い料金で多チャンネルが見られる衛星放送は一挙に普及した。現在は600余のチャンネルが存在、様々な言語でニュース、スポーツ、映画等のコンテンツを届けている。

普通はここで、テレビの影響で映画が衰退、となるところだが、新興チャンネルはコンテンツ不足から映画に着目する。映画専門チャンネル、歌のシーンを集めた音楽チャンネル、芸能ニュースやバラエティを放送するエンタメ・チャンネルと、映画は強力なコンテンツとなる。また、新作映画の予告編集の番組も人気で、映画の宣伝にも効果大だ。こうして映画とテレビは、共存共栄が今日まで続く。（松岡環）

［南インド映画］

安宅 直子

九〇年代の南インドでは、スターの世代交代の兆しが見え始めた。タミル語映画ではヴィジャイ、アジット、スーリヤが、テルグ語ではパワン・カリヤーンがデビューした。カンナダ語ではラヴィチャンドランがスターとなった。この頃から、タミル語、テルグ語映画界ではヒロインを南インド内の他地域や北インドから呼び寄せることが常態化し、自州出身ヒロイン女優は希少となった。

テルグ語映画では、五〇年代以降にスターとなった俳優を中心とする映画一族が固定化した。映画界のハイダラーバード移転がようやく完了し、映画の中で背景として現れる都市はマドラスからハイダラーバードに変わった。一方で、内陸地方の農村を舞台に名家同士の流血の争いを描き、地方の名前を冠した「ラーヤラシーマもの」が登場し、人気を博した。また、土俗的な女神信仰の世界をオカルト風に描いた低予算作品『アマン』(95)が大ヒットし、同様の作品が多く生まれた。

カンナダ語映画では、映画中で背景となる都市は、八〇年代にマイソール（現マイスール）からバンガロール（現ベンガルール）へと変わっていたが、そのバンガロールはギャングの蠢（うごめ）く吹き溜まりとして描かれるようになった。高齢のラージクマールが半引退状態になったところに、実験的な作風のウペンドラ監督が登場した。

被差別カーストへの公務員採用枠拡大を提言した「マンダル委員会報告書」の受容が発表され全国で世論が揺れた九〇年代には、タミル・ナードゥ州でもカースト間の緊張が高まった。それを反映して、七〇年代以来の「ヴィレッジ・シネマ」の中に、中間カーストの徳のある大地主を褒め讃えるような作品が多く現れた。これらは当該カースト以外の観客の心をもつかみ、ヒットするものも少なくなかった。

この時代の作品から

『Thevar Magan［テーヴァルの息子］』(92未)
監督…バラタン
外国帰りの都会的な男が、故郷の村の問題を知り、父の跡を継ぎ村長となるまで。タミル語。

『愛と憎しみのデカン高原』(97)
監督…ジャヤント・C・パーランジ
ラーヤラシーマ地方の血を好む封建領主の娘に恋をした都会の青年の奮闘。テルグ語。

『Om［オーム］』(95未)
監督…ウペンドラ
僧侶になろうとしていた男が、恋愛をきっかけに転落し、黒社会のドンになる。カンナダ語。

『Manichithrathazhu［飾り門（かんぬき）］』(93未)
監督…ファーシル
『ラジニカーント★チャンドラムキ 踊る！アメリカ帰りのゴーストバスター』(05)の元ネタ。マラヤーラム語。

2001〜2010

変わる映画、変わらぬ映画

松岡 環

［北インド映画］

二一世紀を迎えたインド映画界にとって大きな出来事だったのは、『ラガーン』（01）のアカデミー賞外国語映画賞（現・国際長編映画賞）へのノミネートだった。インド映画のノミネートは初めてではなく、過去にも『Mother India［インドの母］』（59未）や『サラーム・ボンベイ！』（88）がノミネートされているが、久々の快挙に人々は二〇〇二年三月の授賞式を見守った。ちょうど前年の九月一一日にアメリカ同時多発テロが起こり、在米インド人への影響もあっただけに、明るい話題として歓迎されたのである。

『ラガーン』の受賞はならなかったが、アカデミー賞ノミネート及び〇二年五月からの全米公開は、ハリウッドのメジャー各社のインドに対する関心を呼び覚ました。それまでにもハリウッド映画はインドで公開されていたし、特に九一年の経済政策転換を受けて、九七年に欧米型シネコンがインドに誕生すると、メジャー各社の作品はインドでコンスタントに上映されるようになっていた。ただ、年間二〇〇本近くがインドに輸入されていたものの、ヒット作と言えるものはほとんどなかったため、〇二年までハリウッドはインドを一大市場として意識していなかったふしがある。

『ラガーン』の全米公開以降、ハリウッド・メジャー各社は動き出した。まず、『ラガーン』を配給したソニーが〇五年に、インドでの現地製作（ローカル・プロダクション）作品として、サンジャイ・リーラー・バンサーリー監督と組んだ『Saawariya［愛しい

この時代のスターたち

❈リティク・ローシャン❈（1974〜）

『Kaho Naa... Pyar Hai［言って…愛してるって］』（00未／写真）でデビューするとその年に出演した三本が興収トップ10にランクイン。ダンスとアクションが抜群で、〇三年から始まる「クリシュ」ものは人気シリーズに。日本では『WAR ウォー!!』（19）が公開されたばかり。父も以前の人気スターで現在は監督。

Photo by Pradeep Bandekar

『恋する輪廻 オーム・シャンティ・オーム』(07)のポスター
©NFAI

人」』(07未)の製作を発表する。主演はいずれも新人ながら、父親が有名なスターであるランビール・カプールとソーナム・カプール。サルマーン・カーンとラーニー・ムカルジーもゲスト出演するという豪華版で、インドでも期待が高まった。だが、〇七年一一月に公開されてみると、客足は伸びず、映画評も惨憺たるものとなった。

続いてディズニーが、ヤシュ・ラージ・フィルムズと組んでアニメ映画『Roadside Romeo［道端のロミオ］』(08未)を製作する。サイフ・アリー・カーンとカリーナー・カプールが声優となって〇八年秋に公開したものの、これもまったくウケなかった。また、ワーナーが作った『チャンドニー・チョーク・トゥ・チャイナ～印度から中国へ～』(09)は、製作がスムーズにいかずに撮り直すなどのトラブルに見舞われ、興行的にも失敗となった。この後もいくつかプロジェクトは立ち上がったが、結局メジャー各社はインドでの現地製作をあきらめ、自社作品とインド映画の配給に専念することになる。

敗因はいろいろ考えられるが、一つには作り手があまりにもハリウッドを意識しすぎて珍妙な作品になったこと、インド人観客の心を掴むようなエモーショナルな部分が少なかったこと、さらには、二〇〇〇年代に次々と公開されたインド映画の大型娯楽作と比べると、出来が遙かに及ばなかったことなどが挙げられる。当時は、日本でも公開された『家族の四季　愛すれど遠く離れて』(01)、『たとえ明日が来なくても』(03)、『恋する輪廻　オーム・シャンティ・オーム』(07)、そして『きっと、うまくいく』(09)など、インド映画史に残るような作品が数多く世に出た時代だったのである。

しかし、これらのインド映画ヒット作を並べてみるとわかるように、『恋する輪廻』と『きっと、うまくいく』ではスタイルも内容もだいぶ変化している。前者は豪華な「ミュージカル」シーン七曲に彩られた輪廻転

❈カリーナー・カプール❈（1980～）

ラージ・カプールの孫。『Refugee［難民］』(00未)でアミターブ・バッチャンの息子アビシェークと共にデビュー。『家族の四季 愛すれど遠く離れて』(01)でリティク・ローシャンと共演して人気スターに。結婚・出産後も活躍中。

Photo by R.T. Chawla

この時代の作品から

『Dil Chahta Hai［心が望んでる］』(01未)

監督：ファルハーン・アクタル

アーミル・カーン、サイフ・アリー・カーン、アクシャイ・カンナーの三人の若者の日常を描く。肩の力が抜けた演技、同録による自然な会話など、新しいインド映画を感じさせてくれてヒット。

生の復讐譚で、娯楽要素てんこ盛りの典型的なボリウッド映画。後者は、歌の数こそ五曲あるが、ダンスシーンが付いているのは二曲だけ。また、大学の詰め込み教育批判、社会格差や男女差別への言及など、社会問題にも深くコミットしている点が新しく、それが日本でのヒットにつながった。『きっと、うまくいく』だけではなく、二〇〇〇年代にこのような映画の変化を生じさせた背景には、実はシネコンの存在がある。

コラムでも述べたように、映画がシネコンでの上映になったことで、①上映時間の短縮、②「ミュージカル」シーンの減少、③「ナヴァ・ラサ（九つの情感）」と呼ぶ娯楽要素が満載のスタイルから、要素を一つか二つに絞ったジャンル映画への移行、といった変化がインド映画、特にボリウッド映画に起きたのである。シネコンに行く観客層は中流以上の人々で、彼らは欧米映画と似てきたインド映画でも、十分に楽しむことができる。一方で、こういった変化についていけない低所得者層の人々は、昔

『Dhoom:2［騒乱2］』（06未）
監督…サンジャイ・ガルヴィー
泥警ものシリーズ二作目で、アビシェーク・バッチャンの刑事にリティク・ローシャンとアイシュワリヤー・ラーイが泥棒という豪華布陣。ソング&ダンスシーンがどれも素晴らしい。

KEY WORD

「シネコンが変えたインド映画」
独特のスタイルを消し去る欧米型ハコ

90年代までインド映画を上映していた映画館の多くは、一棟建てでキャパ千人ぐらいの大型館だった。館内は値段の高い2階席と安い1階席とに分かれ、金持ちも貧乏人も同じ場所で同時に映画を楽しんだ。上映は1日4回で、12時頃に始まり、3時間の上映枠で4回興行がくり返され、真夜中に終わる形だった。

一方シネコンでは上映時間はフレキシブル。尺が短い作品も上映可能で、金のかかる「ミュージカル」シーンをカットして、尺を短縮する作品が出始める。アート系作品でなくても、「ミュージカル」シーンを削り、歌はBGMで流して、社会問題を盛り込んだりする作品が増加していく。また、サスペンス等一つのジャンルに特化した作品でも、シネコンの観客は楽しんでくれることも分かってくる。

シネコンの料金は2005年のムンバイで150ルピー（約390円）。当時の映画館の2階席は80ルピーで、1階席は40ルピーだった。だが、シネコンはリッチ感があり、映像や音質も格段に良い。ここでは大味な娯楽要素満載作品よりも、脚本の出来がいい作品の方が楽しめることを観客は実感する。こうしてハコに先導される形で、インド映画は変貌を遂げていくのである。（松岡環）

ながらの歌あり踊りありで娯楽要素満載の映画を求める。彼らは従来のスタイルを保つボージプリー語映画やマラーティー語映画など、地方語映画に流れるようになった。いずれも旧来型の映画館で上映され、その安価な料金も魅力となったのである。

しかしインド映画は、ボリウッド映画を先頭に徐々に変身を遂げ始める。『Dil Chahta Hai［心が望んでる］』（01未）や『Rang De Basanti［愛国の色に染めて］』（06未）など、「新感覚インド映画」と言っていいような作品も興収トップ10入りし、南インド映画のリメイクも登場するなど、様々な変化がボリウッド映画に現れてくる。男女スターも、リティク・ローシャン、アビシェーク・バッチャン、カリーナー・カプールら新人が活躍し始め、また、アクシャイ・クマールを軸にコメディ映画のシリーズものがヒットするなど、二一世紀のインド映画が姿を現し始める。

［南インド映画］

安宅 直子

一九九一年の経済自由化の影響は徐々に映画にも及び、都市型の消費文化が、ショッピングモールや高層マンションなどといった形で作中にも現れるようになった。

テルグ語映画では、マヘーシュ・バーブやNTRジュニアなど、映画一族の御曹司たちがヒーローとして本格始動し、程なくトップスターとなった。若く身体能力の高い演じ手たちによって、定型的なバイオレンス・アクションにはますます磨きがかかり、惜しみなく資金を投入した贅沢な映画作りが定着した。その一方で、シェーカル・カンムラに代表されるNRI（在外インド人）の映像作家たちも登場し、バイオレンス要素のない、良質なロマンス映画を送り出した。

タミル語映画スターの顔ぶれは概ね前の一〇年と同じだったが、ケーララ州出身で、ラジニカーントとの共演をきっかけに南インド全域で活躍するようになったナ

『Rang De Basanti［愛国の色に染めろ］』（06未）
監督…ラーケーシュ・オームプラカーシュ・メヘラー
英国統治下と現代の大学とを行き来しながら政治腐敗を暴く、『ミルカ』（13）の監督による作品。

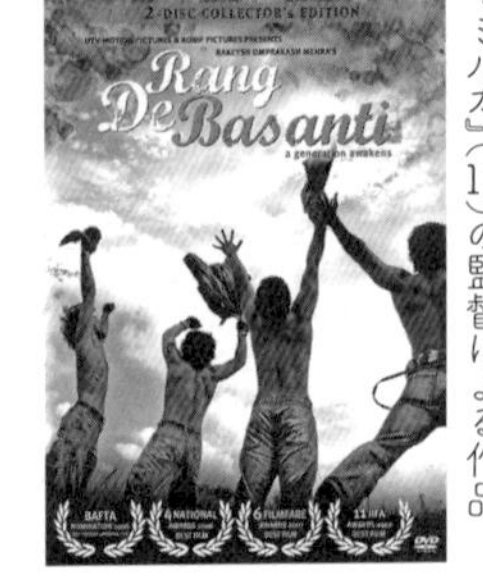

この時代の作品から

『Paruthiveeran［パルッティ村の勇者］』（07未）
監督…アミール・スルターン
土俗神マドゥライ・ヴィーランの物語を想起させる、激烈な愛と流血のサーガ。タミル語。

『Okkadu［ただ一人の男］』（03未）
監督…グナシェーカル
ラーヤラシーマ地方の非道な地主から愛する女性を守るために駆け抜ける主人公。テルグ語。

ヤンターラは、この時期に南インド女優として初めて一作一千万ルピー越えの出演料を得るようになり、「レディ・スーパースター」と呼ばれることになった。女優では他にシムラン、ジョーティカー、トリシャーが活躍し、また、タマンナー、サマンタ、アヌシュカ・シェッティ、カージャル・アグルワールがデビューした。

二〇〇〇年代中頃からは、スターではなく監督が主導する低予算映画で、ざらついた手触りのリアリズム描写を特徴とする作品が多く現れ、タミル・ニューウェーブと称された。それら作品は田舎の暮らしの過酷な現実を描き、悲劇に終わるストーリーも少なくなかったが、広範な大衆に受け入れられた。リアリズムを基調としながらも、歌謡シーンを捨てることはなく、ソングにはリリシズムが込められた。

カンナダ語映画では、スディープ、ダルシャン、プニート・ラージクマールの三人が、マラヤーラム語映画ではプリトヴィラージが、それぞれ主演格となった。

『Mungaru Male［雨季の訪れの雨］』(06未)
監督…ヨーガラージ・バット
バンガロールに暮らす中産階級の青年が、恋した女性を追ってクールグの高原に赴く。カンナダ語。

『Classmates［クラスメート］』(06未)
監督…ラール・ジョース
二〇一〇年代のマラヤーラム語映画ニューウェーブを先取りしたかのような学園群像ドラマ。

KEY WORD

「マニラトナム」
現役であり続ける革新的巨匠

『沈黙の旋律』(86) から『吹き渡る風に』(17) まで、10本以上の作品が日本で上映されているマニラトナムは、日本で最も知られたインド人監督の一人。インド本国でも巨匠とみなされており、俳優よりも監督の方が現役であり続けることがなぜか難しいインド映画界では珍しい存在である。

その作品には、小さな世界の中での家族や恋人などの間の心理の綾を丁寧に描く『ウェイブ』(00) のようなものと、『ボンベイ』(95) のように、社会や歴史をドラマチックに描くものとの二系統がある。どちらにも共通するのは、語りの巧みさ、凝った映像、そして音楽と踊りの非常に効果的な使い方だ。

80年代に最先端の若者映画の旗手として登場し、90年代にはインド全土で注目を浴び、2000年代には『Yuva［青年］』(04未) と『Aaytha Ezhuthu［3つの点］』(04未)、『ラーヴァン』(10) と『Raavanan［ラーヴァナン］』(10未) のように、ヒンディー語とタミル語で、同じストーリーを別々のキャスティングで同時製作するという実験的な試みを行った。必見作は多いが、タミル語映画の歴史とタミル・ナードゥの政治史を重ね合わせ、荘重な頌歌として謳いあげた『ザ・デュオ』(97) を筆者は推したい。（安宅直子）

2011〜2020

困難の待つ未来へ

［北インド映画］

松岡 環

ここ一〇年のインド映画を振り返ってみると、前節でも書いたように、インド映画の特徴となっていた独特のスタイルが失われてゆき、特にボリウッド映画ではそれが顕著なことが、一大変化として浮かび上がってくる。あらゆる娯楽要素が入り、さらに歌と踊りも、という作品はめっきり減り、サスペンス映画、アクション映画、コメディ映画等明確にジャンル分けできる作品が増えているのは、誰の目にも明らかだ。

そして、現代社会が抱える問題に何らかの形で言及する作品が多くなってきたのも、二〇一〇年代の特徴である。取り上げられるテーマは、女性差別や女性の自立等の女性問題、カースト差別を含む格差問題、権力の横暴さや汚職などの腐敗問題、ジェンダー問題、老人問題等多岐に渡るが、娯楽要素も上手に絡めて作られ、ヒットとなる作品も目立つ。日本でも公開された『マダム・イン・ニューヨーク』（12）や、『パッドマン 5億人の女性を救った男』（18）などはその好例だ。

こういった問題意識の鋭さで、ヒンディー語映画以上に注目すべき作品を放っているのがマラーティー語映画である。特にカースト問題では、被差別カーストを主人公にした『裁き』（14）や、低位カーストと高位カーストの男女の恋が悲劇へと向かう『君と一緒にいたくて』（16）など、先鋭的な作品を世に送り出している。『君と一緒にいたくて』は原題を『Sairat（夢中）』と言い、貧しい家の息子と裕福な政治

この時代のスターたち

✤ランヴィール・シン✤（1985〜）

デビュー作『Band Baaja Baaraat［花婿行列が賑やかに］』（10未）で新人賞。すぐ大スターとなる。『パドマーワト』（18／写真）等での共演が縁で一八年ディーピカーと結婚。

©Viacom 18 Motion Pictures ©Bhansali Productions

✤ディーピカー・パードゥコーン✤（1986〜）

©Viacom 18 Motion Pictures ©Bhansali Productions

〇六年デビュー、二作目『恋する輪廻』（07）で大ブレイク。大作から小品まで輝く演技で観客を魅了、

家の娘が恋をして駆け落ちする話で、衝撃的なラストが話題を呼び、マラーティー語映画では初めて興行収入が一〇億ルピー（約一七億円）を超えた。その後、ヒンディー語、ベンガル語、カンナダ語など他の五言語でもリメイクされている。

一〇億はインドの数字表現では一〇〇カロール（一カロール＝一千万）と言い、二〇〇〇年頃からこれを超える興収の作品が現れ始め、一一年以降はトップ10のすべての作品が一〇〇カロール超えとなった。もちろんこれはルピー相場の推移なども関係してくるのだが、その頃からヒット作の指標として、「一〇〇カロール・クラブ」という言い方がされるようになる。『君と一緒にいたくて』は、初めて一〇〇カロール・クラブ入りしたマラーティー語映画となったのだった。

マラーティー語映画だけでなく、南インド諸言語の映画も、二一世紀に入るとすぐ高い興収を上げ始めたタミル語とテルグ語映画を先駆けとして、マラヤーラム語

挑戦的な役柄にも取り組む。

アーユシュマーン・クラーナー（1984〜）

『ドナーはヴィッキー』（12）でデビュー。庶民役が似合い、クセのある主人公を演じさせるとうまい。歌手としても活躍。写真は『盲目のメロディ』（18）から。

KEY WORD

「パキスタン人俳優排斥」

右傾化とボリウッド映画界

2014年に就任した右派政党インド人民党のモーディー首相は、パキスタン首相を就任式に招くなど融和的な姿勢が見えたのだが、やがて対パキスタン強硬姿勢へと転じ、印パ間で衝突が繰り返されることになる。特に19年2月、ジャンムー・カシミール州プルワーマーで起きた移動中の警察予備隊襲撃事件では、40人が死亡、印パ関係は以前にも増して冷え込んだ。

この時全インド映画労働者協会は声明を出し、「以後、パキスタン人の俳優やアーティストはインド映画では起用しない」と宣言する。『Tere Bin Ladin［お前のビン・ラディン］』（10未）でパキスタンの俳優兼歌手アリー・ザファルがボリウッド・デビューし、好評を博して以降、パキスタン人俳優や歌手の活躍が目立っていたのである。『カプール家の家族写真』（16）のファワード・カーン、『ライース』（17）のマーヒラー・カーン、『ヒンディー・ミディアム』（17）のサバー・カマルなど多くのパキスタン人俳優が職を失ったのだが、映画界からは特に抗議もなかった。

愛国映画が増えたり、モーディー首相ヨイショ映画が作られたりする最近のボリウッド。エンタテインメント界も、右傾化しつつあるのかもしれない。（松岡環）

コンサートで歌うS・P・バーラスブラマニアム
Photo by R.T. Chawla

映画は『Pulimurugn［タイガー・ムルガン］』（16未）で、またカンナダ語映画も『K.G.F：Chapter 1［コーラール金鉱：第一章］』（18未）で一〇〇カロール・クラブ入りを果たした。このように一〇年代は、ヒンディー語映画以外の言語の映画は製作本数の増加だけでなく、興収面での躍進も目立った。

一五年以降の興収トップ10を見てみると、タミル語とテルグ語の映画を中心に、南インド諸言語の映画が毎年二、三本必ずランクインしている。それに対してハリウッド映画は、この五年間でトップ10に入った作品は、『ワイルド・スピード SKY MISSION』（15）など五本だけである。インドは現在も、興収における外国映画占有率が11％（18年）しかない、「自国映画大好き！」の国なのである。

この一〇年は『バーフバリ』二部作（15、17）や『ダンガル きっと、つよくなる』（16）などのグローバルなヒットが相次ぐ一方、また国内では、実録映画とでも言うか、実際の出来事や実在の人物を描く作品が人気で、安定した興行が続いた。だが、二〇年に全世界を襲った新型コロナウイルスの流行で、インド映画界も手ひどい打撃を被る。インドでは三月二四日に初のロックダウンが開始され、映画館は一斉休業に入った。その後何度かロックダウンが更新されて、ようやく六月一日から段階的に解除され始めたのだが、映画館はなかなか再開に至らなかった。正常に戻り始めたのは、二〇年の年末近くになってからである。

ロックダウン中は、コロナ禍による悲報も続いた。『ダバング 大胆不敵』（10）の作曲家デュオ、サージド＝ワージドのワージド・カーンが六月に、また、『ムトゥ 踊るマハラジャ』（95）をはじめ、多くの映画で見事な歌声を聞かせた男性歌手S・P・バーラスブラ

この時代の作品から

『血の抗争』（12）
監督：アヌラーグ・カシャップ
地方を舞台に、二家系の三世代にわたる仁義なき抗争を描く。

『Bajirao Mastani［バージーラーオーとマスターニー］』（15未）
監督：サンジャイ・リーラー・バンサーリー
一八世紀マラーター王国。既婚の宰相と他国の王女との恋は……。

マニアムは九月に、入院治療の甲斐なく亡くなった。S・P・バーラスブラマニアムは六七年にデビューして以来、千本を超す映画に関わっており、『シャンカラーバラナム〜魅惑のメロディ』(79)等で忘れられない歌を何曲も残した歌手だった。

今回のコロナ禍で、インド映画の興収がどれくらい影響を受けたかはまだ数字が出ていないが、それ以外にも撮影の延期等による様々な損失が映画界を圧迫することは目に見えている。ロックダウンが長期化したため、公開予定作品を配信に回して少しでも資金回収を図ろうとする製作会社も多くなり、観客は配信された新作映画を自宅やスマホで見ることに慣れてしまった。これらの観客は映画館に戻ってきてくれるのか――配信なら月額二〜五〇〇ルピーで見放題なので、デリーなら四〇〇ルピー以上、ムンバイなら二〇〇ルピー以上する映画料金を考えると、たいそうお得だ。たとえコロナ禍が終わっても、映画界は様々な困難に直面しそうである。

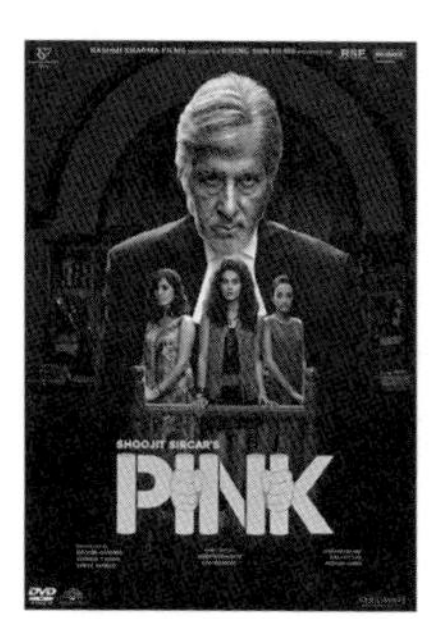

『ピンク』(16)
監督：アニルッド・ロイ・チョウドリー
三人の男と一晩過ごそうとした三人の女性。だが一人が相手の男を傷つけて訴えられ、裁判になる。

KEY WORD

「拡大する中国市場」
チャイナマネーが流入するインド映画界

インド映画の興収トップ10は、国外興収が加わることで順位が変動する。2017年の興収第1位『シークレット・スーパースター』(17)は、18年1月の時点では10位にも入っていなかったが、中国での公開後その興収が加わり、一気にトップの座についた。

中国では主要なインド映画が公開されるほか、ネットでの視聴も盛んに行われている。人気があるのはアーミル・カーン出演作で、『地上の星たち』(07)、『きっと、うまくいく』(09)、『PK／ピーケイ』(14)などが好評だ。『きっと〜』は影響された陳可辛(ピーター・チャン)監督が、よく似た作品を作っているほどである。

アーミルの『ダンガル きっと、つよくなる』(16)は17年の北京国際映画祭で上映され、多くの人に絶賛されて大ヒット、17年の中国の興収第9位に入った。続く出演作として『シークレット・スーパースター』(17)も注目され、アーミルは宣伝のために訪中。中国の人気俳優である黄渤(ホアン・ボー)と対談した時にはダンスまでしてみせ、前景気を盛り上げた。その結果、興収が伸びたというわけである。

中国の「一帯一路」政策はインドもターゲットにしており、19年上海国際映画祭「一帯一路周」には、多くのインド映画人が招待された。今後もチャイナマネーの攻勢は続く見込みだ。
(松岡環)

［南インド映画］

安宅 直子

マラヤーラム語映画では二〇一一年からニューウェーブ作品群が現れて流行し、俳優や映像作家の世代交代が進んだが、大スターたちもしぶとく生き残っている。

一四年のアーンドラ・プラデーシュ州からのテランガーナ州の分離は、テルグ語映画界に激震をもたらした。一九五六年の言語別の州再編の理念が崩れただけでなく、二つに分かれたテルグ語州はかなり仲の悪い隣人同士となったのだ。アーンドラ・プラデーシュ州沿海部にルーツを持ち、同地方の正調とされるテルグ語を堅持してきた映画人たちは、自らが居を構えるハイダラーバード市やテランガーナ地方の文化や歴史をこれまで顧みなかった。それが先鋭化したテランガーナ分離主義者の反発を招き、テルグ語映画を断罪する言説も多出した。『バーフバリ』二部作（15、17）のヒットの快挙はあったものの、多くの作品に迷いが見られた。これからテルグ語映画がテランガーナとどのように折り合っていくかの模索はしばらく続くだろう。

カンナダ語映画では、『ルシア』（13）のパワン・クマール監督らの登場で、スターの力に頼らない低予算映画が評価され、独創的な作品群が続いた。

タミル語映画のニューウェーブでは、新機軸の中にもテーマの拡大と語りの成熟が見られ、またスターの娯楽作にも社会性が取り込まれるようになった。

一九年のインドの総選挙の前年頃から興味深い現象が起きた。選挙キャンペーンとしての政治家の伝記映画の製作である。特にテルグ語に多く作例が見られた。

ヒンディー語映画に続き短尺化が予測された南インド映画だったが、結果的にマラヤーラム語映画以外ではそれは進まず、逆にマルチリンガル大作（P.12）も現れ、休憩を挟み二時間半越えの映画を楽しむスタイルは保持された。

この時代のスターたち

❖ダヌシュ❖（1983〜）
ダンスとアクションに定評がある。タミル語映画界が本拠地だが、ヒンディー語や英語の作品など、意欲的な作品チョイスも。

❖ヴィジャイ・セードゥパティ❖（1978〜）
タミル語ニューウェーブが生んだ最大のスター。愛称は「マッカル・セルヴァン（タミル民の宝）」。

❖ナーニ❖（1984〜）
テルグ語の「低予算映画のプリンス」から、オルターナティブ映画の中心人物へと変貌。

❖ラクシト・シェッティ❖（1983〜）
カンナダ語ニューウェーブの中心。脚本にも積極的に関わり、ラクシト・ブランドを成立させている。

❖ファハド・ファーシル❖（1982〜）
正統派ヒーローとしてデビューしたが失敗し、数年後に捲土重来。マラヤーラム語映画で最高の演技派として若手のトップに。

インド映画ソフト発売作品

『めぐり逢わせのお弁当』The Lunchbox（ヒンディー語/2013）東宝、DVD
『若さは向こう見ず』Yeh Jawaani Hai Deewani（ヒンディー語/2013）オスカロダ、DVD
『裁き』Court（マラーティー語・ヒンディー語・英語・グジャラーティー語/2014）ポニーキャニオン、DVD ／ Blu-ray
『PK ／ピーケイ』PK（ヒンディー語/2014）ハピネット、DVD ／ Blu-ray
『ピザ！』Kaakkaa Muttai（タミル語/2014）カルチュア・パブリッシャーズ、レンタルDVD
『マルガリータで乾杯を！』Margarita, with a Straw（ヒンディー語・英語/2014）TCエンタテインメント、DVD
『汚れたミルク／あるセールスマンの告発』Tiger（ヒンディー語・英語・ドイツ語/2014/インド、フランス、イギリス）ハピネット、DVD
『聖者の谷』Valley of Saints（カシミーリー語/2015）アメイジングD.C.、DVD
『バーフバリ 伝説誕生』Baahubali: The Beginning（テルグ語/2015）ツイン、DVD ／ Blu-ray
『バジュランギおじさんと、小さな迷子』Bajrangi Bhaijaan（ヒンディー語/2015）ハピネット・メディアマーケティング、DVD ／ Blu-ray
『プレーム兄貴、王になる』Prem Ratan Dhan Payo（ヒンディー語/2015）ハピネット・メディアマーケティング、DVD ／ Blu-ray
『マッスル 踊る稲妻』I（タミル語/2015）アメイジングD.C.、DVD
『ガンジスに還る』Mukti Bhawan（ヒンディー語/2016）紀伊國屋書店、DVD
『スルタン』Sultan（ヒンディー語/2016）スペースボックス、DVD
『ダンガル きっと、つよくなる』Dangal（ヒンディー語/2016）ウォルト・ディズニー・ジャパン、DVD ／ Blu-ray
『DEVIL デビル』Raman Raghav 2.0（ヒンディー語/2016）アメイジングD.C.、DVD
『人間機械』Machines（ヒンディー語/2016/インド、ドイツ、フィンランド）アイ・ヴィー・シー、DVD ／ Blu-ray
『フライング・ジャット』A Flying Jatt（ヒンディー語/2016）ハピネット・メディアマーケティング、DVD ／ Blu-ray
『ラクシュミー 女神転聖』Waarrior Savitri（ヒンディー語/2016）アメイジングD.C.、DVD
『インパクト・クラッシュ』The Ghazi Attack（ヒンディー語/2017）アメイジングD.C.、DVD
『英国総督 最後の家』Viceroy's House（英語・パンジャービー語・ヒンディー語/2017/イギリス、インド）ハピネット、DVD
『カンフー・ヨガ』Kung Fu Yoga（英語・中国語・ヒンディー語・アラビア語・広東語/2017/中国、インド）ハピネット、DVD ／ Blu-ray
『シークレット・スーパースター』Secret Superstar（ヒンディー語/2017）TCエンタテインメント、DVD ／ Blu-ray
『バーフバリ 王の凱旋』Baahubali2: The Conclusion（テルグ語/2017）ツイン、DVD ／ Blu-ray
『ヒンディー・ミディアム』Hindi Medium（ヒンディー語/2017）TCエンタテインメント、DVD
『ホテル・ムンバイ』Hotel Mumbai（英語・ヒンディー語/2017/オーストラリア、インド、アメリカ）ハピネット・メディアマーケティング、DVD ／ Blu-ray
『あなたの名前を呼べたなら』Sir（ヒンディー語/2018）アルバトロス、DVD
『URI ／サージカル・ストライク』Uri: The Surgical Strike（ヒンディー語/2018）アメイジングD.C.、DVD
『クローゼットに閉じこめられた僕の奇想天外な旅』The Extraordinary Journey of the Fakir（英語/2018/フランス、アメリカ、ベルギー、シンガポール、インド）TCエンタテインメント、DVD
『SANJU ／サンジュ』Sanju（ヒンディー語/2018）ツイン、DVD
『タイガー・バレット』Baaghi 2（ヒンディー語/2018）ギャガ、DVD
『パッドマン 5億人の女性を救った男』Padman（ヒンディー語/2018）ソニー・ピクチャーズ エンタテインメント、DVD
『パドマーワト 女神の誕生』Padmaavat（ヒンディー語/2018）ハピネット・メディアマーケティング、DVD ／ Blu-ray
『盲目のメロディ インド式殺人狂想曲』Andhadhun（ヒンディー語/2018）ハピネット・メディアマーケティング、DVD ／ Blu-ray
『燃えよスーリヤ!!』Mard Ko Dard Nahi Hota（ヒンディー語/2018）インターフィルム、DVD
『ロボット2.0』2.0（タミル語/2018）KADOKAWA、DVD
『アクション!!』Action（タミル語/2019）アメイジングD.C.、DVD
『WAR ウォー !!』War（ヒンディー語/2019）ハピネット・メディアマーケティング、DVD ／ Blu-ray
『ガネーシャ マスター・オブ・ジャングル』Junglee（ヒンディー語/2019）アメイジングD.C.、DVD
『ガリーボーイ』Gully Boy（ヒンディー語/2019）ツイン、DVD ／ Blu-ray
『きっと、またあえる』Chhichhore（ヒンディー語/2019）ファインフィルムズ、DVD ／ Blu-ray
『KESARI ケサリ 21人の勇者たち』Kesari（ヒンディー語/2019）ツイン、DVD
『サーホー』Saaho（テルグ語/2019）ツイン、DVD ／ Blu-ray
『マニカルニカ ジャーンシーの女王』Manikarnika: The Queen of Jhansi（ヒンディー語/2019）ツイン、DVD ／ Blu-ray

『家族の四季 愛すれど遠く離れて』Kabhi Khushi Kabhie Gham…（ヒンディー語/2001）アップリンク、DVD
『ガダル～憎しみを超えた絆～』Gadar（ヒンディー語/2001）（販売会社不明）DVD
『モンスーン・ウェディング』Monsoon Wedding（ヒンディー語・英語/2001/インド、フランス、ドイツ、イタリア、アメリカ）アミューズソフト、VHS／DVD
『ラガーン』Lagaan（ヒンディー語/2001）ソニー・ピクチャーズ・エンタテインメント、VHS／DVD
『希石』Arputham（タミル語/2002）ポンガル、DVD
『戦争と平和 非暴力から問う核ナショナリズム』Jang Aur Aman（英語・ヒンディー語・日本語/2002）シグロ、DVD
『ザ・ヒーロー』The Hero: Love Story of a Spy（ヒンディー語/2003）（販売会社不明）、DVD
『たとえ明日が来なくても』Kal Ho Naa Ho（ヒンディー語/2003）アップリンク、DVD
『レッド・マウンテン』LOC-Kargil（ヒンディー語/2003）バンド、DVD
『カマラージ』Kamaraj（タミル語/2004）ポンガル、DVD
『チャンドラムキ 踊る！アメリカ帰りのゴーストバスター』Chandramukhi（タミル語/2005）バンダイビジュアル、DVD
『DON（ドン）過去を消された男』Don（ヒンディー語/2006）ジェネオンエンタテインメント、DVD
『恋する輪廻 オーム・シャンティ・オーム』Om Shanti Om（ヒンディー語/2007）マクザム、DVD／Blu-ray
『ボス その男シヴァージ』Sivaji The Boss（タミル語/2007）角川書店、DVD
『アラジン 不思議なランプと魔人リングマスター』Aladin（ヒンディー語/2009）ファインフィルムズ、DVD
『きっと、うまくいく』3 Idiots（ヒンディー語/2009）ハピネット、DVD／Blu-ray
『スタローンinハリウッド・トラブル』Kambakkht Ishq（ヒンディー語/2009）アルバトロス、DVD
『チャンドニー・チョーク・トゥ・チャイナ ～印度から中国へ～』Chandni Chowk to China（ヒンディー語/2009）ワーナー・ホーム・ビデオ、DVD
『マガディーラ 勇者転生』Magadheera（テルグ語/2009）ツイン、DVD／Blu-ray
『あなたがいてこそ』Maryada Ramanna（テルグ語/2010）マクザム、DVD
『スピーシー・オブ・コブラ』Hisss（ヒンディー語/2010）竹書房、DVD
『ダバング 大胆不敵』Dabangg（ヒンディー語/2010）ハピネット、DVD
『プリンス』Prince（ヒンディー語/2010）竹書房、DVD
『マイネーム・イズ・ハーン』My Name Is Khan（ヒンディー語/2010/インド、アメリカ、香港）20世紀フォックス・ホーム・エンターテインメント・ジャパン、DVD
『ロボット』Endhiran the Robot（ヒンディー語/2010）角川書店、DVD
『ロボット（完全版）』Endhiran the Robot（タミル語/2010）角川書店、Blu-ray
『神さまがくれた娘』Deiva Thirumagal（タミル語/2011）マクザム、DVD
『闇の帝王DON ベルリン強奪作戦』Don 2（ヒンディー語/2011）ハピネット、DVD
『ラ・ワン』RA.One（ヒンディー語/2011）マクザム、DVD／Blu-ray
『命ある限り』Jab Tak Hai Jaan（ヒンディー語/2012）ハピネット、DVD
『ウスタード・ホテル』Ustad Hotel（マラヤーラム語/2012）ハピネット・メディアマーケティング、DVD
『エージェント・ヴィノッド 最強のスパイ』Agent Vinod（ヒンディー語/2012）アクセスエー、DVD
『スタンリーのお弁当箱』Stanley Ka Dabba（ヒンディー語/2012）角川書店、DVD
『スチューデント・オブ・ザ・イヤー 狙え！No.1!!』Student of the Year（ヒンディー語/2012）インターフィルム、DVD
『タイガー 伝説のスパイ』Ek Tha Tiger（ヒンディー語/2012）ハピネット、DVD
『バルフィ！人生に唄えば』Barfi!（ヒンディー語/2012）ポニーキャニオン、DVD／Blu-ray
『マッキー』Makkhi（ヒンディー語/2012）KADOKAWA/角川書店、DVD／TCエンタテインメント、Blu-ray
『マダム・イン・ニューヨーク』English Vinglish（ヒンディー語/2012）アミューズソフト、DVD／Blu-ray
『女神は二度微笑む』Kahaani（ヒンディー語/2012）ブロードウェイ、DVD
『インド・オブ・ザ・デッド』Go Goa Gone（ヒンディー語/2013）オデッサ・エンタテインメント、DVD
『キケンな誘拐』Soodhu Kavvum（タミル語/2013）ハピネット・メディアマーケティング、DVD
『クリッシュ』Krrish 3（ヒンディー語/2013）アメイジングD.C.、DVD
『チェイス！』Dhoom : 3（ヒンディー語/2013）ポニーキャニオン、DVD／Blu-ray
『チェンナイ・エクスプレス～愛と勇気のヒーロー参上～』Chennai Express（ヒンディー語/2013）オデッサ・エンタテインメント、DVD
『バードシャー テルグの皇帝』Baadsha（テルグ語/2013）マクザム、DVD
『ミルカ』Bhaag Milkha Bhaag（ヒンディー語/2013）東宝、DVD

インド映画ソフト発売作品

- 『邦題』、原題、(言語/製作年)、販売会社、ソフトの種類の順。
- 作品の順番はソフト発売順ではなく、映画の製作年順。各年の中は邦題五〇音順。
- インドと諸外国との国際共同製作作品も、一部を除き掲載(製作年の後ろが製作国)。
- 2021年1月末現在。すでに廃盤のものもあるのでご注意ください。

『55年夫妻』Mr. & Mrs. 55 (ヒンディー語/1955)紀伊國屋書店、DVD
『大地のうた』Pather Panchali (ベンガル語/1955)アイ・ヴィー・シー、VHS / DVD
『大河のうた』Aparajito (ベンガル語/1956)アイ・ヴィー・シー、VHS / DVD
『渇き』Pyaasa (ヒンディー語/1957)紀伊國屋書店、DVD
『紙の花』Kagaz Ke Phool (ヒンディー語/1959)紀伊國屋書店、DVD
『大樹のうた』Apur Sansar (ベンガル語/1959)アイ・ヴィー・シー、VHS / DVD
『ビッグ・シティ』Maha Nagar (ベンガル語/1963)紀伊國屋書店、Blu-ray
『チャルラータ』Charulata (ベンガル語/1964)紀伊國屋書店、Blu-ray
『ガンジー』Gandhi (英語/1982/イギリス、インド、アメリカ)ソニー・ピクチャーズ・エンタテインメント、VHS / DVD
『サラーム・ボンベイ!』Salaam Bombay! (ヒンディー語/1988)ポニーキャニオン、VHS
『アンジャリ』Anjali (タミル語/1990)ビームエンタテインメント、VHS
『ダラパティ 踊るゴッドファーザー』Dalapathi (タミル語/1991)ブロードウェイ、VHS / DVD
『ダルマドゥライ 踊る! 鋼の男』Dharmadorai (タミル語/1991)バンダイビジュアル、DVD
『愛しのヘナ』Henna (ヒンディー語/1992)アップリンク、VHS
『咲いて咲いて 野花たち』Vanna Vanna Pookkal (タミル語/1992)ポンガル、DVD
『ラジュー出世する』Raju Ban Gaya Gentleman (ヒンディー語/1992)新日本映画社、VHS
『地獄曼荼羅アシュラ』Anjaam (ヒンディー語/1993)アルバトロス、VHS / DVD
『ヤジャマン 踊るパラダイス』Yajaman (タミル語/1993)ブロードウェイ、VHS
『ヴィーラ 踊るONE MORE NIGHT!』Veera (タミル語/1994)バンダイビジュアル、DVD
『カランとアルジュン』Karan Arjun (ヒンディー語/1994)(販売会社不明) DVD
『バーシャ! 踊る夕陽のビッグボス』Baashha (タミル語/1994)ブロードウェイ、VHS / DVD
『インディラ』Indira (タミル語/1995)神楽坂映画社、VHS
『女盗賊プーラン』Bandit Queen (ヒンディー語/1995)東北新社、VHS
『ボンベイ』Bombay (タミル語/1995)日本コロムビア、VHS / DVD
『ムトゥ 踊るマハラジャ』Muthu (タミル語/1995)ポニーキャニオン/マクザム、VHS / DVD
『インドの仕置き人』Hindustani (ヒンディー語/1996)アップリンク、DVD
『カーマ・スートラ 愛の教科書』Kama Sutra (英語/1996/インド、イギリス、アメリカ、ドイツ、日本)ポニーキャニオン、VHS / DVD
『アルナーチャラム 踊るスーパースター』Arunachalam (タミル語/1997)ブロードウェイ、VHS / DVD
『ヴィラサット〜愛と宿命の決断〜』Virasat (ヒンディー語/1997)ムンバイストリート、DVD
『コイラ〜愛と復讐の炎〜』Koyla (ヒンディー語/1997)ムンバイストリート、DVD
『ジュダーイ〜欲望の代償〜』Judaai (ヒンディー語/1997)ムンバイストリート、DVD
『デザート・フォース』Border (ヒンディー語/1997)ブロードウェイ、VHS
『ボンベイtoナゴヤ』Bombay to Nagoya / Aye Meri Bekhudi (ヒンディー語/1997)ブロードウェイ、VHS
『あなた様のお傍に』Unnidathil Ennai Koduthen (タミル語/1998)ポンガル、DVD
『ジーンズ 世界は2人のために』Jeans (タミル語/1998)ポニーキャニオン、VHS / DVD
『ディル・セ 心から』Dil Se.. (ヒンディー語/1998)ブロードウェイ、VHS
『ザ・テロリスト 少女戦士マッリ(マッリの種)』The Terrorost / Malli (タミル語/1998)キングレコード、VHS / DVD
『ストーミー・ナイト』Kaun (ヒンディー語/1999)キングレコード、VHS / DVD
『羽衣』Nee Varuvai Ena (タミル語/1999)ポンガル、DVD
『パダヤッパ いつでも俺はマジだぜ!』Padayappa (タミル語/1999)ブロードウェイ、VHS / DVD
『ミモラ 心のままに』Hum Dil De Chuke Sanam (ヒンディー語/1999)エイベックス、VHS / DVD
『あっぱたん』Vaanathaippola (タミル語/2000)ポンガル、DVD
『アルターフ 復讐の名のもとに』Mission Kashmir (ヒンディー語/2000)ソニー・ピクチャーズ・エンタテインメント、VHS / DVD

2017年12月29日 『**バーフバリ 王の凱旋**』Baahubali 2: The Conclusion（テルグ語/2017）

2018年 4月 6日 『**ダンガル きっと、つよくなる**』Dangal（ヒンディー語/2016）

2018年 7月21日 『**人間機械**』Machines（ヒンディー語/2016/インド、ドイツ、フィンランド）

2018年 8月11日 『**英国総督 最後の家**』Viceroy's House（英語・パンジャービー語・ヒンディー語/2017/イギリス、インド）

2018年 8月31日 『**マガディーラ 勇者転生**』Magadheera（テルグ語/2009）

2018年10月 6日 『**あまねき旋律**』Kho ki pa lü（チョークリ語/2017）

2018年10月27日 『**ガンジスに還る**』Mukti Bhawan（ヒンディー語/2016）

2018年12月 7日 『**パッドマン 5億人の女性を救った男**』Padman（ヒンディー語/2018）

2019年 1月18日 『**バジュランギおじさんと、小さな迷子**』Bajrangi Bhaijaan（ヒンディー語/2015）

2019年 6月 7日 『**クローゼットに閉じこめられた僕の奇想天外な旅**』The Extraordinary Journey of the Fakir（英語/2018/フランス、アメリカ、ベルギー、シンガポール、インド）

2019年 6月 7日 『**パドマーワト 女神の誕生**』Padmaavat（ヒンディー語/2018）

2019年 6月15日 『**SANJU／サンジュ**』Sanju（ヒンディー語/2018）

2019年 8月 2日 『**あなたの名前を呼べたなら**』Sir（ヒンディー語/2018/インド、フランス）

2019年 8月 9日 『**シークレット・スーパースター**』Secret Superstar（ヒンディー語/2017）

2019年 8月16日 『**KESARI ケサリ 21人の勇者たち**』Kesari（ヒンディー語/2019）

2019年 9月 6日 『**ヒンディー・ミディアム**』Hindi Medium（ヒンディー語/2017）

2019年 9月27日 『**ホテル・ムンバイ**』Hotel Mumbai（英語・ヒンディー語/2017/オーストラリア、インド、アメリカ）

2019年10月18日 『**ガリーボーイ**』Gully Boy（ヒンディー語/2019）

2019年10月25日 『**ロボット2.0**』2.0（タミル語/2018）

2019年11月15日 『**盲目のメロディ インド式殺人狂想曲**』Andhadhun（ヒンディー語/2018）

2019年12月27日 『**燃えよスーリヤ!!**』Mard Ko Dard Nahi Hota（ヒンディー語/2018）

2020年代

2020年 1月 3日 『**マニカルニカ ジャーンシーの女王**』Manikarnika: The Queen of Jhansi（ヒンディー語/2019）

2020年 2月21日 『**プレーム兄貴、王になる**』Prem Ratan Dhan Payo（ヒンディー語/2015）

2020年 3月27日 『**サーホー**』Saaho（テルグ語/2019）

2020年 7月17日 『**WAR ウォー!!**』War（ヒンディー語/2019）

2020年 8月21日 『**きっと、またあえる**』Chhichhore（ヒンディー語/2019）

2021年 1月 8日 『**ミッション・マンガル 崖っぷちチームの火星打上げ計画**』Mission Mangal（ヒンディー語/2019）

インド映画公開作品

2013年 4月20日 『闇の帝王DON ベルリン強奪作戦』Don 2（ヒンディー語/2011）
2013年 4月20日 『命ある限り』Jab Tak Hai Jaan（ヒンディー語/2012）
2013年 5月18日 『きっと、うまくいく』3 Idiots（ヒンディー語/2009）
2013年 6月29日 『スタンリーのお弁当箱』Stanley Ka Dabba（ヒンディー語/2012）
2013年 10月26日 『マッキー』Makkhi（ヒンディー語/2012）
2014年 2月 8日 『エージェント・ヴィノッド 最強のスパイ』Agent Vinod（ヒンディー語/2012）
2014年 2月15日 『神さまがくれた娘』Deiva Thirumagal（タミル語/2011）
2014年 2月15日 『デリーに行こう！』Chalo Dilli（ヒンディー語/2011）
2014年 5月 3日 『スチューデント・オブ・ザ・イヤー 狙え！No.1!!』Student of the Year（ヒンディー語/2012）
2014年 6月28日 『マダム・イン・ニューヨーク』English Vinglish（ヒンディー語/2012）
2014年 7月26日 『あなたがいてこそ』Maryada Ramanna（テルグ語/2010）
2014年 7月26日 『ダバング 大胆不敵』Dabangg（ヒンディー語/2010）
2014年 8月 9日 『バードシャー テルグの皇帝』Baadshah（テルグ語/2013）
2014年 8月 9日 『めぐり逢わせのお弁当』The Lunchbox（ヒンディー語/2013/インド、アメリカ、ドイツ、フランス）
2014年 8月22日 『バルフィ！人生に唄えば』Barfi！（ヒンディー語/2012）
2014年 10月26日 『チェンナイ・エクスプレス～愛と勇気のヒーロー参上～』Chennai Express（ヒンディー語/2013）
2014年 10月27日 『クリッシュ』Krrish 3（ヒンディー語/2013）
2014年 12月 5日 『チェイス！』Dhoom：3（ヒンディー語/2013）
2015年 1月30日 『ミルカ』Bhaag Milkha Bhaag（ヒンディー語/2013）
2015年 2月21日 『女神は二度微笑む』Kahaani（ヒンディー語/2012）
2015年 2月21日 『フェラーリの運ぶ夢』Ferrari Ki Sawari（ヒンディー語/2013）
2015年 3月21日 『インド・オブ・ザ・デッド』Go Goa Gone（ヒンディー語/2013）
2015年 8月15日 『若さは向こう見ず』Yeh Jawaani Hai Deewani（ヒンディー語/2013）
2015年 8月15日 『愛するがゆえに』Aashiqi 2（ヒンディー語/2013）
2015年 9月12日 『チャルラータ』Charulata（ベンガル語/1964）〈再公開〉
2015年 9月12日 『ビッグ・シティ』Maha Nagar（ベンガル語/1963）〈再公開〉
2015年 10月24日 『マルガリータで乾杯を！』Margarita, with a Straw（ヒンディー語・英語/2014）
2016年 10月 1日 『チャーリー Charlie』Charlie（マラヤーラム語/2015）
2016年 10月29日 『PK／ピーケイ』PK（ヒンディー語/2014）
2017年 3月 4日 『汚れたミルク／あるセールスマンの告発』Tigers（ヒンディー語・英語・ドイツ語/2014/インド、フランス、イギリス）
2017年 4月 8日 『バーフバリ 伝説誕生』Baahubali: The Beginning（テルグ語/2015）
2017年 7月 8日 『裁き』Court（マラーティー語・ヒンディー語・英語・グジャラーティー語/2014）
2017年 10月21日 『クイーン 旅立つわたしのハネムーン』Queen（ヒンディー語/2014）
2017年 12月22日 『カンフー・ヨガ』Kung Fu Yoga（英語・中国語・ヒンディー語・アラビア語・広東語/2017/中国、インド）

1999年 4月17日『ヤジャマン 踊るマハラジャ2』Yajaman（タミル語/1993）
1999年 4月17日『アンジャリ』Anjali（タミル語/1990）
1999年 8月11日『バーシャ！ 踊る夕陽のビッグボス』Baashha（タミル語/1994）
1999年 8月14日『アルナーチャラム 踊るスーパースター』Arunachalam（タミル語/1997）
1999年 9月25日『DDLJ 勇者は花嫁を奪う』 旧題：『シャー・ルク・カーンのDDLJラブゲット大作戦』Dilwale Dulhania Le Jayenge（ヒンディー語/1995）
1999年 11月 6日『歌う色男、愛・ラブ・パラダイス！』Gharwali Baharwali（ヒンディー語/1998）
1999年 12月25日『愛と憎しみのデカン高原』Premincu Kundam Raa!（テルグ語/1997）

2000年代

2000年 1月 1日『ジーンズ 世界は2人のために』Jeans（タミル語/1998）
2000年 5月15日『ボンベイtoナゴヤ』Bombay to Nagoya / Aye Meri Bekhudi（ヒンディー語/1997）
2000年 7月 1日『アシュラ』Anjaam（ヒンディー語/1993）
2000年 8月 5日『ディル・セ 心から』Dil Se..（ヒンディー語/1998）
2001年 3月17日『パダヤッパ いつでも俺はマジだぜ！』Padayappa（タミル語/1999）
2002年 1月26日『ストーミー・ナイト』Kaun（ヒンディー語/1999）
2002年 4月27日『ミモラ 心のままに』Hum Dil De Chuke Sanam（ヒンディー語/1999）
2002年 5月11日『マッリの種』The Terrorist / Malli（タミル語/1998）
2002年 8月17日『モンスーン・ウェディング』Monsoon Wedding（ヒンディー語・英語/2001/インド、フランス、ドイツ、イタリア、アメリカ）
2006年 8月26日『ラジニカーント★チャンドラムキ 踊る！アメリカ帰りのゴーストバスター』Chandramukhi（タミル語/2005）
2006年 9月 2日『ヴィーラ 踊るONE MORE NIGHT!』Veera（タミル語/1994）
2007年 3月17日『ナヴァラサ』Navarasa（タミル語/2005）
2008年 8月30日『家族の四季 愛すれど遠く離れて』Kabhi Khushi Kabhie Gham...（ヒンディー語/2001）
2008年 8月30日『たとえ明日が来なくても』Kal Ho Naa Ho（ヒンディー語/2003）
2008年 8月30日『DON（ドン） 過去を消された男』Don（ヒンディー語/2006）
2009年 5月30日『チャンドニー・チョーク・トゥ・チャイナ ～印度から中国へ～』Chandni Chowk to China（ヒンディー語/2009）

2010年代

2012年 5月12日『ロボット』Endhiran the Robot（ヒンディー語/2010）〈ヒンディー語版日本編集ヴァージョン〉
2012年 6月 1日『ロボット（完全版）』Endhiran the Robot（タミル語/2010）〈オリジナルのタミル語完全版〉
2012年 8月 4日『ラ・ワン』RA.One（ヒンディー語/2011）
2012年 10月 6日『ビラルの世界』Bilal（ベンガル語・ヒンディー語/2008）
2012年 12月 1日『ボス その男シヴァージ』Sivaji The Boss.（タミル語/2007）
2013年 3月16日『恋する輪廻 オーム・シャンティ・オーム』Om Shanti Om（ヒンディー語/2007）
2013年 4月20日『タイガー 伝説のスパイ』Ek Tha Tiger（ヒンディー語/2012）

インド映画公開作品

- 劇場公開の年月日、邦題、原題、(言語 / 製作年)の順。
- 映画祭上映時と劇場公開時、再度の公開時など、上映時期の違いで邦題が異なる作品がある。
- 原則として短編映画は除く。
- 短縮版と完全版両方が公開されたものは、原則として最初の公開のみ記してある。
- 国際共同製作作品を含む(製作年の後ろが製作国)。
- 2021年1月末現在。

1970年以前

1926年 5月29日 **『亜細亜の光』**Light of Asia / Prem Sanyas (サイレント/1925)
1954年 1月 1日 **『アーン』**Aan (ヒンディー語/1952)
1954年 4月 6日 **『灼熱の決闘』**Chandralekha (タミル語〈ヒンディー語吹替版上映?〉/1951)
1966年 10月11日 **『大地のうた』**Pather Panchali (ベンガル語/1955)

1970年代

1970年 11月28日 **『大河のうた』**Aparajito (ベンガル語/1956)
1974年 2月12日 **『大樹のうた』**Apur Sansar (ベンガル語/1959)
1975年 11月29日 **『チャルラータ』**Charulata (ベンガル語/1964)
1976年 4月17日 **『大都会』**Maha Nagar (ベンガル語/1963)
1978年 4月 8日 **『遠い雷鳴』**Ashani Sanket (ベンガル語/1973)
1978年 5月13日 **『ミドルマン』**Jana-Aranya (ベンガル語/1976)

1980年代

1981年 4月18日 **『チェスをする人』**Shatranj Ke Khilari (ヒンディー語/1977)
1981年 5月23日 **『株式会社　ザ・カンパニー』**Simabaddha (ベンガル語/1972)
1983年 4月16日 **『ガンジー』**Gandhi (英語/1982/イギリス、インド、アメリカ)
1985年 8月17日 **『遠い道』**Sadgati (ヒンディー語/1981)
1985年 8月17日 **『ピクー』**Pikoo (ベンガル語/1981)
1986年 10月16日 **『家と世界』**Ghare-Baire (ベンガル語/1984)

1990年代

1990年 3月17日 **『サラーム・ボンベイ!』**Salaam Bombay! (ヒンディー語/1988)
1992年 11月28日 **『見知らぬ人』**Agantuk (ベンガル語/1991)
1997年 4月19日 **『カーマ・スートラ　愛の教科書』**Kama Sutra (英語/1996/インド、イギリス、アメリカ、ドイツ、日本)
1997年 5月17日 **『ラジュー出世する』**Raju Ban Gaya Gentleman (ヒンディー語/1992)
1997年 8月30日 **『インディラ』**Indira (タミル語/1995)
1997年 10月25日 **『女盗賊プーラン』**Bandit Queen (ヒンディー語/1995)
1998年 6月13日 **『ムトゥ 踊るマハラジャ』**Muthu (タミル語/1995)
1998年 7月25日 **『ボンベイ』**Bombay (タミル語/1995)

掲載作品DVD & Blu-ray

『マガディーラ 勇者転生』

発売中
DVD ¥4,378（税抜価格¥3,980）
Blu-ray ¥5,170（税抜価格¥4,700）
発売・販売元：ツイン

『バーフバリ 伝説誕生』

発売中
DVD ¥4,378（税抜価格¥3,980）
Blu-ray ¥5,170（税抜価格¥4,700）
発売・販売元：ツイン

『バーフバリ 王の凱旋』

発売中
DVD ¥4,378（税抜価格¥3,980）
Blu-ray ¥5,170（税抜価格¥4,700）
発売・販売元：ツイン

『SAAHO／サーホー』

発売中
DVD ¥4,378（税抜価格¥3,980）
Blu-ray ¥5,170（税抜価格¥4,700）
発売・販売元：ツイン

『パッドマン 5億人の女性を救った男』

発売中
DVD ¥4,180（税抜価格¥3,800）
発売・販売元：
ソニー・ピクチャーズ エンタテインメント

『WAR ウォー!!』

発売中
DVD ¥4,290（税抜価格¥3,900）
Blu-ray ¥5,280（税抜価格¥4,800）
発売元：
カルチュア・パブリッシャーズ
販売元：
ハピネット・メディアマーケティング

協力者一覧
【スチル提供】アンプラグド／カルチュア・パブリッシャーズ／SPACE BOX／ソニー・ピクチャーズ エンタテインメント／ツイン／ノンデライコ

編者・著者プロフィール

◉五〇音順

【編・執筆】

❀夏目深雪（なつめ・みゆき）❀

批評家・編集者。『ユリイカ』や『キネマ旬報』、アジア映画専門サイト『A PEOPLE』などに寄稿。アプリ版「ぴあ」で「水先案内人」。共編著書に『アジア映画の森』『アジア映画で〈世界〉を見る』（ともに作品社）、『インド映画完全ガイド』（世界文化社）、『アピチャッポン・ウィーラセタクン』（フィルムアート社）、『躍動する東南アジア映画』（論創社）、『ナチス映画論』（森話社）など多数。編著書に『岩井俊二』（河出書房新社）。

【執筆】

❀安宅直子（あたか・なおこ）❀

フリー編集者。サタジット・レイのベンガル語作品でインド映画の洗礼を受け、『ムトゥ 踊るマハラジャ』でタミル語映画の世界に開眼した。以来、タミル語映画からその他の南インド映画へと興味対象を広げて渉猟中。10年ほど前から、同時代作品を追いかけながらも、南インドの歴史的な古映画の世界を探求し始め、特に神話映画と「芸道もの」が気になるジャンルとなった。映画評論サイト「BANGER!!!」に寄稿。

❀浦川留（うらかわ・とめ）❀

ライター。香港映画好きから始まってアジア全域の映画を追いかけるように。著書『香港アクション風雲録』（キネマ旬報社）、共著『武侠映画の快楽』（三修社）、『映画秘宝EX 激闘! アジアン・アクション映画大進撃』（洋泉社）、九月名義での訳書『北京故事　藍宇』『荊軻』（ともに講談社）など。歌って踊るインド映画との出会いは97年の『ムトゥ 踊るマハラジャ』。映画祭会場につめかけたインド人観客の盛り上がりに驚き、祝祭感にうちふるえました。

❀岡本敦史（おかもと・あつし）❀

ライター、編集者。雑誌『映画秘宝』編集部員。編著として『映画秘宝EX　激闘! アジアン・アクション映画大進撃』（洋泉社）、『別冊映画秘宝 決定版 韓国映画究極ガイド』（双葉社）、『パラサイト 半地下の家族 公式完全読本』（太田出版）などに参加。映画『海獣の子供』『KCIA 南山の部長たち』パンフレット、映像ソフト「没後40年 マリオ・バーヴァ大回顧」のブックレットなどにも寄稿。

❀高倉嘉男（たかくら・よしお）❀

1978年愛知県豊橋市生まれ。東京大学文学部卒。デリーのジャワーハルラール・ネルー大学でヒンディー語博士号取得。2001年から13年までインド在住、毎週ヒンディー語映画を鑑賞し、インド留学日記サイト「これでインディア」でレビューを公開する。帰国後はブログ「バハードゥルシャー勝（まさる）」を更新中。ヒンディー語映画出演歴あり。別名アルカカット。現在、豊橋中央高等学校校長。

❀松岡環（まつおか・たまき）❀

1949年生まれ。大阪外大（現大阪大）でヒンディー語を専攻。76年よりインド映画の紹介を始め、80年代に何度かインド映画祭を開催。現在はインド映画を中心にアジア映画全般の研究と紹介に従事。字幕翻訳も手がけ、担当作品は『ムトゥ 踊るマハラジャ』『きっと、うまくいく』『パッドマン 5億人の女性を救った男』など多数。著書は『アジア・映画の都』（めこん）、『インド映画完全ガイド』（世界文化社）など。

新たなるインド映画の世界

著――――安宅直子　浦川留　岡本敦史
高倉嘉男　夏目深雪　松岡環
編集――――夏目深雪
造本――――矢野のり子(島津デザイン事務所)

発行日――2021年4月26日　初版第1刷

発行者――木田祐介
発行所――株式会社PICK UP PRESS
〒132-0034
東京都江戸川区小松川1-2-1-1005
印刷・製本――株式会社加藤文明社

ISBN 978-4-910502-00-7 C0074

定価はカバーに表示してあります。